纺织服装高等教育"十四五"部委级规划教材
浙江省高职院校"十四五"重点教材
职业教育新形态教材

中华传统文化十讲

主　编　吴　颖
副主编　王　苹
参　编　方秀英　郑　晓　章子怡　羊元高

东华大学出版社
·上海·

图书在版编目(CIP)数据

中华传统文化十讲 / 吴颖 等编著 . — 上海：东华大学出版社，2025.3. — ISBN 978-7-5669-2510-7

Ⅰ . K203

中国国家版本馆 CIP 数据核字第 2025KW8044 号

中华传统文化十讲
Zhonghua Chuantong Wenhua Shijiang

主　编　吴　颖　　　　副主编　王　苹
参　编　方秀英　郑　晓　章子怡　羊元高

责任编辑　曹晓虹
整体设计　南京文脉图文设计制作有限公司
封面设计　魏侬东

出　　　版：东华大学出版社（上海市延安西路 1882 号，200051）
联 系 电 话：编辑部　021-62379902
营 销 中 心：021-62193056　62373056　62379558
天猫旗舰店：http://dhdx.tmall.com
出版社网址：http://dhupress.dhu.edu.cn
印　　　刷：上海龙腾印务有限公司
开　　　本：787mm×1092mm　1/16
印　　　张：15.75
字　　　数：358 千字
版　　　次：2025 年 3 月第 1 版
印　　　次：2025 年 3 月第 1 次

书号：ISBN 978-7-5669-2510-7　　　　定价：59.70 元

前 言

中华文化，源远流长，博大精深，是中华民族的根与魂。在五千年的历史长河中，我们的祖先创造了灿烂辉煌的文明，留下了丰富、宝贵的精神财富。这些传统文化，蕴含着世界上独一无二的理念、智慧、气度与神韵，是中华民族生生不息、发展壮大的精神滋养，也是我们面向未来、走向世界的文化根基。

青年大学生是国家未来的中流砥柱、社会发展的后备力量，应当积极了解、传承与弘扬中华优秀传统文化，并将其融入日常学习、生活与工作中。基于此，我们依据高等职业院校的特点，结合多年职业教育实践，编写了这本《中华传统文化十讲》。教材旨在为高职学生打开一扇通往中华传统文化世界的大门，通过系统而生动的讲解，引导学生领略中华文化的魅力，感悟中华文化的智慧，传承中华文化的基因，增强民族自豪感和文化自信心。

本教材共分十讲，包括传统美德、语言文字、传统哲思、传统礼仪、传统文学、传统艺术、传统服饰、传统饮食、传统建筑、传统节日，内容涵盖了意识层面文化、制度与行为层面文化、物态层面文化以及文化载体。在内容编排上，以"讲"为基本单元，每一讲都围绕一个文化主题深入展开。"文化探知"板块为学生打开探索传统文化的大门，系统讲解各个文化领域的基础知识；"文化悦游指南"和"文化悦赏指南"则为学生提供了更为生动、直观的学习路径，引导学生通过实地游览、阅读鉴赏等方式，深入感受传统文化的魅力；"文化小测"能及时检验学生的学习成果，帮助他们查漏补缺；"文化践行"则鼓励学生通过完成践行任务，进行实践体验，实现深度学习，促进知行统一，培养文化传承与创新意识。

总体来说，本教材具有以下特点：

1. 注重育人，设置践行模块。中华传统文化的育人元素非常丰富，但"纸上得来终觉浅"。本教材在理论知识体系外，增设"文化践行"模块，并配套专门的践行活动页，通过"育人内涵—践行任务—践行记录—践行感悟"等环节将"立德树人"理念落到实处。

2. 以点带面，讲好中国故事。本教材以家风家训、特色古建、非遗技艺、民风民俗、红帮精神等为切入口，有机融入地方文化与校园特色文化，唤起学生对家乡传统文化的热爱与坚守，并以充分的文化自信讲述自己家乡的特色传统文化，进而讲好中国故事。

3. 编排科学，符合认知规律。本教材根据高职学生认知特点，先进行基础知识的系统介绍，其中穿插若干"文化链接"对相关理论知识进行延伸和补充，再佐以"文化悦游指南""文化悦赏指南"，为学生课外游学、拓展等提供参考资源，最后以"文化践行"将课堂所学落实到生活实践中。"初步认知—拓展深化—实践巩固"三部曲设计，符合职业教育教学规律和人才成长规律。

4. 讲解立体，图文视频结合。本教材在文字以外，还精选了约150幅相关图片，并专门拍摄了11个视频，学生只需用手机扫描二维码就可直观感受到传统文化的精彩。同时还可以扫码查阅文化小测答案，高效反馈理论知识方面的学习效果。此外，本教材也有配套在线课程，感兴趣的读者可登录智慧职教MOOC平台（https://mooc.icve.com.cn/cms/）搜索"中华文化"进行自主学习。

本教材由浙江纺织服装职业技术学院的吴颖、王苹、郑晓、章子怡、羊元高和宁波开放大学宁海学院的方秀英共同编写完成。其中吴颖老师负责拟定编写大纲、统稿、定稿，并编写第一讲、第七讲、第八讲和"文化践行"板块的全部内容；王苹老师主要对框架设计及部分内容提供指导；郑晓老师负责编写第五讲、第九讲；章子怡老师负责编写第二讲、第三讲、第六讲中除了"传统书画"的其他部分；羊元高老师负责编写第六讲中的"传统书画"部分；方秀英老师负责编写第四讲、第十讲。

在编写过程中，我们参阅了许多前辈与同仁的著作、教材、论文及许多网络资料和图片，吸取了其中不少有益的成果，在此，深表敬意和感谢！同时，也感谢周衍平先生和吴伟峰先生为本书提供了他们创作的宝贵照片！最后，感谢所有为这本教材付出心血的编撰者、审阅者和出版团队，是你们的共同努力让这本教材得以与读者见面。

由于编写水平有限，中华传统文化又博大精深，书中难免有粗疏纰漏之处，敬请专家同行与广大读者批评指正，以便在日后的修订中不断完善。

编　者

2024年9月

目 录

1 Lecture 1 第一讲

中华传统美德
——上善厚德万古芳

文化探知·················· 002
一 传统伦理道德·············· 002
二 传统美德················ 007
文化悦游指南················ 016
文化悦赏指南················ 016
文化小测·················· 017
文化践行·················· 019

2 Lecture 2 第二讲

中华语言文字
——文化载体意无穷

文化探知·················· 022
一 汉语·················· 022
二 汉字·················· 034
文化悦赏指南················ 044
文化小测·················· 044
文化践行·················· 045

3 Lecture 3 第三讲

中华传统哲思
——先贤圣哲大境界

文化探知·················· 048
一 儒家思想················ 048
二 道家思想················ 055
文化悦游指南················ 064
文化悦赏指南················ 064
文化小测·················· 064
文化践行·················· 065

4 Lecture 4 第四讲

中华传统礼仪
——立身成事不可少

文化探知·················· 068
一 礼的渊源与作用············ 068
二 传统五礼················ 072
三 传统日常礼仪············· 080
文化悦游指南················ 085
文化悦赏指南················ 086
文化小测·················· 086
文化践行·················· 087

Lecture 5 第五讲

中华传统文学
——诗文经典永流传

文化探知·················· 090
一 传统诗歌················ 090
二 传统散文················ 095
三 传统小说················ 100
四 传统戏剧················ 105
文化悦游指南··············· 109
文化悦赏指南··············· 110
文化小测·················· 110
文化践行·················· 111

Lecture 6 第六讲

中华传统艺术
——雅俗共赏百花放

文化探知·················· 114
一 传统书画雕塑············ 114
二 传统乐舞戏曲············ 127
三 传统民间织染绣工艺······ 135
文化悦游指南··············· 141
文化悦赏指南··············· 141
文化小测·················· 142
文化践行·················· 143

Lecture 7 第七讲

中华传统服饰
——衣冠古国服章美

文化探知·················· 146
一 传统服饰基本形制与特征···· 146
二 历代服饰发展············ 151
文化悦游指南··············· 165
文化悦赏指南··············· 166
文化小测·················· 166
文化践行·················· 167

Lecture 8 第八讲

中华传统饮食
——色香味意显智慧

文化探知·················· 170
一 传统饮食发展概况与特征···· 170
二 传统烹饪技法与菜系······ 176
三 传统茶文化·············· 181
文化悦游指南··············· 191
文化悦赏指南··············· 192
文化小测·················· 192
文化践行·················· 193

Lecture 9 第九讲

中华传统建筑
——重楼飞檐皆匠心

文化探知·················· 196
一 传统建筑发展概况与特征···· 196
二 传统建筑主要类型········ 207
文化悦游指南··············· 217
文化悦赏指南··············· 218
文化小测·················· 218
文化践行·················· 219

Lecture 10 第十讲

中华传统节日
——四时八节总关情

文化探知·················· 222
一 传统节日起源与特点······ 222
二 主要传统节日及其习俗···· 228
文化悦游指南··············· 242
文化悦赏指南··············· 242
文化小测·················· 243
文化践行·················· 244

第一讲 Lecture 1
中华传统美德
—— 上善厚德万古芳

文化探知

一 传统伦理道德

中华民族是一个重视伦理道德的民族，几千年来伦理道德思想一直居于中华文化的中心地位。在中国古代政治、哲学、文学、艺术、教育以及科学技术等各种文化形态中，都能看到鲜明的"尚德"传统，如古代文学强调"诗教"、主张"文以载道"，古代教育则格外重视人文学科和人格培养，就连科学技术领域也是把伦理道德作为首要的价值取向。因此，伦理道德是中华传统文化的核心。

（一）传统伦理道德思想的形成与发展

考古发现，殷墟出土的甲骨文中已有"礼""德""孝"等文字，结合《尚书·商书》中"无有远迩，用罪伐厥死，用德彰厥善"等表述，说明最迟至殷商时期，中国伦理道德思想已经初步形成。到周代，西周统治者吸取商朝灭亡的教训，提出"以德配天""敬德保民"思想，并创建礼乐制度来规范人民行为，以期"经国家、定社稷、序民人、利后嗣"（《左传·隐公十一年》）。周礼为日后中国社会建立了伦理秩序的范式，对中国社会与文化的发展产生了深远影响。

春秋战国是中国伦理道德思想的大发展时期。当时诸子百家兴起，各个学派几乎都把伦理道德思想作为自己学说的重要内容，其中最有影响力的是儒、墨、法、道四家。儒家以孔子、孟子和荀子为代表。孔子把"仁"作为最高的伦理道德准则，将"孝""悌""礼""信"等置于其下，构建起对中国社会影响深远的儒家伦理道德体系。孟子在孔子"仁"学的基础上，提出五伦说（父子有亲、君臣有义、夫妇有别、长幼有序、朋友有信）、性善论（人天生具有恻隐之心、羞恶之心、辞让之心、是非之心）、修养论（善养"浩然之气"），并论证了仁、义、礼、智在道德体系中的重要作用，发展完善了儒家的伦理道德体系。荀子则继承发展了孔子关于"礼"的思想，他提出性恶论，认为人性本恶，需要用"礼"来约束才能使人向善。墨家代表人物墨子把"义"作为最高的伦理道德准则，倡导兼爱、互利，把"兴天下之利，除天下之害"（《墨子·尚同中》）看成道德原则。以管仲为代表的早期法家曾把"礼"作为最高伦理道德准则，将礼、义、廉、耻定为国之四维，但法家所说的"礼"与儒家不同，它更偏重礼的外在形式，如法度等；发

图1-1 甲骨文中的"德"字

展到后期,法家则更加崇尚法律等外在约束力量,如韩非子就极度崇尚法治而轻视德治,甚至完全否定伦理道德的教化作用。以老子、庄子为代表的道家,反对世俗的道德规范与善恶标准,以自然作为最高的伦理道德准则,主张"绝圣弃智""绝仁弃义"(老子《道德经》),提倡"慈""俭""不争"三德,"我有三宝,持而保之,一曰慈,二曰俭,三曰不敢为天下先。慈故能勇,俭故能广,不敢为天下先故能器长"(老子《道德经》)。

到了西汉,新儒学大师董仲舒将先秦儒家学说进行改造,建立以"三纲五常"为核心的封建伦理思想体系。"三纲"的理论基础是孔子的"君君、臣臣、父父、子子"(《论语·颜渊》)和孟子的五伦说,但它将孔孟思想中双向的人伦义务变成了单向的服从与依附,使伦理关系完全服从于封建政治关系。因此,这种封建伦理思想

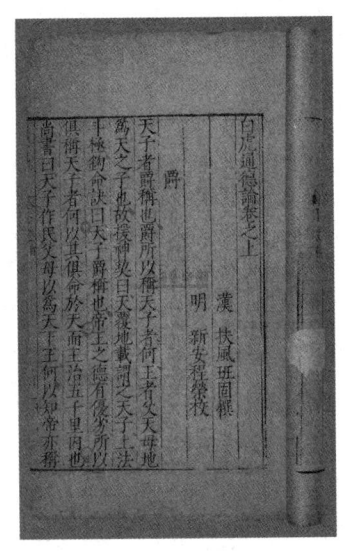

图1-2 《白虎通义》

自然深得统治阶级之心而受到大力提倡与发扬,从而确立了正统地位。之后,东汉班固依据白虎观经学辩论结果撰集而成的《白虎通义》不仅将"五常"正式确定下来,而且还进行了明确具体的内容界定,"五常者何?仁、义、礼、智、信也。仁者不忍也,施生爱人也;义者宜也,断决得中也;礼者履也,履道成文也;智者知也,独见前闻,不惑于事,见微者也;信者诚也,专一不移也。"

魏晋南北朝时期,因社会激烈动荡,这种封建伦理思想开始受到玄学和佛教思想的冲击。玄学,可以说是对儒家伦理道德的一种反叛,它倡导无君论,主张摆脱现实伦理规范的束缚以维护独立人格,甚至推崇苟且偷安、纵欲混世的人生态度。而佛教伦理思想的落脚点是"出世",出家修行,既不拜君王也不拜父母,这与儒家伦理思想也是相左的。相反,这一时期的道教却对儒家伦理道德有所吸收,如东晋著名道士葛洪将道教的神仙方术与儒家纲常名教相结合,并把遵守儒家伦理纲常作为修仙的先决条件,他尊君为天,强调"欲求仙者,要当以忠孝和顺仁信为本"(葛洪《抱朴子·内篇》)。及至隋唐,儒、佛、道三足鼎立之势逐渐形成,但佛教因其"出世"思想而不断遭到儒家的抨击,唐代思想家韩愈就曾高举"反佛"旗帜,著文力主恢复儒家的"道统"。之后,儒、道、佛三家伦理思想呈现出逐渐合流的趋势。

宋代以后,儒家伦理思想吸收改造了佛、道两教的一些思想成果,把道德观与世界论、认识论进一步融为一体,形成了宋明理学伦理思想。理学伦理思想分程朱学派和陆王学派,两派都以"天理"作为宇宙的本体和道德的本源,其中,程朱学派的哲学基础是客观唯心主义,认为"天理"是外在于人的,陆王学派则以主观唯心主义为哲学基础,认为"天理"存在于人的内心,也就是"良知"。虽然两派在理论上各具特色,但本质上都是把原来儒家伦理道德中的"人道"转变为"天道",提出"存天理,灭人欲"的口

图1-3 黄宗羲

号,主张彻底祛除人的一切私欲以完善德行修养。这种个人绝对服从整体的价值观,使得理学伦理思想成为封建社会后期官方倡导的意识形态和进行道德专制统治的舆论工具。

明末清初,宋明理学及其伦理思想的流弊日益显露,一些进步思想家纷纷对其提出怀疑与批判,肯定人正当的欲望。李贽认为人欲源于本心、是纯真的,"人必有私"(李贽《藏书》),他反对把人欲与天理对立起来。黄宗羲提出"天下为主,君为客"(黄宗羲《明夷待访录·原君》),认为"天下之治乱,不在一姓之兴亡,而在万民之忧乐"(黄宗羲《明夷待访录·原臣》)。顾炎武认为,"亡国"与"亡天下"是两个不同的概念,改朝换代只是亡国,但如果仁义充塞、道德沦丧,统治者压迫百姓、人民相互戕害,就成了亡天下。王夫之反对禁欲主义,他认为天理存在于人欲之中,故不能离开人欲而空谈天理。到了清代中叶,戴震更是一针见血地指出"酷吏以法杀人,后儒以理杀人"(戴震《孟子字义疏证》),并揭露了理学伦理思想中的"天理"实质上是高高在上的尊者、贵者、长辈用来压制打击卑者、贱者、晚辈的工具。

鸦片战争后,传统伦理道德在社会巨大变革的带动下开始向近现代社会演进,直至今日这一演进仍在继续。

(二)传统伦理道德的基本精神

中华传统伦理道德是一个庞大的体系,内容丰富、条目繁多,但纵观其发展演变历程,不难梳理出贯穿其中的三大基本精神,即尚公、重礼、贵和。这三大精神也是中华传统文化基本精神的重要构成部分,对我们民族精神与民族性格都具有深刻的影响。

1. 尚公

尚公,即重视整体利益。在我国古代,整体、群体、集体等概念通常都表述为"公",因此,尚公强调的是集体利益。

尚公观念的形成,主要取决于我国古代家国同构的宗法社会政治结构。在这种社会结构中,"家"是小"国","国"是大"家",每个人都不是独立存在的个体,而是家庭、家族各种关系中的一分子。个人的社会地位是由家族所在的社会地位来决定的,因此,家族的整体利益与每个成员的切身利益紧密相连,这样人们自然就把家族利益放在第一位,要求个人利益服从家族利益,进而上升扩充为国家利益、民族利益和社会整体利益。

尚公精神是中华传统伦理道德的基本价值取向。早在《诗经》《尚书》等典籍中就有"夙夜在公""以公灭私"等表述,到春秋战国时期,儒、墨、法、道诸家都一致赞成重公抑私，儒家推崇"仁""义"，主张"致忠而公""公而忘私""天下为公"，墨家"举公义，辟私怨"，法家提倡"无私""背私"，道家也说"圣人无常心，以百姓心为心"。这些思想最后都汇聚成传统伦理道德的规范——公忠。公，与"私"相反，忠，就是"尽己"，指毫无保留地尽心竭力。公忠强调的是在国家、民族、社会利益面前，不考虑个人私利，为社会尽责，为国家和民族尽忠。公忠道德虽然在封建时代也被理解为忠于君王，这在一定程度上助长了封建专制主义，导致盲目忠君崇尚的愚忠，但公忠道德也是爱国主义和民族凝聚力的基础。正是在公忠道德的感召下，才有诸如"先天下之忧而忧，后天下之乐而乐""天下兴亡，匹夫有责"等为国家、为民族鞠躬尽瘁，甚至不惜牺牲个人生命的崇高爱国主义精神。中华民族之所以能在漫长的历史进程中历经磨难而生生不息，就是因为这种崇高道德精神所形成的强大的民族凝聚力。

2. 重礼

传统伦理道德中的重礼精神，是由尚公派生出来的。尚公要求的是个人利益服从集体利益，但就人性而言，每个人都会有个人欲求，而个人欲求若不加以节制就会膨胀，就会引发争夺，进而损害整体利益，导致社会动荡不安。因此，需要有一定的秩序来约束人对个体利益的追求。礼，就是我国古代用来维持良好社会秩序的重要手段之一。

在古代，礼有较为广泛的含义，不仅包括具体的礼节礼仪，还包括一些规章制度，有某种社会公共契约的含义。因此，《左传》赋予它"经国家、定社稷、序民人、利后嗣"的意义。

礼在传统伦理道德中具有重要地位，它承担着社会规范的基本功能。礼给每位社会成员确定一个社会身份，然后按照这个社会身份去确定其欲求的度量分界，使人们安于本分，不越界、不争夺，这就是荀子所说的"故先王案为之制礼义以分之，使有贵贱之等，长幼之差，知愚能不能之分，皆使人载其事，而各得其宜"（《荀子·荣辱》）。这种身份秩序严格规约着每个人的行为，从而使社会处于有序的状态。之后，礼又以身份地位为依据明确规定每个社会成员的责任与义务，儒家提倡的"君君、臣臣、父父、子子"，就是强调不同身份的人有不同的责任义务，需遵守符合其身份地位的行为规范。比如对统治者，礼要求君王效法远古贤王，像尧舜禹那样治理国家和处理家事，大到德治天下，小到进膳更衣，都有一套既定程序；至于普通百姓，自然大事小情也都需要做到依礼而行。如此，人人各安其分，各明其责，各司其职，社会生活才能井井有条，政治秩序才能安定有序。

礼对社会秩序的维护并不完全通过强制，而是更多地通过教化使人将社会规则内化于心，转化为道德自觉，即《礼记》所谓的"圣人作礼，为礼以教人，使人以有礼，知自别于禽兽"。通过教育，习礼之人"非礼勿视、非礼勿听、非礼勿言、非礼勿动"（《论语·颜渊》），言行举止进退有方。经过长期的浸润熏陶，礼就从外在强制逐渐成为人们普遍的内在自觉，最终被社会广泛认同。

虽然，礼在传统社会维护的是封建等级秩序，强化了等级观念与制度，但不可否认，这种重礼的传统对提高社会个体的责任意识、道德自觉都起到了重要作用。

3. 贵和

贵和，即以和为贵，在处理各种关系时注重平衡协调、和睦和谐。从某种意义上说，贵和精神也是由尚公派生出来的。众所周知，群体赖以存在和发展的基础，除了秩序，还有和谐。从社会整体角度看，秩序与和谐是相辅相成的，建立秩序是为了保证社会关系的和谐，而社会关系的和谐又会反过来促进社会秩序的稳定。因此，为服务尚公观念，我国古代也极其重视个体与整体、个体与个体之间的和谐，提出"礼之用，和为贵"（《论语·学而》），用礼乐文化来协调社会各阶层以及人与人之间的关系，从而有效实现国家与社会的和谐有序。

除了注重社会内部人际关系的和谐，古人也十分重视人与自然的和谐，以及人与自我的和谐。中国自古就有"天人合一"思想，认为人是自然的一部分，与天地万物一起构成一个息息相通的整体，再加上中国古人敬畏天命、相信万物有灵，因此十分重视生态伦理，反对向自然过度索取，主张顺应自然，保持与自然的和谐关系。人与自我的和谐，则主要指个人自身要处理好身心关系，处理好欲望与道德之间的关系，养成平和的心态，明白"心必平和然后乐"（《吕氏春秋》）的道理。

传统的贵和精神表现在诸多方面。在文化价值观上，儒道互补、儒法结合、儒道释三教合一，以及接纳基督教、伊斯兰教等外来宗教，诠释了不同派别、不同类型、不同民族思想文化的兼容并包；在民族价值观上，肯定不同民族的文化价值，求同存异，形成统一的多民族国家；在国际观上，协和万邦，追求国家间和平共处、和谐共生、和平发展的理想状态；在社会生活上，和气生财、和气致祥、和衷共济、和善为邻、和以处众、内和外顺、家和万事兴、天时不如地利、地利不如人和等众多成语、俗语，无不体现人们对"和"的推崇。

在贵和精神的影响下，中华民族形成了宽容礼让、谦恭善良、兼容并包、求大同存小异的道德传统，成为中华民族精神的重要精髓。

传统伦理道德中的尚公、重礼、贵和三大基本精神，对中华民族产生了深远而又复杂的影响。一方面，由此形成的克己奉公、同心同德、诚敬谦让、相亲相睦的民族性格，使中华民族具有强大的向心力与凝聚力，这对于维护中华民族的团结、统一和稳定，发挥了至关重要的作用。另一方面，其历史局限性以及产生的消极影响也是不可否认的。在阶级社会，尚公、重礼、贵和，究其本质是要求广大底层人民安于低下的等级地位，自觉牺牲正当利益。另外，重整体轻个体、严格讲究秩序、一味追求和谐的做法也会在一定程度上抑制个体活力、造成思想僵化乃至社会的停滞。因此，我们要全面清醒地认识传统伦理道德的基本精神，取其精华，去其糟粕，使之与当代社会相适应、与现代文明相协调，保持民族性，体现时代性。

二 传统美德

中华传统美德，是中华五千年历史流传下来，具有影响、可以继承，并得到不断创新发展、有益于后代的优秀道德遗产，是中华民族优秀品质、优良民族精神、崇高民族气节、高尚民族情感以及良好民族习惯的总和。

（一）皋陶"九德"

据《尚书》《史记》等典籍记载，皋陶是舜帝时期掌管刑罚狱讼的贤臣，与大禹齐名，他曾把人的美德概括为九德："宽而栗，柔而立，愿而恭，乱而敬，扰而毅，直而温，简而廉，刚而塞，强而义"（《尚书·虞书·皋陶谟》）。

皋陶"九德"中的前九字"宽""柔""愿""乱""扰""直""简""刚""强"，指的是人与生俱来的一些先天品质，宽宏、温和、老实、有治理才能、柔顺、正直、简练、刚强、强壮。如果一个人具备了这些先天品质，无疑是优秀的，但这些先天品质在某种程度上也会存在一定偏颇，因此还需要经过后天一系列的修德，才能成就九种尽善尽美的品德，做到既宽宏大度又严肃庄敬，既性情温和又有独立主见，既老实质朴又谦逊有礼，既富有才能又做事认真，既善听意见又刚毅果决，既行为正直又态度柔和，既不拘小节又品行方正，既性格坚强又行为笃实，既强壮有力又依道义行事。

皋陶还指出，每天都能在行为中表现出"九德"中的三德、早晚恭敬努力地去实行，就可以做卿大夫；每天都能庄重恭敬地实行六德，就可以协助天子处理政务而成为诸侯；如果能全面实行"九德"，那么众多功业就可以建成了。只有修德不懈，方能成为圣贤，施恩于百姓。

（二）孔子"三达德"

孔子是我国文化史上第一个提出系统伦理道德理论的思想家和教育家，他特别推崇"知、仁、勇"三大美德，认为"知者不惑，仁者不忧，勇者不惧"（《论语·子罕》），并以此三德为核心建立起他的基本道德规范体系，要求弟子们通习六艺，臻于三德。

之后，《中庸》从理论高度进一步将"知、仁、勇"概括为"三达德"，即三种极高的道德。同时，《中庸》还明确指出"好学近乎知，力行近乎仁，知耻近乎勇。知斯三者，则知所以修身；知所以修身，则知所以治人；知所以治人，则知所以治天下国家矣。"爱好学习就能越来越接近智慧，身体力行就能越来越接近仁德，知道羞耻就能越来越接近英勇。知道这三点，就知道如何修养德行，然后就知道怎样管理他人以及治理国家和天下了。

（三）宋代"八德"

宋代"八德"是指宋代社会公认的八种美德，即孝、悌、忠、信、礼、义、廉、耻。孝，是孝敬父母、老人；悌，是敬爱兄长，兄弟之间讲究兄友弟恭；忠，是尽忠职守，真心诚意做人，尽心竭力做事；信，即守信，要言行一致，心口合一，以信笃行；礼，是遵守礼仪，能够以礼相待，敬重他人；义，是坚守道义，追求正义，不做不义之事；廉，是廉洁自律，洁身自爱；耻，是知耻，有羞耻心，能因维护自身尊严需要而自觉约束自己，不为所不当为。

宋代"八德"将家庭美德"孝""悌"排在首位，充分体现了"以家为本"的伦理道德观。在农业社会多子女大家庭中，纵向的"父慈子孝"加上横向的"兄友弟恭"，就能建构起一个家庭伦理十字架，以有效实现家庭乃至家族的稳固，而家是国之根本，家固则国宁。因此，宋代从"家""国"的辩证关系上，突出"孝""悌"，将其置于"忠""信"之前，这是农业经济时代一种审时度势的选择。

（四）民国"新八德"

民国时期，国家遭西方列强觊觎、侵略，孙中山、何键等人提出"新八德"——忠、孝、仁、爱、信、义、和、平。其实这八德在古代传统道德规范体系中就有，只是孙中山先生将它们组合在一起，并赋予其资产阶级民主主义的新内容，使其成为三民主义思想体系的一部分。新生活运动时期，湖南省政府主席何键将其包装为"八德"概念，并印发《八德衍义》对其加以阐释。

孙中山先生在广州国立高等师范学校礼堂演讲三民主义时说，"中国固有的道德，中国人至今不能忘记的，首是忠孝，次是仁爱，其次是信义，其次是和平。"（孙中山《三民主义·民族主义》）他认为，忠，就是"忠于国、忠于民，要为四万万人去效忠"；孝，就是要发扬敬祖宗亲的精神，把家族主义扩充为民族主义；仁爱，与西方的"博爱"相同，通过实行三民主义，以成救国救民；信义，就是坚持正义、讲求信用，反对帝国主义对弱小民族"背信弃义""食言而肥"的侵略行径；和平，则是爱好和谐公平，人与人之间注重谦让，国与国之间反对战争与侵略。

新八德根据时代局势调整了"忠"与"孝"的先后位置，将国家、民族、人民放在首位，建构起"以国为本"的伦理道德观，强化了国家观念与爱国意识。

（五）十大传统美德

中华民族在五千年发展历程中积淀了众多美德，其中，仁爱孝悌、谦和有礼、诚信知报、精忠爱国、克己奉公、修己慎独、见利思义、勤俭廉正、笃实宽厚、勇毅力行被公认为十大传统美德。

1. 仁爱孝悌

仁爱孝悌是中华民族传统美德中最具特色的一部分。"仁"是中华民族道德精神的象征，它发端于人类共同生活所形成的"恻隐之心"，即同情心。"仁"德的核心是爱人，即"仁者爱人"。提出仁爱思想的孔子说："仁者人也，亲亲为大。"（《中庸》）所谓仁，是人所具有的美德，亲爱亲人是最大的仁。所以，对父母的"孝"和对兄弟的"悌"是仁爱思想的根本和出发点，是为人之本。一个人如果能够孝敬父母、友爱兄弟，在社会上就会忠，就会信。"其为人也孝悌，而好犯上者，鲜矣；不好犯上，而好作乱者，未之有也。君子务本，本立而道生。孝悌也者，其为人之本欤！"（《论语·学而》）孝悌之德使中国家庭乃至家族形成

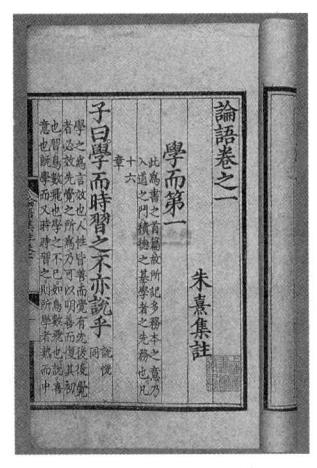

图1-4 《论语集注》

一种浓厚的亲情，对稳定社会有极为重要的作用，是中华民族团结的基石。

仁爱，除了孝悌，还有忠恕。忠恕，是孝悌之情的向外扩展，是"仁"由家族之爱走向泛爱的中介环节。朱熹在《论语集注》中这样解释"忠恕"："尽己之谓忠，推己之谓恕。"因此，忠恕之德的基本要求是以诚待人、推己及人、多为别人着想，即"己所不欲，勿施于人"（《论语·颜渊》），"己欲立而立人，己欲达而达人"（《论语·雍也》）。孔子就要求弟子"入则孝，出则悌，谨而信，泛爱众，而亲仁"（《论语·学而》），首先要从对父母的孝做起，然后延伸到对兄弟的悌、对朋友的信，以及对天下人最宽广的爱，同时还要亲近那些有仁德的人，向他们学习。在忠恕之德的基础上，中国人形成了"四海之内皆兄弟也"（《论语·颜渊》），"老吾老，以及人之老，幼吾幼，以及人之幼"（《孟子·梁惠王上》），"不独亲其亲，不独子其子"（《礼记·礼运》）的宽广情怀，中华民族大家庭形成了安老怀少的社会风尚和浓厚的人情味。

"仁"德的核心是爱人，但所爱的对象并不局限于人类。孟子就曾提出"亲亲而仁民，仁民而爱物"（《孟子·尽心上》）的观点，即要把仁爱精神由亲人推广到社会，甚至是宇宙万物，由爱自己的亲人，进而推广到爱人类、爱草木鸟兽、爱自然万物。

> **文化链接**
>
> **商汤网开三面**
>
> 桀是夏朝的最后一位君主，荒淫无道，治国无方，对百姓十分残暴。商汤看到老百姓在受难，心里很难过，决定积蓄力量，推翻桀的统治，让百姓过上好日子。他广施仁德，百姓都很爱戴他，各地诸侯也很敬重他。
>
> 有一次，商汤在郊外看见有位猎人四面设网，并祷告说："从天上坠落的、从

地上生出的、从四方来的，让它们都坠落到我的网上。"商汤说："真这样的话，禽兽就被杀光了。除了桀那样的暴君，谁会干这种事呢？"他劝那人撤去三面，只在一面设网，重新祷告说："从前蜘蛛织网，现在的人也学着织。禽兽想向左去的就向左去，想向右去的就向右去，想向高处去的就向高处去，想向低处去的就向低处去，我只捕取那些触犯天命的。"

商汤"网开三面"的故事很快就被人们传了出去。各地诸侯听到后，都十分感慨地说："商汤连禽兽的生死都关心，何况对于百姓呢，他的德行真是很高啊！"因此，四十个诸侯国纷纷归顺于他。

商汤去掉三面网，只留下一面，而得到了四十个诸侯国的归顺。这说明商汤布德施惠的政策不仅捕到了禽兽，更赢得了诸侯的信任。只有广施仁爱于天下，才能真正得到别人的佩服与爱戴。他的仁德不仅体现在治国上，更加体现在人品上。商汤有一颗善心，因此，他得民心、得臣心，最终推翻了夏桀的残暴统治。他轻徭薄赋，安抚民心，鼓励生产，励精图治，使国家蒸蒸日上，百姓终于过上了安定富足的生活。

2. 谦和有礼

中国素有"礼仪之邦"的美誉，重礼、好礼、有礼，是中华民族一贯以来的优良传统；礼貌、礼让、礼节，是中国人立身处世的重要美德。古人十分看重礼，认为有礼是一个人的立身之本，孔子说"不学礼，无以立"（《论语·季氏》），《诗经》也说"人而无礼，胡不遄死"；甚至把礼、义一起看作是人与动物相区别的标志，"凡人之所以为人者，礼义也"（《礼记·冠义》）。

"礼"，根源于人的恭敬之心、辞让之心，出于对尊长、对道德准则的恭敬和对兄弟朋友的辞让之情，集中体现于在荣誉、利益面前谦让不争，以及人际关系中的互相尊重。孔子云："恭而不侮"（《论语·阳货》），你尊重他人、对人恭敬，别人自然也会以恭敬之心对待你，不会轻佻怠慢于你；《晏子春秋》言："力争者不胜其祸，辞让者不失其福"，老子在《道德经》中也说："夫唯不争，故无尤""夫唯不争，故天下莫能与之争"，因为不与人相争就不会招来他人的怨恨，就会拥有和睦的人际关系。由此，对人恭敬、辞让绝不是软弱无能，而是一个人有德的体现，也是一种人生大智慧。历史上凡有大成就、被人称颂的人，大多都是"谦和有礼"之人。

3. 诚信知报

《说文解字》云："诚，信也""信，诚也"，"诚信"就是真实无妄、诚实无欺的意思。中华民族自古就很重视"诚信"之德。孔子认为，诚信是一个人立身处世的根本，"人而无信，不知其可也"（《论语·为政》）。孟子也说："诚者，天之道也；思诚者，人之道也"

(《孟子·离娄上》),"诚"是天的根本属性,努力追求"诚"以达到"诚"的境界则是为人之道。董仲舒之后,传统道德更是把"信"与"仁、义、礼、智"并列为"五常"。千百年来,人们讲求诚信,推崇诚信。孔子把"朋友信之"(《论语·公冶长》)作为自己的志向之一,也教导弟子们要"谨而信""笃信好学""敬事而信""言必信,行必果"(《论语》);孟子则把反省自己以达到诚的境界作为一种莫大的快乐,"反身而诚,乐莫大焉"(《孟子·尽心上》);荀子同样认为"君子养心莫善于诚"(《荀子·不苟》),宋代程颐也说:"以诚感人者,人亦诚而应"(《程颐文集》)。

"知报",即知恩思报。感恩、回报,也是中华民族的优良传统,"投之木瓜,报之桃李""滴水之恩,当涌泉相报""饮水思源,知恩图报"等古训代代相传,"结草""衔环"、韩信"一饭千金"等报恩故事也是家喻户晓。

诚信之风、感恩之情早已融入我们民族文化的血液,成为文化基因中不可或缺的重要一环。

文化链接

晏殊应考

晏殊是北宋时期著名的词人,他的"无可奈何花落去,似曾相识燕归来"等名句被千古传诵。

相传晏殊从小聪明好学,五岁就能作诗,有"神童"之称。景德元年(1004年),江南安抚使张知白听说晏殊的事迹,极力推荐他进京赶考。次年,十四岁的晏殊赴京应考,脱颖而出。

后来,晏殊又参加了当时最高级别的考试——殿试。结果,晏殊发现考题竟是自己十天前刚练习过的,于是就如实向真宗报告,并请求改换其他题目。宋真宗非常赞赏晏殊的诚实品质,便赐给他"同进士出身"。

当时正值天下太平,京城的大小官员经常到郊外游玩或在城内的酒楼茶馆举行各种宴会。只有晏殊每天办完公事,就回到家里闭门读书。真宗因此提升晏殊为辅佐太子读书的东宫官。面对大臣们的惊讶,真宗说:"近来群臣经常游玩饮宴,只有晏殊闭门读书,如此自重谨慎,正是东宫官合适的人选。"晏殊谢恩后却说:"我不是不喜欢游玩饮宴,只是家贫而已。若我有钱,也早就参与宴游了。我是有愧于皇上的夸奖的。"

这两件事,使晏殊在群臣面前树立起了信誉,也使宋真宗更加信任他。

4. 精忠爱国

中华民族在长期的生存、发展中,逐步凝结成对祖国深厚的爱国主义情感,形成精忠爱国的浩然正气和坚贞不屈的民族气节。这种爱国主义是最质朴的情感与品性,它是爱亲、爱家、爱乡之情的直接扩充与升华，是一种捍卫民族尊严、维护祖国利益的崇高品德。

在我国传统道德中，爱祖国、爱民族历来被看作是"大节"。虽然在封建社会，它不可避免地与"忠君"联系在一起，具有时代局限性，但它在本质上是把君作为国家的代表，因此，"忠君"的背后是一种深层的国家意识。这种精忠爱国的精神是我们中华民族的巨大凝聚力，也是推动民族发展的巨大精神力量，特别是当国家、民族处于危急存亡之际，同仇敌忾、保家卫国、不屈不挠，甚至不惜以身殉国，就成为广大人民的共识。

从屈原的"上下求索"到杜甫的"凭栏涕泪"，从辛弃疾的"栏杆拍遍"到文天祥的"留取丹心"，从马援的"马革裹尸"到岳飞的"精忠报国"，从顾炎武的"天下兴亡，匹夫有责"到林则徐的"苟利天下生死以，岂因祸福避趋之"……爱国精神已经成为中华民族几千年历史发展沉淀形成的核心价值观，它激励了一代又一代仁人志士，浇筑了一座又一座历史丰碑。战争年代，大批有志之士为拯救民族奔走疾呼，为理想、为大义不惜牺牲个人生命；解放初期，大批饱学之才冲破国外的重重阻挠，回国投入国家的现代化建设；和平时期，各行各业的你们、我们和他们在国家需要的时刻挺身而出，到国家需要的地方去，为强国富国而努力实干……

5. 克己奉公

孔子曾说："克己复礼为仁"（《论语·颜渊》），克制自己、使自己的言行符合礼义，就是仁。礼义道德不是人天生就具备的，也不是轻易就能做到的，它要靠人的自觉克制、自我约束，要努力抑制自己的不良心思，强制自己去做合乎道德的事情。但守礼只是"小康社会"的纲纪，孔子向往、推崇的"大同世界"，其基本精神是"人人为公"。"大道之行也，天下为公，选贤与能，讲信修睦。故人不独亲其亲，不独子其子，使老有所终，壮有所用，幼有所长，矜寡、孤独、废疾者皆有所养。男有分，女有归。货，恶其弃于地也，不必藏于己；力，恶其不出于身也，不必为己。是故谋闭而不兴，盗窃乱贼而不作。故外户而不闭，是谓大同。"（《礼记·礼运》）在理想的大同社会，人们因不愿财货被丢弃浪费而去收贮它，却不是为了自己享用；人们都愿意在劳动中出力，却并非为自己谋私利。

家庭本位的社会结构与礼教文化的传统，使中华民族培育了注重整体的"尚公"精神，并在此基础上形成了克己奉公的传统美德。"克己"就是克制自己的私欲，"奉公"就是个人服从于整体。因此，克己奉公，实质上就是先公后私，个人私利服从社会公利。大禹治水"三过家门而不入"，范仲淹"先天下之忧而忧，后天下之乐而乐"就是古人对克己奉公的最好诠释。

6. 修己慎独

"修己"是中华优秀传统文化的思想精华与道德精髓。所谓"修己"，就是严格要求自己，提高自身的品德修养，即修身律己。中华民族自古就高度重视修身，把它看作是齐家、治国、平天下的基础与起点。《礼记·大学》中说："古之欲明明德于天下者，先治其国；欲治其国者，先齐其家；欲齐其家者，先修其身。"为此，《礼记》明确提出"自天子以至于庶人，壹是皆以修身为本"，上自天子下至普通老百姓，都要以修身为根本。

"修己"的基本精神是反躬内求，即反观自身、向内探求。孔子说："君子求诸己，小人求诸人"（《论语·卫灵公》），君子"不怨天，不尤人"（《论语·宪问》），"躬自厚而薄责于人"（《论语·卫灵公》），孟子也说："行有不得者，皆反求诸己"（《孟子·离娄章句上》）。因此，修己讲究自律、自省，"吾日三省吾身：为人谋而不忠乎？与朋友交而不信乎？传不习乎？"（《论语·学而》）

"修己"的最高境界是"慎独"。《礼记·中庸》说："莫见乎隐，莫显乎微，故君子慎其独也。"慎独，就是在自我独处或没有外在监督时也能做到严于律己，谨慎对待自己的所思所行，防止有违道德的欲念和行为发生。南宋哲学家陆九渊的"不自欺"、学者袁采的"处世当无愧于心"、元代大学者许衡的"梨无主，吾心独无主乎"、清代叶存仁的"感君情重还君赠，不畏人知畏己知"，无不是对"慎独"的最好诠释。因此，"慎独"追求的是一种人格上的卓尔不群，需要做到表里如一、言行如一、始终如一。

"修己慎独"的优良传统培养了中华民族践履道德的自觉性与主动性，也造就了许多具有高尚品质和坚定节操的君子人格。东汉太守杨震用"四知"箴言拒礼，明代典史曹鼐写下"曹鼐不可"以自警，清代林则徐在居所悬挂上书"慎独"二字的醒目横额，曾国藩把"慎独"列为其"养心日课四条"之首……这些为后世所颂扬之人，无一不是修己慎独的楷模。

文化链接

杨震暮夜却金

杨震（59—124年），字伯起，东汉时期弘农郡华阴县人（今陕西省潼关县一带），为功臣名门之后，少时聪敏博学，"明经博览，无不穷究"，有"关西孔子"之称。他开馆授徒，三十年间，四方求学者络绎不绝，英才辈出。五十岁时，大将军邓骘听说杨震贤明就派人征召他，推举他为秀才，此后四次升迁，出任刺史、太守，后因恪尽职守、勤政廉洁而位至"九卿""三公"之列。

有一年，杨震由荆州刺史调任东莱郡太守，赴任途中，路经昌邑，驻宿驿馆。时任昌邑县令的王密，是他以前举荐的荆州秀才。于是，王密就前来拜见杨震。到了夜里，王密又悄悄给杨震送来十斤黄金以表报答之情。杨震说："我和你是故交，我知道你的为人，而你却不了解我。"王密知道杨震的意思，说："夜深了没有人会知道。"杨震说："天知，神知，我知，你知。怎么说没有人知道呢！"王密这才明白过来，惭愧离去。

7. 见利思义

在伦理学范畴，"义"指的是社会公认为适宜的、应该的道德行为准则，它是中华传统美德的核心要素。从"皋陶九德"到"儒家五常""管子四维"，再到"八德""新八德"，"义"始终是不可或缺的一项。

围绕着"义"，中华民族形成了"见利思义""先义后利"的价值观。孔子说："富与贵，是人之所欲也；不以其道得之，不处也。贫与贱，是人之所恶也；不以其道得之，不去也。"（《论语·里仁》）求富贵、去贫贱是人之本能，但不能用不正当的手段去得到。荀子也认为"先义而后利者荣，先利而后义者辱"（《荀子·荣辱》）。在这种价值观的影响下，西汉苏武无视匈奴的威逼利诱，始终持节不屈；三国关羽挂印封金，誓不投曹；南朝甄彬虽生活贫困却拾金不昧……

而在面临生死关头时，"义"作为君子之道、立人之节，还会升华为杀身成仁、舍生取义的崇高道德境界。"生，亦我所欲也；义，亦我所欲也。二者不可得兼，舍生而取义者也。"（《孟子·告子上》）当生与义不能两全时，义重于生。这种道德观念鼓舞了志士仁人为民族大业选择义无反顾地献身，"砍头不要紧，只要主义真"的夏明翰、视毒刑拷打为小考验的江姐、"怕死不当共产党"的刘胡兰，都是这种崇高道德人格的光辉写照，他们不仅有"以身任天下"的坚贞之志，还有"生死当前而不变"的伟大气概。

8. 勤俭廉正

勤俭廉正，即勤劳节俭、廉明正直。

中国人历来以劳动自立自强，由此形成了勤奋努力、吃苦耐劳的优秀品质。"锄禾日当午，汗滴禾下土。谁知盘中餐，粒粒皆辛苦。"（李绅《悯农》）出于对辛勤劳作的尊重和对劳动成果的珍惜，中华民族有着尚俭的优良传统，并深刻认识到"勤俭"的重要性。小到修身、齐家，大到治国、平天下，都离不开"勤俭"之德，正所谓"历览前贤国与家，成由勤俭破由奢"（李商隐《咏史二首·其二》）。老子、孔子都把"俭"作为"修身"之道；司马光、朱柏庐分别将"俭，德之共也；侈，恶之大也"（司马光《训俭示康》）、"一粥一饭，当思来之不易；半丝半缕，恒念物力维艰"（朱柏庐《朱子家训》）当作"齐家"之训；还有唐代初年魏徵上书劝谏唐太宗把"居安思危，戒奢以俭"（魏徵《谏太宗十思疏》）作为"治国"之本。

诸葛亮曾在《诫子书》中说："静以修身，俭以养德"，这个德主要是"廉"德。因为一个不懂节俭的人，很容易形成骄奢淫逸的坏习惯，进而走向贪腐的深渊。"廉"是不贪，只有不贪才能做到洁净、清明，才能做到正直、公正。"廉正"不仅是为人之德，也是一种重要的为官之德。历史上的那些清官谏臣，如秉公执法、刚正不阿、两袖清风的包拯、海瑞、于谦等人，都是"廉正"美德的模范，因而受到人们的称颂和尊敬。

9. 笃实宽厚

古代中国是一个以农业为主要生产方式的国家，长期的农耕生产，形成了中华民族质朴的品格和务实的精神。中华传统道德崇尚质朴、朴素的精神，儒家虽然重视"礼"

的各种仪式，但也是建立在质朴的基础上；道家更是主张"见素抱朴"(《道德经》)，以返璞归真为最高境界。在为人处世方面，我国人民历来以"实"为标准，反对虚伪、虚妄。老子认为"信言不美，美言不信"(《道德经》)，孔子也说"巧言令色，鲜矣仁"(《论语·学而》)，要求君子"讷于言，而敏于行"(《论语·里仁》)"耻其言而过其行"(《论语·宪问》)。在长期的道德实践中，中华民族形成了许多以"实"为价值标准的规范和美德，如老实、诚实、求实、踏实、实在等，形成了崇尚实干、反对空谈的务实精神。

在待人接物上，中华民族一向以宽厚为美德。"地势坤，君子以厚德载物"(《易传·象传》)，大地的气势厚实和顺，有德行的人应该像大地那样宽广厚实，容载万物。在与人交往中，我们国人以将心比心、与人为善为原则，推己及人，设身处地为他人着想，在互动中达到人际关系的和谐。而现实生活中所说的"感化""德化"，其实质也是指被对方宽厚的道德人格打动，还有"宽容大度""宽宏大量""忠厚平和"等评价，也都体现了中华民族宽厚的品德。

笃实宽厚的美德形成了中华民族精神的崇实性和包容性，使得中华民族大家庭能够和睦相处，绵延发展，不断充满民族活力。

10. 勇毅力行

"勇毅"，即勇敢坚毅，做事有胆量、坚定而果断。中国人自古就崇尚"勇"，盘古开天辟地、女娲炼石补天、后羿射日等诸多神话传说都包含着对"勇"的崇仰与赞颂。"勇"有"大勇"与"小勇"之分。"小勇"，是匹夫之勇，常常受情绪、忿愤的驱使，是情欲动心而心失其正的一种血气之怒；而"大勇"是君子之勇、圣人之勇，是一种心怀天下苍生的使命担当，是苏东坡所说的"其所挟持者甚大，而其志甚远也"(苏轼《留侯论》)，是鲁迅所言的"无穷的远方、无数的人们，都与我有关"(鲁迅《这也是生活》)。因此，"小勇"可敌一人，"大勇"可安天下。世上很多人都有"小勇"，因为所争的不过是一时意气；但"大勇"却非平常人能做到，利害当前，能择善守正，抱持坚定信念，勇往直前、义无反顾，能"见利不亏其义""见死不更其守"(戴圣《礼记·儒行》)，因此，"大勇"需要有坚定的意志、果敢的决断，即"毅"。

"力行"，就是身体力行，努力实践。无论怎样的道德修养，其最终都要落实到行动上。孔子认为"力行近乎仁"(戴圣《礼记·中庸》)，只有身体力行，才能成仁成圣；明代王阳明强调"知行合一"(王守仁《传习录》)，知者行之始，行者知之成。正是这种勇毅力行的美德，使得中华民族在各种险恶的环境中能够自强不息，不断前进。

中华传统美德，是我们民族最宝贵的精神财富，早已融入炎黄子孙的血脉，支撑起中华民族文化的脊梁，同时也是中华民族对世界文化所作出的最大贡献之一，具有超越时空的普世价值。

文化悦游指南

1. 郑义门（江南第一家）：浙江省金华市浦江县郑宅镇白麟溪东侧，0579-84285882、0579-84288363，周一至周日08:00—17:00开放，门票65元/人（凭学生证33元/人）。

2. 中华孝德园：浙江省绍兴市上虞区舜耕大道518号，0575-82508000，全年周一至周四、周六至周日08:30—16:30开放，门票50元/人（绍兴本地人和非法定节假日免费）。

3. 宁波家风馆：浙江省宁波市海曙区古林镇茂新村御史大道1号，13957471297，周一至周日09:00—17:00开放（建议去公众号预约），免费开放。

4. 宁波市镇海口海防历史纪念馆：浙江省宁波市镇海区招宝山路10号，0574-86255760，每周二至周日09:00—17:00开放（16:30停止入馆），免费开放。

5. 宁波帮博物馆：浙江省宁波市镇海区思源路255号，0574-56800611、0574-56800600，每周二至周日09:00—17:00开放（16:00停止入馆），每周一闭馆（除法定节假日外），免费开放。

6. 浙江革命烈士纪念馆：浙江省杭州市万松岭路100-1号，0571-87031841，周二至周日09:00—16:30（16:00停止入馆），每周一闭馆（国家法定节假日除外），免费开放。

文化悦赏指南

1.《感动中国》系列节目，央视网。
2.《时代楷模》系列节目，央视网。
3. 金琛：年代战争剧《凭栏一片风云起》，2022年，腾讯网。

文化小测

1. "诚，五常之本，百行之源也。"其中的"五常"指（　　）。
   A. 仁、义、礼、智、信
   B. 仁、义、礼、智、孝
   C. 仁、义、礼、智、勇
   D. 仁、义、礼、智、善

2. "不学礼，无以立"反映的是中华传统美德基本精神中的（　　）。
   A. 推崇"仁爱"原则，追求人际和谐
   B. 国家利益和民族利益
   C. 倡导言行一致，强调恪守诚信
   D. 讲求谦敬礼让，强调克骄防矜

3. 《尚书》中"父义""母慈""子孝""兄友""弟恭"的"五教"思想，反映了中华传统美德中（　　）的特点。
   A. 重视整体利益，强调责任奉献
   B. 推崇"仁爱"原则，注重以和为贵
   C. 追求精神境界，向往理想人格
   D. 提倡人伦价值，重视道德义务

4. 下列与"善养吾浩然之气"反映的中华传统美德基本精神一致的是（　　）。
   A. "己所不欲，勿施于人"
   B. "仁者自爱"
   C. "见贤思齐焉，见不贤而内自省也"
   D. "父义""母慈""子孝""兄友""弟恭"

5. 热爱劳动、尊崇劳动、勤奋劳动，自古以来就是中华民族的传统美德。下列选项体现这一传统美德的是（　　）。
   A. 童孙未解供耕织，也傍桑阴学种瓜
   B. 先天下之忧而忧，后天下之乐而乐
   C. 为有牺牲多壮志，敢教日月换新天
   D. 路漫漫其修远兮，吾将上下而求索

6. 下列与"推己及人""仁者爱人"所反映的中华传统美德的基本精神不一致的是（　　）。
   A. "己欲立而立人，己欲达而达人"
   B. "见贤思齐焉，见不贤而内自省也"

C. "亲亲而仁民，仁民而爱物"

D. "兼相爱，交相利"

7. 下列与"苟利国家生死以，岂因祸福避趋之"所反映的中华传统美德的基本精神一致的是（　　）。

　　A. "己所不欲，勿施于人"

　　B. "仁者自爱"

　　C. "国而忘家，公而忘私"

　　D. "兼相爱，交相利"

8. 以下关于中华传统美德的说法，正确的是（　　）。

① 中华民族传统美德是传统道德的精华

② 善良、悲悯、坚韧、信义和自强都属于中华传统美德

③ 中华传统美德只展现在英雄身上

④ 中华传统美德具有生生不息、历久弥新的品质

　　A. ②③④　　　B. ①②④　　　C. ①③④　　　D. ①②③

9. 下列选项中属于中华传统美德的有（　　）。

① 忧国忧民、道济天下的爱国情怀，勤劳勇敢、自强不息的奋进品格

② 自尊互敬、助人为乐的和乐风范，诚信守法、见利思义的高尚情操

③ 孝敬父母、尊敬师长的道德规范，律己宽人、扬善抑恶的处世准则

④ 明确的规则意识，正确的权利义务观念

　　A. ①②③　　　B. ②③④　　　C. ①②　　　D. ③④

10. 传统美德中蕴藏的中国智慧既为我们今天的道德建设提供了有益启发，为治国理政提供了有益启示，也为解决当代人类面临的道德难题提供了重要启迪，更为当代大学生的成长提供了宝贵营养。下面关于传承和弘扬中华传统美德，表述正确的有（　　）。

　　A. 去粗取精，去伪存真

　　B. 古为今用，推陈出新

　　C. 不忘本来，辩证取舍

　　D. 落后文化，全面否定

参考答案

弘扬美德风

育人内涵：家规是指一个家庭所规定的行为规范，一般是家族流传下来用以教育规范后代子孙的准则。常言道"国有国法，家有家规"，因此，每一个家庭、家族或多或少都有自己的规矩。家训是指家庭对子孙立身处世、持家治业的谆谆教诲，是先辈留给后人的智慧结晶。家训常单独刊印，或附于宗谱，或口口相传。我国传统家训精深宏富，是传统文化的重要组成部分，也是中华民族的巨大精神财富。良好的家规家训是形成良好家风的基础，是"民之本，国之福"，对个人、家庭乃至整个社会、国家都有良好的作用。

践行任务：采访家中长辈，收集、记录、整理自己家庭或家族的家规、家训，并在今后内化于心、外化于行。

践行记录：

践行感悟：

第二讲
Lecture 2

中华语言文字
——文化载体意无穷

文化探知

语言是以语音为物质外壳，以词汇为建筑材料，以语法为结构规律构成的一种音义结合的符号系统；文字则是记录语言的形、音、义统一的书写符号系统。语言是人类最重要的交际工具，文字则是人类交际重要的辅助工具。文字是在已经存在的语言的基础上产生和发展起来的，是从属于语言的。

一 汉语

汉语博大精深、体系复杂，是世界上大约五分之一人口的母语，也是联合国的正式语言和工作语言之一。

（一）汉语的发展演变

1. 汉语的历史分期

人类语言的演变，受到人口迁徙、地理环境、经济发展程度，以及人对语言的学习和适应能力等因素的影响。语言被视为人类区别于其他动物的本质特征，而作为一种表达工具，汉语一直都在发生改变。

目前，汉语语言学家普遍将汉语的发展分成四个阶段：三世纪以前（即东晋以前）为上古期，先秦时期的古人们使用的语言如《诗经》就是上古汉语；南北朝、隋朝、唐朝、宋朝时期的汉语为中古汉语，《切韵》《广韵》等韵书资料为中古汉语的语音研究提供了较为可靠的依据；元明清时期的汉语是近代汉语，元曲、明清小说都可以算入近代汉语；五四运动之后，白话文登上大雅之堂，"五四"以来的汉语便是现代汉语。

现代汉语有广义和狭义之分。广义的现代汉语包括现代汉民族共同语及其地方变体（方言）、社会变体、功能变体、个人变体等。狭义的现代汉语则专指现代汉民族共同语，即以北京语音为标准音，以北方话为基础方言，以典范的现代白话文著作为语法规范的普通话。

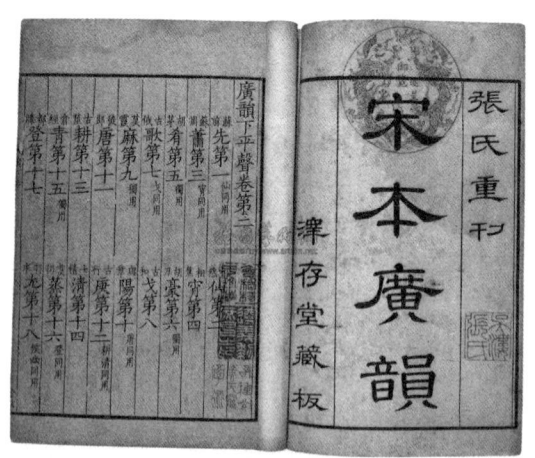

图 2-1 《宋本广韵》

2. "普通话"的变迁

"普通话"这个概念是现代汉语中才有的，在古代尚无此一说，但其实古人也有统一的交流语言。

雅言就是中国最早的通用语言，在通用意义上相当于现在的普通话，后人将古汉语通用的上古音系称为"雅言"。其音系为上古音系，中国古人十分重视各地方言的统一，于是就出现了"雅言"。"雅言"一般是以国都所在区域的语音为标准语音的。中国历史上最早的三个朝代夏商周，除了西周，其他时期都是在河南建立都城的，因此，当时的雅言就是以洛阳为中心的河南话。

公元前770年，周平王迁都洛邑，号为东周。因此，洛邑地区的语言便成了当时的雅言。《论语》载有"子所雅言，诗书执礼"，孔子周游列国时使用的也是雅言，而不是使用老家鲁国的方言。

秦始皇统一六国后，建都咸阳，咸阳位于关中，因此，当时的雅言便是关中话。到了汉朝，西汉建都长安，东汉建都洛阳，这时的雅言也基本上是陕西话和河南话。汉朝时的标准语也有"正音""雅言"和"通语"等不同的称谓。

东汉灭亡后经历了三国时期的分裂割据，之后统一的西晋王朝建都于洛阳，就以洛阳方言为雅言。西晋灭亡后，南迁的东晋王朝定都于建康，也就是今天的南京。由于从北方南迁过来的人带来了洛阳口音的雅言，而当地的土著却是说着吴语，二者结合便形成了"金陵雅音"，也称吴音，之后又被宋、齐、梁、陈历代继承，所以整个南朝的雅言便是吴音。

到了581年，隋文帝杨坚建立了隋朝。七年后，隋灭南朝陈并统一南北。此时的隋朝定都长安，朝廷编制《切韵》一书，该书以洛阳雅音和金陵雅音为基础正音，融合南北朝官音形成长安官音（秦音）。唐承隋制，因此，隋、唐国语称为"汉音"或"秦音"。北宋定都开封，于是以开封音为正音形成通用语言，称为"宋音"或"中州音"。北宋覆灭，大批士人南渡，将宋音也带到南方。

元朝以蒙古语为官方通用语言，汉语的通行语言便以都城北京地区的方言为标准。后来朱元璋建立明朝，定都南京。由于这一地区的汉人相对完整地保持了"中原正音"，因此，明朝初期便以南京官话为标准语。到了永乐年间，明成祖朱棣迁都北京。但经过元末战乱，北京地区人口遭到严重破坏，朝廷将四十万南京居民迁入北京。这批移民又将南京官话带到了北京，所以在明朝时期主要还是以南京官话为标准通行语。北京官话的通行范围则较小，影响力不如南京官话。

清朝早期，南京官话依然保持着强大的使用惯性，直到雍正年间，这一局面才发生变化。雍正八年（1730年），朝廷设立正音馆，该机构专门推广以北京话为标准的北方官话。而所谓的"北京音"，是在元朝时北平话与南京官话相互融合的基础上，渗入满族语音的一些要素综合而成。到了清朝中后期，北京官话逐渐取代了南京官话，并一直延续到今天。我们今天所说的以北京话为标准的普通话便是在清朝中后期逐渐奠定基础的。

因此，古代虽然没有所谓的"普通话"，但历朝历代都会推行一种朝廷官话，即官方通用语言，使不同地区的人能够彼此交流无障碍。只是它们的普及程度远没有今天"普通话"这么高。相比之下，各种地方性语言更被广泛使用。在古代，山川相隔、交通不便，长期的小农经济又造成各地区人口流动极小，除了少数人离乡外出做官或做买卖，大多数人终其一生"生于斯，死于斯"，于是就形成了"十里不同音"的现象，产生了很多方言。

3. 现代汉语中的方言

语言学上存在两种不同的观点，一种观点认为汉语语族中只有汉语一种语言，只是口语发音存在差异而有所不同；一种观点则认为汉语族包含闽语、粤语、客语、吴语、赣语、官话、湘语七大语言。总的来讲，国内语言学家通常根据汉语分支的不同特点，将它划分为了七大地域方言，其中还有一些尚存争议的方言，如晋语、平话、徽语等，而每一种方言都有古代汉语的影子。

（1）官话

官话，也称北方话或官话方言，指华北、东北及西北地区、湖北东北部、四川、重庆、云南、贵州、湖南北部、江西沿江地区、安徽中部、江苏大部分地区所使用的母语方言。现代官话方言，主要形成于明清时期。官话方言包含了大量的同音字及相应产生的复合词。官话内部又可细分为八种次方言：东北官话、胶辽官话、北京官话、冀鲁官话、中原官话、江淮官话、兰银官话、西南官话。

（2）吴语

吴语，或称为吴方言，主要通行于中国江苏南部、安徽南部、上海、浙江大部分地区，以及江西东北部和福建西北角等地区。典型的吴语是以苏州话为代表。吴语中，古代的浊声保留得最完整。

（3）赣语

赣语，也称赣方言。它以南昌话为代表，主要通行于江西、湖南东部、湖北东南部、安徽西南部和福建的西部等地区。

（4）闽语

闽语的内部分歧比较大，可以分为闽南语（以厦门话为代表）、闽北话（以建瓯话为代表）、闽东话（以福州话为代表）、莆仙方言和闽中方言。其中以闽南语影响最大，分布范围最广，而且根据现有的语音学研究，闽南语的音系相当接近上古汉语的音系。

（5）粤语

粤语单音节词很多，是南方方言中和古汉语尤其是中古汉语较为接近的一种方言。它以广东话为标准，主要在广东、香港、澳门、广西的东部等地区通行使用。它是汉语众多分支中，声调最为复杂的一种。

（6）湘语

湘语，也叫湘方言，使用者主要分布在湖南湘水及支系流域。湘语内部按照是否保留古浊音系统分为老湘语和新湘语两类。新湘语形成时间不长,全浊声母已基本清化,只有少数一些地方保留下来,其语音体系上靠近官话;老湘语全浊声母则相对保留得比较完整。

(7)客家话

客家话,也称客语,这一方言在中国南方如广东、广西、江西、福建、湖南、四川、海南、香港、台湾9个省区以及东南亚等地的客家人和绝大多数畲族人中广泛使用。客家话,是在北方移民南下影响中形成的。因此,它还保留了一些中古中原话的特点,譬如在今天的客家语中依然能看到古汉语中动词重叠的构词方式。

(二)汉语的特点

语言有语音、词汇、语法三大要素。语音是语言的物质外壳,是语言的存在形式,而词汇是构成我们语言的建筑材料,语法则是组词成句的规律。汉语在语音、词汇、语法三个方面具有的独特规律造成了汉语当中特殊的语言现象。

1. 声调和韵律

汉语的字音包含声、韵、调三个部分。汉语拼音字母的元音都是乐音,每一个音节中都少不了元音,因此,单个字音就具有音乐美,而两个音节构成双声、叠韵关系,更具有音乐美。

古人作诗联对常常利用汉语的双声或叠韵作为修辞手段,如杭州梅竹亭有一联"雪里梅花红烂漫,霜间竹叶碧玲珑",其中的"烂漫""玲珑"就分别是叠韵词与双声词。双声、叠韵运用于诗文,会增强诗的音乐性,以达到美的艺术效果。王国维《人间词话》云:"余谓苟于词之荡漾处多用叠韵,促节处用双声,则其铿锵可诵,必有过于前人者。"而叠音词、拟声词的音乐性更强。古典诗词中准确地运用叠音词、拟声词,不仅能增强诗词的音乐美,还能增强诗词的抒情效果,如"无边落木萧萧下,不尽长江滚滚来"的"萧萧""滚滚",使诗情画意更耐人寻味。

汉语有四个声调。古四声分为平、上、去、入,古人将其分为"平""仄"两类。平声归入"平",上、去、入三声读起来不平,都归入"仄"。到了元代时,平声分化为阴平和阳平,就是现代汉语的一声和二声,上声有一部分字归并到去声里,剩下的是现代汉语的第三声(上声),去声和由上声归并的一些字是现代汉语的第四声(去声)。古代的入声在元代时分化到了阴平、阳平、上声、去声四个声调当中。因此,现代汉语普通话中没有入声,但在有些方言中仍有保留,如闽语、粤语、吴语等。入声韵尾由三种不同的塞音韵尾[-p]、[-t]、[-k]构成,出此,入声字读音短促,一发即收。

声调的变化会产生抑扬顿挫的节奏,语言学家谓之"韵律"。国人讲求韵律有着悠久的传统,无论是创作诗、赋、骈文、词、曲还是散文,都很讲究韵律,因为韵律是汉语艺术的重要组成部分。启功在《诗文声律论稿》中把诗歌比作"七色板"和"积木"。他说:"把汉语的一个字一个字拼接起来,就成了诗的句子。积木的背面是有颜色的,摆的

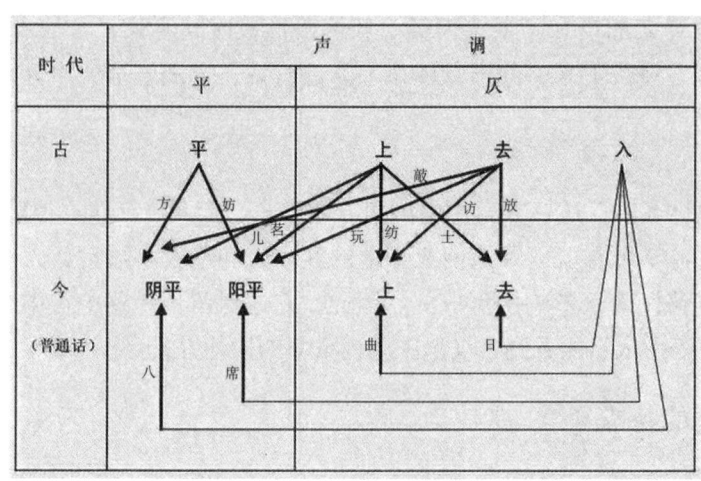

图 2-2　古今字音声调变化

时候得照着颜色块的变化来。由单字拼合成诗句，它也有个'颜色'问题，就是声调的变化，汉语诗歌特别重视平仄、高矮，高矮相间，如同颜色的斑斓，这样拼成的诗句才好听，才优美。所以要谈汉语构成，先得说汉字，先得说汉字的声调。高高矮矮、抑抑扬扬的汉语诗歌是有音乐性的，诗句的音乐性正来自单字的音乐性。"

诗歌是最能体现汉语韵律之美的。而唐代成熟定型的律体诗歌，讲求一定的格式和韵律，特别是对平仄的要求非常严格，可谓最集中地体现了汉语的韵律之美。律诗的字数、句数固定，一般每两个字为一"音顿"或"节奏"，现代汉语又称之为"音步"，每个音步的后一个字为节奏点，在句式构成上要"声调双叠，平仄相间"，然后再由基本句式按照"粘""对""押韵"的规则构成篇。"对"，是指同一联中出句与对句的每个音步节奏点的平仄要相对；"粘"，是指上一联对句与下一联出句的相同音步节奏点的平仄要粘连；"押韵"，则是除首句押韵自由外，要求隔句诗的末尾字韵相同或相近，且只押平声韵。这样平仄相间，韵律起伏变化，就产生一种强烈的节奏美，如王维《山居秋暝》中的"明月松间照，清泉石上流"和"竹喧归浣女，莲动下渔舟"两联，对仗工整，韵律和意境都很美。

2. 词汇的感情色彩

词语的感情色彩有褒义、贬义和中性三种。一些词语意义相近，但蕴含的感情色彩却截然不同，在使用时会产生完全相反的效果。例如，"团结""结合""勾结"三个词，都有合作、联合的意思，但感情色彩不同。"团结"是为了实现共同理想或完成共同任务而联合，是褒义词。"结合"是指人或事物间发生密切的联系，是中性词。"勾结"是为了进行不正当的活动而暗中互相串通，是贬义词。

古今词义在演变的历史过程中出现褒贬意义相互转化的现象，叫作词义感情色彩的变化。例如"卑鄙"一词，古义表示出身低微，见识浅陋，是一个表谦虚的中性词；今义指品质恶劣。

词义的感情色彩古今变化有以下几种：

（1）褒义词变化为贬义词。

例如：①"明哲保身"，源出《诗经》"既明且哲，以保其身"，是赞扬一个人聪明有智慧，善于适应环境；今义指不坚持原则、只顾自己的处世态度。②"复辟"，原指失位君主复位，《明史·王聪传》"石亨、徐有贞等奉英宗复辟"，褒义词；今义已变成"恢复旧制度"的贬义词。③"爪牙"，原指勇士、武将，现指帮凶、狗腿子一类的坏人。④"衣冠禽兽"，最初的本义是指官服上绣的禽和兽的图案，现在指穿衣服戴帽子的畜生，比喻道德败坏，行为像畜生一样的人。

（2）贬义词变化为褒义词。

例如：①"乖"，古义指偏执、不驯顺，《林黛玉进贾府》中"行为偏僻性乖张"即是古义；今义是"听话、安顺"的意思。②"锻炼"，《汉书·路温舒传》"上奏畏却，则锻炼而周内之"，这里的"锻炼"是指玩弄法律、陷人入狱的意思，今义的"锻炼"则是褒义。

（3）中性词变为褒义词或贬义词。

例如：①"谤"，古义指议论、批评他人过失，如《邹忌讽齐王纳谏》中的"能谤讥于市朝"，今义"谤"有"恶意中伤"的意思。②"祥"，古义指预兆、有吉有凶，《左传公十六年》"是何祥也，吉凶焉在？"就是古义"吉凶预兆"的意思，今义则多指吉兆。

3. 句子的歧义

一种语言的表达形式是有限的，而人所要表达的意义则是无限的，以有限的形式包含无限的内容，就必然会出现一形多义的现象。在汉语中，多义词、多义短语都大量存在，这是正常现象。但多义词、多义短语通常只在孤立的情况下才具有多义性，一旦进入句子，则通常只能表示一种意义，否则语言就无法准确地传递信息了。

有歧义的句子，是指在理解上会产生两种可能的句子。换句话说，就是可以这样理解也可以那样理解的句子，但不确定究竟表达哪种意思。也就是所谓语言文字的意义不明确，有两种或几种可能的解释。

歧义产生的原因有多音字、多义字（词）、停顿断句不同、重读语气不同、指代对象不明、句子结构不定、限制关系不明等。

（1）多音造成歧义。

纸条上写着：还欠款 5 000 元。

例句中，因为"还"字既可读"huán"又可读"hái"，所以造成歧义。

（2）多义造成歧义。

① 教室没有锁。

例句中"锁"既可作动词又可作名词。

② 今天那个修鞋的没来。

例句中"修鞋的"可以是鞋匠，也可以是修鞋匠的顾客。

③ 做手术的是他父亲。

例句中"做手术的"既可指医生又可指患者。

④ 他背着总经理和副总经理偷偷地把这笔钱分别存入了两家银行。

例句中"和"既可作介词又可作连词。

（3）停顿不同造成歧义。

① 世界上一年出版的刊物有上亿册。

例句中可以有两种停顿，意思不同，一种是"世界上／一年"，另一种是"世界／上一年"。

② 县里通知赵乡长 10 月 5 日前去报到。

例句中是"10 月 5 日前／去报到"，还是"10 月 5 日／前去报到"，停顿不同，造成歧义。

（4）重读不同造成歧义。

① 你为什么打他?（原因）

② 你为什么打他?（应打别人）

③ 你为什么打他?（别人可以）

④ 你为什么打他?（可以骂他）

（5）施受不明造成歧义。

① 这个人谁也不认识。

例句既可理解为他不认识别人，也可理解成别人都不认识他。

② 鸡不吃了。

例句可理解为鸡吃饱了，不再吃食了，也可理解为"不吃鸡了"。

（6）指代不明造成歧义。

张老师把卷子发给李明，他笑了。

例句中"他"是指"张老师"还是"李明"，并不明确。

（7）句法不固定造成歧义。

① 关心你的同学。

例句中"关心"的宾语可以是"你"，也可以是"你的同学"，造成歧义。

② 发现了敌人的哨兵。

例句可理解成"敌人的哨兵被发现了"或"哨兵发现了敌人"两种意思，由于"发现"的宾语不明确，造成歧义。

（8）限制关系不清造成歧义。

① 几个学校的领导。

例句中"几个"可限制"学校"也可限制"领导"，造成歧义。

② 新职工公寓。

例句中"新"可以修饰"职工"也可修饰"公寓"，造成歧义。

（三）趣味汉语

1. 对联

对联，又称对偶、门对、春贴、春联、对子、楹联等，是写在纸、布上或刻在竹子、木头、柱子上的对偶语句。对联对仗工整，平仄协调，是一字一音的汉语独特的艺术形式。对联是中国传统文化瑰宝。

（1）对联的历史

宋代王安石在《元日》中写道："爆竹声中一岁除，春风送暖入屠苏。千门万户曈曈日，总把新桃换旧符。"诗中的"新桃"和"旧符"，其实是春联。春联是对联的一种，作为一种独特的文学形式，在我国有着悠久的历史。它产生于五代十国，在明清两代尤为兴盛，距今已经有一千多年了。早在秦汉以前，我国民间每逢过年，有在大门左右悬挂桃符的习俗。桃符就是用桃木做成的两块大板，上面分别写上传说中的降鬼神将"神荼"和"郁垒"的名字，用以驱鬼压邪，这种习俗延续了一千多年。到了五代，人

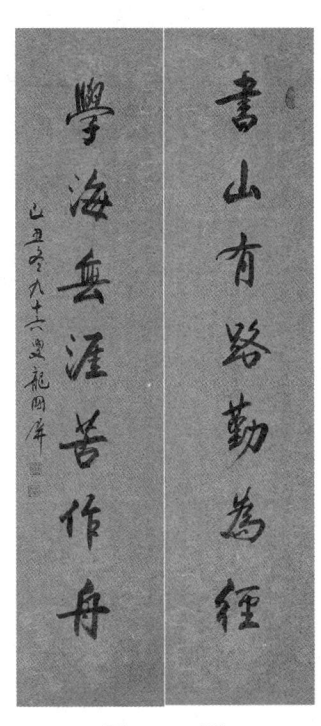

图 2-3　对联

们才开始把联语题在桃木板上，代替神仙的名字。据历史记载，后蜀之主孟昶在 964 年除夕题于卧室门上的对联"新年纳余庆，佳节号长春"，大概是我国最早的一副春联。宋代以后，民间新年悬挂春联已经相当普遍了，所以王安石的《元日》诗中写的"总把新桃换旧符"就是当时贴春联盛况的真实写照。由于春联的出现和桃符有着密切的关系，所以古人又称春联为"桃符"。

到了明代，明太祖朱元璋大力提倡对联。他在定都金陵以后，命令大臣、官员和一般老百姓家除夕前都必须书写一副对联贴在门上，并亲自穿便装出巡，挨门挨户观赏点评。当时的文人也把题联作对当成文雅的乐事，写对联便成为一时的社会风尚。到了清朝，乾隆、嘉庆、道光三朝，对联犹如盛唐的律诗一样兴盛，出现了不少脍炙人口的名联佳对。

随着古代各国文化交流的发展，对联也相继传入越南、朝鲜、日本、新加坡等国，因此，这些国家至今还保留着贴对联的风俗。

（2）对联的形式

对联有对句和联语之分。

对句没有特别的形式要求，主要是口头进行，诉之于听觉，倘记录于书面，则按联语形式，但不带横额。

联语必须写出来张贴或悬挂；有些还必须配上横额。联语可以用任何书体来书写。

上联：第一句，也叫出句、出联，如门第春常在。

下联：第二句，也叫对句、应句或应联，如人家庆有余。

横额：也叫横批或横披，如福星高照。

（3）对联的类型

从反映的内容和使用的场合来看，对联可以分为：

① 春联

以除旧迎新、言明志向、充满豪情、展望未来为主要内容，专门在元旦、春节时粘贴的对联，因时效性较强，人们就称为春联，如下所示：

一元复始
万象更新

② 楹联

为了表达某种愿望或满足装饰需要，过去常在宫廷、府宅、庙宇、园林的楹柱之上或在木板上刻制，或在壁石上雕琢的联语，统称为楹联，如1979年杭州岳庙修复一新，当代著名词人兼书法家赵朴初化用岳飞《满江红》词意，在重新塑好的岳飞巨像两边的龙柱上，精心撰写了一副古为今用、气魄宏伟的楹联：

观瞻气象耀民魂喜今朝祠宇重开老柏千寻抬望眼
收拾山河酬壮志看此日神州奋起新程万里驾长车

③ 婚联

专门在举行结婚仪式那天选用或编写的能够表达热烈气氛的对联。如下所示：

巧借花容添月色
欣逢秋夜作春宵

④ 挽联

为了评价先人的生平业绩，抒发后人诚挚的怀念之情，在追悼会或纪念会上所用的对联。如悼念敬爱的周总理的一副挽联：

心血劳干革命事业似巍巍泰山震环宇
骨灰撒遍总理恩情如滴滴雨露润人心

⑤ 寿联

当老人过生日时，子女、晚辈为了表达对长辈的祝福之情，常以延年益寿、福满家门等为主要内容，精心书写一些吉祥的词语，或贴在门上，或挂在厅堂，这样的对联就叫寿联。如下所示：

福如东海阔
寿比南山高

⑥ 交际联

用于人们特殊场合的交往。如下所示：

铁肩担道义
妙手著文章
——李大钊赠杨子惠

有关国家书常读
无益身心事莫为
——徐特立题赠青年联

（4）对联的要求

对联的要求是既要有"对"，又要有"联"。形式上成对成双、彼此相"对"，上下文的内容互相照应，紧密联系。一副对联的上联和下联，必须结构完整统一，语言鲜明简练。具体要求如下：

① 上下联字数要相等，词组要相同。

② 上下联词性要相同。上联的词性和下联的词性，按照词的先后位置，既要相同，又要相对。这种要求，主要是为了用对称的艺术语言，更好地表达思想内容。

③ 上下联句法要一致。

④ 上下联平仄相调。这主要是为了音韵和谐，错落起伏，悦耳动听，铿锵有力。如下所示：

云带钟声穿树去　月移塔影过江来
（平仄平平平仄仄　仄平仄仄仄平平）

另外，古诗的音节主要有两种：一种是两字一顿，叫"双音步"；一种是一字一顿，叫"单音步"。双音步的平仄以第二字为主，第一字可不严格要求。对联也可如此。如下所示：

窗含西岭千秋雪　门泊东吴万里船
（＿平＿仄＿平仄　＿仄＿平＿仄平）

⑤ 上下联内容要相关。如明代东林党首领顾宪成，在东林书院大门上写过这样一副对联："风声雨声读书声声声入耳，家事国事天下事事事关心。"上联写景，下联言志，上下联内容紧密相关，使人能透过字面，理解作者自勉自励之心。

（5）对联的创作

① 要有针对性。你写的若是店铺，就要把握那个店铺属于何种行业。"到来尽是弹冠客，此去应无搔首人"这副对联是写理发店的，妙处也在于把握了理发的个性。写喜联、寿联和挽联之类也是如此。

② 立意要新颖。也就是说，要不落俗套。为此，要发挥想象力。《坚瓠集》载有"明太祖幸马苑，永乐（成祖朱棣）、建文（惠帝朱允炆）同侍太祖。（太祖）出句云：'风吹马尾千条线。'建文对曰：'雨洒羊毛一片毡。'太祖不悦。永乐对曰：'日照龙鳞万点金。'"从对仗来说，建文、永乐的对语都很工整。但两相比较，形象上的美感，却大为悬殊。这就是二人想象力不同的结果。

③ 要反映时代精神。时代精神指的是一个时代的思想面貌。"三鸟害人鸦鹑鸰，一群卖国鹿獐蟳"，是骂五四运动时期三个卖国贼陆宗舆、章宗祥、曹汝霖的，充满了中国人民的民族义愤；"双鬓多年作雪，寸心至死如丹"，是写当代教师的，表达了他们对教育事业的无限忠诚。这些对联都打上了时代精神的烙印。

④ 要情词贴切。贴切，就是恰到好处。一般而言，歌颂英雄的要"沉雄"，品评人事的要"端庄"，室内悬挂的要"清雅"，赠送友人的要"精巧"，表示意见的要"婉曲"，追念死者的要"悱恻"，描景状物的要"藻丽"。

（6）春联的贴法

通常春联有两副直联、一副横联，正确的贴法是看直联最后一个字的声韵，平声在左边，仄声在右边。如下所示：

天增岁月人增寿（右）
春满乾坤福满堂（左）
爆竹声中辞旧岁（右）
梅花香里报新春（左）

2. 熟语

熟语是定型的词组或句子，相当于一个语言单位。熟语源远流长，言简意赅，富有表现力。熟语主要包括成语、惯用语、谚语、格言、歇后语等。

（1）成语

所谓成语，是指语言中经过长期使用、锤炼而形成的固定短语（词组）。它是比词大而语法功能又相当于一个词的语言单位。成语大多由四字组成。

成语的语法结构：

① 并列关系：披坚执锐　防微杜渐　失之东隅，收之桑榆
② 承接关系：见异思迁　先斩后奏　皮之不存，毛将焉附
③ 目的关系：削足适履　守株待兔　杀一儆百
④ 因果关系：水滴石穿　水落石出　失之毫厘，谬以千里
⑤ 主谓关系：杞人忧天　毛遂自荐　夜郎自大　叶公好龙
⑥ 动宾关系：顿开茅塞　不见经传　如丧考妣
⑦ 动补关系：退避三舍　轻如鸿毛　荒谬绝伦
⑧ 动宾补关系：贻笑大方　问道于盲　拒人千里

⑨ 连动关系：画蛇添足　抱薪救火　亡羊补牢
⑩ 兼语关系：令人生畏　请君入瓮　引狼入室　化险为夷
⑪ 偏正关系：扶摇直上　孜孜不倦　衣冠禽兽　一丘之貉

（2）惯用语

惯用语是口头上常用的习惯用语，如"钻空子""吹牛皮""扣帽子"等。惯用语与成语有相同之处，都具有简明、生动、形象的特点，但惯用语与成语也有一些区别。第一，惯用语通俗易懂，具有口语色彩，成语则较文雅、含义深，具有书面语特点；第二，惯用语大多是三个音节的动宾短语，成语大都是四个音节，结构类型较复杂；第三，惯用语大都能拆开，在动宾之间能插进其他成分，而成语一般不能随意拆开插进别的成分，例如，打棍子——打了你一棍子，敲竹杠——敲了他的竹杠。

（3）谚语

谚语是流传在人民群众口头上的通俗而含义深刻的定型化的语句。谚语一般都能揭示一个客观规律或反映一个事理，使人从中受到启示。例如"众人拾柴火焰高""三百六十行，行行出状元""只许州官放火，不许百姓点灯"。谚语通俗易懂，生动形象，结构整齐，音节匀称，音调和谐。

（4）格言

格言是简练而含义深刻并具有教育意义的警句。例如"学如逆水行舟，不进则退""盛名之下，其实难副""千里之行，始于足下""虚心使人进步，骄傲使人落后"。

谚语和格言的区别：第一，来源不同，谚语来自人民群众，格言则是名人语录，大都见于文献记载；第二，意义色彩不同，谚语通俗，口语色彩鲜明，格言书面语色彩浓厚，有些必须加以解释才能理解其意；第三，格言比谚语的哲理性和教育意义更深刻，大都意味深长，促人警醒。

（5）歇后语

歇后语是汉语的一种特殊语言形式，是群众在生活实践中创造的一种特殊语言形式，是一种短小、风趣、形象的语句。它一般将一句话分成两部分来表达某个含义，前一部分是隐喻或比喻，后一部分是意义的解释。在一定的语言环境中，通常说出前半截，"歇"去后半截，就可以领会和猜想出它的本义，因此称它为歇后语。

根据前后两部分的构成情况，歇后语可分为喻义、谐音两类。喻义的歇后语，前语是一个比喻，后语则是对前语的解释，如"竹篮打水——一场空""万年松树，十年芭蕉——粗枝大叶"等；谐音的歇后语，主要是利用了语言中语音相同或相近的现象，如"孔夫子搬家——尽是书（输）""上鞋不用锥子——针（真）好"。

3. 回文诗

回文诗，也写作"爱情诗""回环诗"，它是汉语中特有的一种使用词序回环往复的修辞方法，文体上也称之为"回文体"。唐代上官仪说，"诗有八对"，其七曰"回文对"，"情新因意得，意得逐情新"，用的就是这种措辞方法。回文诗，充分展示并利用了汉语以单音节语素为主和以语序为重要语法手段这两大特点，读来回环往复，绵延无尽，给人以荡气回肠、意兴盎然的美感。回文的形式在晋代以后就很盛行，人们用这种手法造句、写诗、填词、度曲，分别被称为回文诗、回文辞和回文曲，其中虽不少游戏之作，却也颇见遣词造句的功力。例如，"赏花归去马如飞，去马如飞酒力微。酒力微醒时已暮，醒时已暮赏花归。"

二 汉字

（一）汉字的发展演变

1. 汉字的起源和雏形

汉字的起源目前还是个谜，这种被十几亿人口使用的文字，究竟是完全发源于中国本土，还是从外部传入，或者是二者的结合，目前尚不明确，只流传下"仓颉造字"的传说。《周易·系辞下》则说："上古结绳而治，后世圣人易之以书契。"这句话中提到的结绳而治的年代，从考古学角度看，属于四五千年前的龙山文化时期，也就是商代甲骨文出现前的1 000多年。但是，考古发掘出土的龙山文化文物上，已经有了许多类似图画、也类似文字的刻画符号，如江苏高邮的龙虬庄陶文和山东邹平的丁公陶文，都比结绳记事更复杂。

2. 汉字演变的历史

（1）甲骨文

甲骨文，是商朝时期的文字，距今约3 600年。商代文化极度注重祭祀，每逢大小事情都需进行占卜活动，其中一种就是在龟甲上或牛胛骨上刻凿需要向鬼神请问的文字，然后进行炙烤，通过甲骨上的裂纹来预测吉凶。这种文字因为刻凿在龟甲、牛骨上，故称甲骨文，也称龟卜文、契文、殷契、甲骨刻字、殷墟文字、贞卜文、殷墟卜辞等。

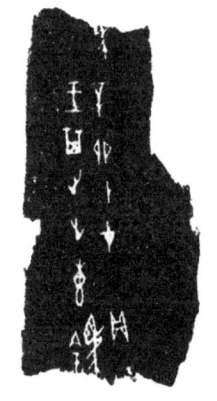

图2-4 甲骨文拓片

> **文化链接**
>
> **甲骨文的发现**
>
> 甲骨文的发现极富传奇性。清光绪二十五年（1899年），时任国子监祭酒的王

懿荣（1845—1900年）从中药店买回当时被称为"龙骨"的药引子，在上面发现了刻画的符号，这成为时隔3 000多年甲骨文重新浮出水面的标志性事件。王懿荣是第一个收集并研究甲骨文的人，他初步判定这是殷商时期的文字，并将其命名为"龟版文字"。八国联军入侵北京时，王懿荣投井而死，其生前收藏的甲骨转手到了刘鹗（1857—1909年）手中。1903年，刘鹗出版了第一部甲骨文专辑《铁云藏龟》，从此开始了对甲骨文的全面研究。

从1899年殷墟甲骨文被发现至今，共出土甲骨15万片以上，著录甲骨文资料的专著已达百种。目前共发现甲骨文单字4 100多个，其中已经被解读的有3 836个左右。当代著名甲骨文专家胡厚宣说："殷商甲骨和西域汉简、内阁大库并称为本世纪（指二十世纪）中国学术史的三大发现。正是甲骨文的发现，直接导致了对安阳殷墟的发掘，取得中国考古学震惊中外的成就，其重要性可以同古希腊的特洛伊遗址的发现相媲美，它使古希腊神话中的人物由虚构变为事实。甲骨文的发现将古史料和地下出土物相结合，把中国信史提早了一千多年。"

甲骨文，具有对称、稳定的格局，具备书法的三个要素，即用笔、结字与章法。从字体的数量和结构方式来看，甲骨文是已经发展到有较严密系统的文字了，汉字的"六书"原则在甲骨文中都有所体现，只是原始图画文字的痕迹比较明显，象形意义也十分明显。

（2）金文

继甲骨文之后，处于第二个重要发展阶段的汉字，是金文。

金文，是指铸刻在商周时期青铜器上的铭文，因为刻在金属上，所以称作金文，也叫钟鼎文、彝文（"彝"是青铜酒器）。商周时期是青铜器文化鼎盛的时代，而青铜器多为重器，只有在重要时刻或重要事件背景下才会铸造并镌刻文字，是对吉庆之事的纪念，因此，金文又称作铭文。金文应用的年代，大约是自商代早期至秦灭六国的1 200年间。金文字数共计3 722个，其中可以识别的有2 420个。

金文

金文稍晚于甲骨文出现，二者在较长时间内长期并行，甲骨文用以占卜，金文用于纪贺，但金文随着青铜文明的延续而持续了比甲骨文更加长久的时间。金文除去自身存在的重大意义外，还是承接甲骨文和篆文之间的桥梁，许多甲骨文之所以能被释读出来，就是借助了金文和篆文比对的结果。

金文本质上仍然是一种象形文字，但它较之同为象形文字的甲骨文，体现出了文字逐步发展变化的趋势。同时，让我们国人感到骄傲的是，从甲骨文时代到今天，中华文明上下五千年，汉字一路走来，在形体上保持着一脉相承，在内涵上体现着固定中有变化，这是在全世界所有古老文字中绝无仅有的。

图 2-5 金文

（3）从六国文到秦篆汉隶

随着文明的发展，特别是春秋战国时期长时间割据状态的持续，文字发展得越来越繁复多样。到战国末期七雄争霸时代，各国汉字出现了繁简不一、一字多形的情况。因此，秦始皇统一六国后，迅速实行"书同文"政策，在秦国使用的大篆籀文基础上进行简化，并取消其他六国的异体字，创制出统一规范的汉字书写形式——小篆。从此，小篆就成为官方通用文字，得到大力推广而广泛流行，直到西汉时期凡正式场合、重要文本，如官方文诏、刻石、符印等，使用的都是小篆。汉字发展到小篆阶段，逐渐开始在轮廓、笔画、结构方面定型，象形意味也逐渐削弱，使文字更加符号化，减少了书写和认读方面的混淆和困难，这在汉字发展史上有着重要的意义。

在大篆、小篆流行的同时，下层官员中以及民间还出现了篆书的简易化书写，发展到秦朝，经编纂整理后，就成为小篆的一种辅助字体，主要用于非正式场合的日常书写。由于书写便捷，这种字体之后一直被广泛使用，同时也不断演化、逐渐成熟，到西汉末年已取代小篆而独立存在。东汉时达到鼎盛，并有了"隶书"之名。后人又按时代将其分为"秦隶"与"汉隶"。隶书的出现，使得汉字的书写速度明显加快，这对于书籍的大量产生、文化教育的普及推广，都具有不可小视的作用。

此外，秦汉时期人们用隶书的书写习惯对金文以来的文字进行了结构的定型化，使许多古老文字得到了进一步的统整化，奠定了后世楷书的基础。这是汉字演变史上的一个转折点，是古汉字向现代汉

图 2-6 小篆

字过渡的关键。从此，汉字在形体上逐渐由图形变为笔画、象形变为象征、复杂变为简单，在造字原则上则从表形、表意到形声，字体结构也开始完全符号化。

（4）草书、楷书和行书

草书，形成于西汉，是在隶书基础上演变而来的，有章草、今草、狂草之分。

西汉时，为了追求书写上的进一步快捷方便，汉字又出现了新的变化，不仅字的形体被简化，而且笔画间开始出现连带关系，即多个笔画被连续书写成一个笔画。这种带有隶书用笔的草书，后世称之为"章草"。汉末，章草进一步"草化"，脱去隶书的笔画行迹，字的体势一笔而成，偏旁部首也做了简化和互借，是为"今草"。到了唐代，今草写得更加放纵，笔势连绵回绕，字形变化百出，称为"狂草"。草书因结构简省、笔画连绵而导致字形简单、彼此容易混淆，所以不能像隶书取代小篆那样取代隶书而成为主要的字体。

楷书也叫正楷，又称正书或真书，萌芽于东汉末年，经过魏晋南北朝的发展逐渐成熟，到唐朝达到发展顶峰。楷书也是由隶书演变而来，但它的产生是紧扣汉隶规矩法度、进一步追求形体美的结果。楷书笔画平直，结构严整，形体端正，是字体中的楷模，所以称为楷书，一直沿用到现代。汉字发展到楷书阶段，基本完成了它的演变历史，成为真正意义上的"方块字"。

行书，大约出现于东汉末年，是在楷书的基础上发展起来的。这种字体介于楷书与草书之间，既不像楷书那样端正，也不像草书那样潦草。它能较好地弥补楷书书写速度慢和草书难于辨认的缺陷，是楷书的草化或草书的楷化。行书可分为行楷和行草两种，楷法多于草法的叫"行楷"，草法多于楷法的叫"行草"。

草书、楷书、行书这三种字体，在很长时期内是平行向前发展和演进的。

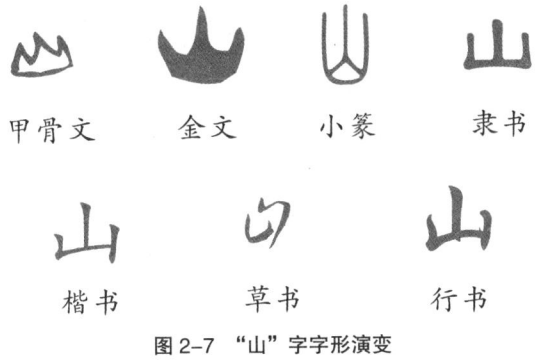

图 2-7 "山"字字形演变

（二）汉字的构造方法

汉字是当今世界上唯一仍在使用的表意文字。它刚产生时，都是按实物摹写的，即平常所说的图画文字或象形文字。但这样的文字为数不多，满足不了人们表达思想、传播信息的需要。随着社会的发展，人们的思想日益复杂，象形文字逐渐向符号化发展、演变，记录和传播信息的文字也日益增多，导致文字向"六书"发展演进。它的构成极其巧妙，记住字形和字义也不觉困难，往往是在原有文字构成的基础上，加以种种组合，以求形成更多的文字，这在世界文化史上是独一无二的。

"六书"是最早的关于汉字构造的系统理论。许慎在《说文解字》中把汉字的构成和使用方式归纳成六种类型，总称"六书"，包括象形、指事、会意、形声、转注、假借六种，其中，前四种是造字法，后两种是用字法。

文化链接

《说文解字》

《说文解字》，是由东汉经学家、文字学家许慎编著的语文工具书著作，是中国乃至世界第一部字典、中国最早的系统分析汉字字形和考究字源的语文辞书。

《说文解字》原书作于汉和帝永元年间，成书于汉安帝建光元年（121年）。该书内容上共十五卷，前十四卷为文字解说，第十五卷为叙目；结构上按部首编排，共分540个部首，收字9 353个，另有"重文"（异体字）1 163个，共10 516字。

《说文解字》正文部分重点在字形的分析，从字形出发，阐明篆体文字结构，追溯造字源流，以形为经，以义为纬，探求与字形结构相合的本义，阐述形音义三方面的关系。每一个字的说解，一般先分析探求其本义，再根据"六书"理论剖析形体结构，说明词义，用形声字声符或"读若"说明读音，解释字形与字义或字音之间的关系，用"一曰、或曰、又曰"分列义项。

《说文解字》作为中国最早的字典，为汉字建立了理论体系，开创了部首检字法的先河，对后世影响深远，是科学文字学和文献语言学的奠基之作，在中国语言学史上具有重要的地位。

1. 象形

"象形者，画成其物，随体诘诎，日月是也。"（许慎《说文解字》）

象形是描画事物形状的一种独体造字法，如日、月、山、水四字，就是模仿日之形、月之状、山之势、水之态而书写并逐渐演化而来的。这是一种最原始的造字方法，有很大的局限性。

2. 指事

"指事者，视而可识，察而见意，上下是也。"（许慎《说文解字》）

指事是用象征性的符号，或以象形字为基础加上指示性的符号来表示意思的造字法。例如，"上"字一长横代表一个平面，一短横则是一个指示性的符号，表示指的是位于这个平面上面的"竖","下"则恰好相反。又如,"末""本"是在象形字"木"的上、下加上一画,表示树梢与树根。指事也是独体造字法。

3. 会意

"会意者,比类合谊,以见指㧑,武信是也。"(许慎《说文解字》)

会意是把意义上可能发生联系的两个或两个以上的字拼合在一起,从旧字的比较中派生出新的字义,从而产生一个新字。会意是一种合体造字法。例如,日和月在人们眼中都是能够发光的物体,日和月组合在一起自然熠熠生辉、光芒万丈,也就是光明的"明"字。

4. 形声

"形声者,以事为名,取譬相成,江河是也。"(许慎《说文解字》)

形声字也是合体造字法,是由表意的形旁和表音的声旁组合而成。例如,鲤、鲫、鲳这三个字都有相同的偏旁,表示它们都是鱼类,另一部分则代表它们的读音。形声字是汉字从表意走向表音的突破。形声字的造字能力最强,在《说文解字》中占了80%以上。

形声字的形旁和声旁搭配方式多样,主要有以下6种:

左形右声,如清、松、城、渔、狸、情、描、帽、纺。
右形左声,如彩、领、救、战、郊、放、鸭、飘、歌。
上形下声,如露、花、岗、草、笠、芳、窥、景、箱。
下形上声,如烈、忘、警、恭、剪、堡、帛、贷、盒。
内形外声,如闻、闷、辫、辩、问。
外形内声,如圆、阁、衷、病、赶、厅、近。

5. 转注

"转注者,建类一首,同意相受,考老是也。"(许慎《说文解字》)

转注并没有造出新字,而是用同偏旁部首、读音相同或相近、意义上有共同点的一组字来互相解释。例如,"老"和"考",同属"老"部,声音相近、意义相通(古时"老""考"相通,都意为"长寿"),可以互为注释,彼此同义而不同形,也可叫作同义字。

6. 假借

"假借者,本无其字,依声托事,令长是也。"(许慎《说文解字》)

假借是指语言中有个词却没有相对应的字,于是就从已经有的文字里面找一个语音和它相同或接近的字在书面上表示它。因此,假借也不是造新字,只是一种用字的方法。例如,"长",原为头发长,后借用为县长的长。

(三) 趣味汉字

与纯表音文字不同,汉字是一种音、形、义兼备的方块文字,能让人见而知义。因此，古代很早就流行起一些巧妙利用汉字的字音、字形、字义来进行娱乐消遣的文字游戏，如猜字谜、拆合字等。

1. 字谜

字谜，是一种文字游戏，也是汉字特有的一种语言文化现象。它主要根据汉字笔画繁复、偏旁相对独立、结构组合多变的特点，运用离合、增损、象形、会意等多种方式创造设置的。字谜，有广义、狭义之分。广义的字谜，指所有的文字词语谜，如字类谜、词类谜、句类谜等。狭义的字谜，指单个汉字的谜语。后者注重文字形体的组合及偏旁部首的搭配，从形态、功用和意义上对谜底汉字各个组成部分做多角度描绘，词句简短，行文措辞和谜面修辞技巧较高。

（1）字谜三要素

从字谜语言结构的表现方式上看，字谜一般由三个部分组成，也称字谜三要素，即谜面、谜底和谜目。

① 谜面

字谜与其他谜语一样，它最能令人回味欣赏和吸引人注意的，就是它的外在表现形式——谜面。谜面，集中体现了字谜艺术的精华，它通常由简短精练而寓于形象表达能力的字词、短语、句子或歌谣诗词等形式组成。谜面语言也有许多特殊的要求。第一，它应简洁明了，生动形象，通俗易懂。字谜的谜面，一定要借助事物形象将谜底汉字的主要特征鲜明生动地表现出来，切忌堆砌冗长晦涩、枯燥无味的概念术语，否则将破坏谜语的趣味性。第二，它还应对谜底的主要内容，如汉字的笔画、形状或者汉字的语词意义等典型特征，做高度集中的概括，为人们寻找和揭示谜底提供真实可信的依据。如果谜面提供的条件不够充分，那猜谜之人就不能通过这个谜面找到谜底，这叫作面底相违，即谜面不合谜底。第三，谜面一般不宜对谜底汉字特征作直接正面描绘，而要十分巧妙地隐藏起对谜底汉字诸种条件的表达。一个好的谜面，应该含蓄委婉，隐晦曲折；如果毫无遮挡、直截了当地表达，就会破坏字谜的趣味，使谜语失去它应有的价值。因此，谜面语言通常是采用一段别有所指的、充满暗示意味的话语。它表面上是在叙说一件与谜语真实意图完全无关的另外事情，诱导人们朝着与谜底内容完全相反的道路走下去，实际却又与谜底汉字密切贴合，由此就造成了谜面中的"别解"。谜面别解，是增添谜味，完成字谜制作的主要手段。

② 谜底

人们通过字谜这种形式，对楷体汉字进行了种种不依文字学原则的拆分离合，在这种变幻莫测的形体离析过程中，不仅突显了汉字本身所蕴含的形体结构特点，也充分表现了人们对汉字形体结构的直观认识。研究字谜，可以显示字谜内部蕴含着的编创设计规律，有利于整理民族传统文化，揭示游离于正统文字理论之外的楷体汉字民俗阐释特点。

例如"鸟落山头不见脚,四处皆水无处找。"一只大鸟飞到一座山头上,停落下来之后,才发现这里到处都是水,连自己的脚也因此消失了。谜面叙说的情景固然奇异,但这并不是它所要表达的真正意义。在谜面的直接意义之外,其实还隐含着另一层更深的含义。另外,谜面在叙说大鸟和山头情景的同时,也提出了各种条件或规定。这些条件和规定,都与谜底汉字有一定联系。"鸟""落山头""不见脚""四周皆是水",就是谜面显示的各种条件。只有符合这些条件的汉字,才是谜底。一只没有脚的鸟,落在"山"头上,应是"岛"字。而"岛"字之义,也正符合"山下四周皆水"的要求。可见,谜面语言,类似于一个充满了暗示性含义的隐语,它是在一种闪烁其词的外表下,准备好了猜谜所需要的各种条件和种种线索。猜谜者不能被它的表面语意所迷惑,而应该思考和理解这段"隐语"的真实含义,依据谜面所显示的各种规定和限制,去找到符合条件的正确答案。

③ 谜目

一个完整的谜语,在谜面、谜底之外,还有谜目。谜目,隶属于谜面,是对谜底范围和数量起某种限定作用的词语。谜语的范围相当广,不仅包括字谜,还包括物谜和事谜。物谜,即谜底是具体事物的谜语。事谜,即谜底是某种行为、动作的谜语。物谜和事谜,不仅谜底的范围与字谜大相径庭,谜面设计和表达也有很大差别。为了使猜谜人明确所要猜的究竟是哪一类谜底,就要在谜面当中使用谜目,规定出谜底的大致范围。字谜谜面结束的时候,往往会用括号说明"打字"或者"猜字",以便猜谜人明白这条谜语是用来猜字的。此外,谜目的另一特殊功用是来区分一面一底谜和一面多底谜。一面一底谜,就是一个谜面只有一个谜底。一面多底谜,就是一个谜面有两个或两个以上的谜底。绝大多数字谜都是一面一底,也有少数是一面多底的。为了使猜谜者明白这个谜面的确切所指,也可在谜面后面用"打一字""打二字"等方式,规定谜底字的数量。谜目对谜语类别与谜底字数的规定和限制,给猜谜者指明了"谜路",也扩大发挥了谜面。如下所示:

唯有绿杨堪系马。(打一字) 谜底:杵

他俩差点都当兵。(打二字) 谜底:乒、乓

一阴一暗,一长一短,一昼一夜,一热一凉。(打一字) 谜底:明

文化链接

外交中的字谜故事

《三国志·吴书·薛综传》记载,蜀汉张奉出使吴国时,曾在孙权前用字谜嘲笑尚书阚泽的姓名。阚泽不善此道,不能作答。张奉不免沾沾自喜,以为让吴国人丢了脸。这时吴国大臣薛综出席对答,"我有一谜向先生请教:有犬为独(獨),

> 无犬为蜀；横目勾身，虫入其腹。"这首谜诗处处扣住"蜀"字，张奉感到国名受辱，于是勉强答道："请再用这种方法比喻你们的吴国吧。"薛综应声答道："无口为天，有口为吴；君临万邦，天子之都。"于是列官员皆嬉笑，张奉自取其辱，尴尬异常。

（2）猜字谜常用方法

① 借字法。即借用其他汉字运用离合或增损字件的方法交代谜底。这一类字谜，常借用动词、方位词等表述字件的离合或增损。

合成法：由两个以上的字合成谜底。如"二山穿在一起，猜出没有道理。"谜底由"二""山"两字合成，为"击"，后句是为排除误解而设。

加字法：谜底加上一字或部件组成另一个字，用以暗示谜底（猜谜时，须减去所加的字件）。如"见人就笑。"谜底加上"人"就成了"笑"，由此要减去"人"，谜底便是"竺"。

减字法：一个字减去另一字（或两字）或字部即为谜底。如"差一百。"没有"一"字的"百"字，因此谜底为"白"。

离合法：拆开两字（或几字）各取一部组成谜底（常用方位词、动词表述）。如"东邻西施。"邻的东边"阝"、施的西边"方"，两部组成谜底"防"。

暗示法：交代谜底匿于某字之中。如"你没他有天地有，他她都是好朋友。"这是说谜底在"地"和"他"字里，谜底为"也"。

描绘法：借用某个（或几个）字，描绘谜底字形。如"四山环抱。"这里是借"山"字描述谜底字形，由此联想到谜底为"田"字。

笔画加减法：借用一字（或几个字）的笔画加减暗示谜底。如"不出力。"即"力"字不出头，谜底为"刀"。

② 笔画交代法。即抓住字的笔画特点交代谜底。如"一点一横短，点撇一横长，你若猜不着，请你站一旁。"根据这个笔画特点揭示谜底为"立"。

③ 象形法。即把谜底或字部形象化或人格化。如"横山（彐）小桥（冖）人又到。"谜底为"侵"。

④ 会意法。即用叙述含义或同义、同音词代替的方法揭示谜底或组成谜底的字（有时是组字部件）。

直接写义法：直接写出谜底的含义或特点。如"水边。"与"岸"字相对应，谜底为"岸"。

间接写义法：间接写出组成谜底的字的含义或特点。如"木乃伊。"意思是"古代的尸体"，谜底系由"古""尸"二字合成为"居"。

2. 合体字

合体字，就是由两个或两个以上的单个字组成的汉字，包括红双喜字在内的连体字，也称之为"吉利字""吉语字"和"吉祥合体字"。其源头可追溯至先秦时君主用来传达命令或征调军队的符文，通常是把几个篆字合并在一起，刻在竹或木上，再剖为两半，双方各执一半，合之以验真假。

到了道教流行的汉代，这种手法便被道士们借用到符箓上，称为"复文"。因为合体字长期被应用在道教符箓上，而符箓向来被认为带有驱鬼辟邪的奇特力量，如道教经典《太平经》中收录的一些早期的符"兴善除害""令尊者无忧"等等，就是几个表示吉祥含义的隶书字的合体。这种风气一直影响到后世，民间也流行起以吉语合成文字的做法。大概从宋代起，合体字渐渐脱开"符"的范畴，演化为老百姓表达避凶求吉愿望的一种手段。清代的厌胜钱上，可以见到连笔减画的"黄金万两""招财进宝"之类的四字合体。这类常见的合体字还有日进斗金、日日有见财、福禄寿全、孔孟好学、唯吾知足等。

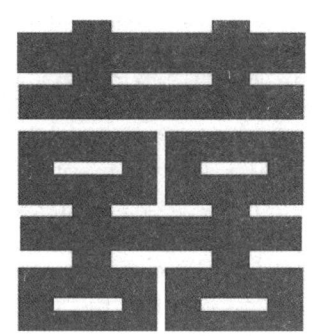

图 2-8 双喜字

图 2-9 清代厌胜钱上的"黄金万两""招财进宝"合体字

图 2-10 "日进斗金"合体字　　图 2-11 "日日有见财"合体字　　图 2-12 "孔孟好学"合体字

文化悦赏指南

1. 纪录片《中国话》，央视网。
2. 纪录片《"字"从遇见你》，央视网。
3. 纪录片《史说汉字》，央视网。

文化小测

1. 现代汉语是以（　　）语音为标准音，以北方话为基础方言，以典范的现代白话文著作为语法规范的汉民族共同语。
   A. 北京　　　　　B. 南京　　　　　C. 上海　　　　　D. 广州
2. 苏州话属于哪一种方言？（　　）
   A. 官话　　　　　B. 吴语　　　　　C. 粤语　　　　　D. 客家话
3. 语言有三要素：（　　）、词汇、语法。
   A. 语音　　　　　B. 语调　　　　　C. 语感　　　　　D. 语用
4. 《说文解字》中所谓"视而可识，察而见意"，指的是"六书"中的（　　）。
   A. 象形　　　　　B. 指事　　　　　C. 会意　　　　　D. 转注
5. 《说文解字》的作者是（　　）。
   A. 孔子　　　　　B. 董仲舒　　　　C. 许慎　　　　　D. 司马迁
6. （　　）是古汉字向现代汉字过渡的关键。
   A. 楷书　　　　　B. 隶书　　　　　C. 小篆　　　　　D. 大禹
7. 以下都属于指事字的一组是（　　）。
   A. 日月山水　　　B. 鲤鲫鲳鲛　　　C. 本末上下　　　D. 明森林众
8. 汉字"六书"中不属于造字法的是（　　）。
   A. 指事　　　　　B. 会意　　　　　C. 形声　　　　　D. 转注
9. 我国最早的一副春联出现在（　　）时期。
   A. 秦汉　　　　　B. 五代十国　　　C. 宋朝　　　　　D. 明朝
10. 现代通行的汉字手写正体字是哪种字体？（　　）
    A. 隶书　　　　　B. 草书　　　　　C. 行书　　　　　D. 楷书

参考答案

说好汉语　写好汉字

育人内涵：汉语与汉字是我国人民最重要的交际工具，也是凝聚中华民族血脉、传承中华文明的重要载体。我们如今使用的现代汉语有标准语（普通话）和方言之分。标准语（普通话）可以让来自五湖四海的人相互交流无障碍，可以让我们走得更远。方言则使许多传统文化得以传承，特别是地域文化，可以让我们不忘记从哪里来。因此，我们既要推广普通话，也要传承好方言。

至于汉字，数字时代的技术革新就好比一把双刃剑，一方面使文字处理变得更加方便、快捷和高效，但另一方面也有许多人因为长期使用电脑"打字"而出现提笔忘字、频写错别字的现象。数千年来，汉字书写还一直被看作是一个人品格的标记，"横平竖直写汉字"与"堂堂正正做真人"被放在了同等重要的位置。

践行任务：从现在开始，不仅要说好普通话，也要学说家乡方言；业余时间提笔写一写汉字，练一练书法。

践行记录：

践行感悟：

第三讲 Lecture 3
中华传统哲思
——先贤圣哲大境界

文化探知

中国哲学起源于春秋战国时期。这一时期,社会产生了各种思想流派,人们著书讲学,互相论战,出现了学术上的繁荣景象,形成了"百家争鸣"的学术局面,在中国思想发展史上具有重要的地位。诸子百家思想中,对后世影响最为深远的当数儒家和道家,它们之间形成了看似对立实则互补的关系,共同构成了中国人精神世界的重要支撑。

一 儒家思想

儒家思想是以"仁"为内在思想核心,以"礼"为外在行为规范,以"中庸"为辩证思维方法,以"知、行、学、思"为认识论的一套严密的关于人伦道德的学说。它重视血亲人伦,重视现世事功,重视道德修养。春秋战国时期儒家的代表人物有孔子、孟子、荀子,孔子的思想主张有"仁""爱人""礼治"等,孟子的思想主张有"义""仁政""性善论"等,荀子的思想主张有"性恶论""礼法并施"等。

(一)孔子的仁爱思想

孔子(公元前551—前479年),名丘,字仲尼,春秋时期鲁国(今山东曲阜)人。他是儒家学派的创始人,中国古代伟大的思想家、哲学家、教育家。《论语》记录了孔子的言行和学说,其中包括了许多关于个人修养、人际关系、治理国家和道德准则的教诲。孔子强调"仁""礼"等传统的价值观念,并主张通过教育来培养人才,推崇"有教无类""因材施教"等理念。他集前代思想文化之大成,对传统的思想文化遗产进行了全面整理并传诸后世,为中国传统的思想文化奠定了重要基础。在先秦诸子中,孔子对中国古代社会和传统文化的影响最为深远,他的思想的传播也最为广泛。

1. 孔子的生平

孔子出生于鲁国曲阜(今山东曲阜)的一个没落贵族家庭。他幼年丧父,由母亲抚养长大。孔子自幼聪明好学,非常有才华,十五岁时离开家乡,开始追随不同的名师学习经史文化。他先后在鲁国、齐国、陈国等地求学,学习了经典著作《诗经》《尚书》《礼记》《春秋》等。在学习过程中,他对古代文化的研究和理解逐渐深入。孔子曾在鲁国担任过多个官职,但由于反对贪污和不正之风,他多次遭

图 3-1 孔子

到贵族阶层的排挤和打压。后来他放弃了政治生涯，专注于教育事业。

孔子的教育思想深受后世推崇。他曾在鲁国创办私塾，专门教授学生诗经、礼乐、政治和文化等方面的知识。据说他的弟子有三千多人，其中最著名的是子路、颜回、子贡、宰我等人。孔子五十多岁时，眼见自己的政治理想在鲁国无法实现，于是带着自己的学生走上了周游列国的道路，先后到达卫、曹、宋、郑、陈、蔡、楚七国，推行自己"仁"的思想。然而，时局动荡的年代礼崩乐坏，孔子的政治抱负难以继续施展。最后，孔子回到鲁国，潜心研究古代思想文化，系统整理古代典籍。

孔子晚年整理编订了《诗》《书》《礼》《乐》《易》《春秋》，也就是后世所称的"六经"。孔子死后，他的弟子把他生前说过的话以及对他们的教诲之言编辑整理起来，后来又由再传弟子进行增补，形成了《论语》一书。《论语》集中体现了孔子的思想，它的语言朴实无华，所记的也都是平常无奇的人伦之事和并不晦涩的治国之道、修身之言，然而其中却蕴涵着丰富的人生哲理和思想价值，是我们研读孔子思想的重要资料。

2. 孔子的思想

孔子思想的核心是"仁"。

孔子处在一个动荡和变革的时代，已经运行了数百年的宗法体系和社会秩序被打破了。春秋时代，"弑君三十六，亡国五十二，诸侯奔走不得保其社稷者不可胜数……至于君不君，臣不臣，父不父，子不子"（司马迁《史记·太史公自序》）。在当时，鲁国的大夫季氏用六十四人的规格舞蹈奏乐，而按照周礼，大夫只能用三十二人，作为诸侯的鲁国国君也只能用四十八人，六十四人是天子的规制。对于季氏擅用天子礼仪的僭越为，孔子愤怒地说："是可忍也，孰不可忍也？"（《论语·八佾》）在这样一个变革时期，孔子明显站在保守的立场，在他看来，原有的体系和既定的秩序已经千疮百孔，社会的各个方面都已经出了问题。他痛心疾首，积极寻求解决问题的方案。

孔子提出了"仁"的思想。这个概念并非孔子原创，但孔子第一个把它作为一个思想体系的主要范畴和中心内容，赋予丰富而深刻的人文内涵。"仁"在《论语》中出现了109次之多，其含义并不固定，几乎每次出现都会有不同的讲解，这虽造成后人对其意义的诸多解释，但另一方面，孔子显然试图用"仁"来解决广泛的问题。那么，怎么理解"仁"呢？

（1）"仁"的发端：精神自觉

孔子提出"为仁由己"。他说"为仁由己，而由人乎哉？"（《论语·颜渊》）又说"仁远乎哉？我欲仁，斯仁至矣。"（《论语·述而》）这是说，"仁"是自我意识，是人的主体精神自觉，是源自人内心的主体性和主动性。践行"仁"的理念全凭自己，与他人无关，而且"仁"离我们并不遥远，我想要"仁"，它就来了，因为它原本就在我们的心里，在我们的精神中。"仁"，不但指由内而外的萌发，还指由外而内的自省。孔子的学生曾子每天都要反省自己，"为人谋而不忠乎？与朋友交而不信乎？传不习乎？"（《论语·学而》）曾子以现实生活为参照而反问自身，这种自我反省的自觉性进一步说明，"仁"不是外在的，不是由外界的东西强加给人的，而是每个人自身所应有的强烈的自我意识和主体精神。

（2）"仁"的基础：孝悌之爱

"仁"的最基本内涵可以看作是"孝悌"。孔子的学生有若说，"孝弟也者，其为仁之本与！"（《论语·学而》）孔子提出"仁"是以恢复、维护原有秩序为目的的。殷周时代，维系社会秩序的是以血缘关系为基础的宗法等级制度，要维护这种制度便要从血缘关系入手。父母和兄长当然是自己最亲近的人，父母给予自己生命并抚育自己成人，对父母的仁爱便是孝；兄长为自己的血亲，对自己爱护有加，对兄长的仁爱便是悌。当孝顺父母、尊敬兄长的"亲亲之爱"成为理所当然的浓郁家风，乃至每个人都必须自觉遵守的规范时，在血缘关系上，孝悌便从纵横两个方面支撑起宗法等级制度。因此，孝悌是"仁"的基础，"仁"在这里也就有了人伦内涵。遵循孝悌的人很少会做出犯上的事情，更不用说造反作乱了。于是，有了孝悌，社会秩序就会得到很好的维护。进一步讲，"仁"维护的实际上是周礼。周礼是宗法社会的产物，它反映的也是宗法关系。孔子所讲的礼，是以维系君、臣、父、子的人伦关系为核心的，当孝悌的原则被推广运用，那么君、臣、父、子就都被统摄进了宗法等级的社会关系中，形成君君、臣臣、父父、子子的良性秩序。

> **文化链接**
>
> **曾参遭打被师批**
>
> 　　有一天曾参在田地里干活，笨手笨脚，一不小心把禾苗锄掉了。他父亲见此勃然大怒，拿起棍子狠揍曾参。曾参恭敬地站在那里不躲避，结果被打晕了。苏醒后，曾参还恭敬地对父亲说："儿子不孝，惹您生气了。"旁人看到都夸曾参"仁"，说："仁者孝为先，父亲把他打成这个样子不逃也不反抗，还向父亲认错，多好的孩子啊！"可这事传到老师孔子那里，孔子却生气了，告诉其他弟子："下次曾参来，别让他进我的门！"曾子不知道自己做错了什么，央求师兄弟向孔子打听。孔子说："当年舜帝的父亲很糊涂，脾气也非常暴躁，续娶之后对舜又非常不好。要使唤舜的时候，舜总是在旁边伺候着，可是想要杀舜的时候，却怎么也找不到他。小小的责罚，舜就乖乖地承受，可要是父亲发了大怒，要拿大棒揰他，舜就远远地躲开。为什么呢？你父亲下狠手打你，有可能把你打死，如果打死了，你父亲就会犯罪坐牢，即使没把你打死，打伤了，他也会伤心，也是一个过错。他打你时若正在气头上，你就应该躲避，这才是真正的孝。你以为不躲避就是孝，那反而是在纵容你父亲犯错，这是最大的不孝。"

（3）"仁"的扩展：忠恕之道

"仁"还是一种"爱人"的人道主义精神。孔子没有把"仁"捆缚在血缘和宗法关系上，在做到孝悌以后，他主张要超越"亲亲之爱"，以孝悌为中心，通过推己及人的方式无限地向外扩展自己的仁爱。他告诉我们，仁者"爱人"，这里的"人"不只是亲人，还包括广大没有血缘关系的人。"爱人"有两条非常重要的原则,那就是"忠"和"恕"。孔子曾向弟子曾参说,"吾道一以贯之"(《论语·里仁》),曾参进一步阐释说,孔子所说的"道"就是"忠"和"恕"。对于"恕",孔子自己解释为"己所不欲,勿施于人"(《论语·颜渊》),而"忠"则是"恕"中积极的一面,即"己欲立而立人,己欲达而达人"(《论语·雍也》)。"忠"作为有积极意义的道德行为,未必人人都有条件去实施;"恕"则是人人都可以做的,而且可以终身奉行。这两条原则总括起来便是推己及人,即自己事事行得通,也要使别人事事行得通;自己不喜欢的事物,也不要强加于别人。

(4)"仁"的实践:死而后已

"仁"还是向内的对个体理想人格的塑造。无论是主体精神的自觉,还是孝悌原则的践行,以及人道主义的实施,都必须落实在个体人格的塑造上。孔子提出人要勤学善思、努力追求知识。他主张学习要经常温习,这样才能得到新知;学、思要相互结合,两者不可偏废;要广泛地学习,不满足地学习等。孔子认为人要锻炼意志、懂得克制。在他看来,"刚、毅、木、讷,近仁"(《论语·子路》),"仁者必有勇"(《论语·宪问》),"克己复礼为仁"(《论语·颜渊》)。孔子要求人要有历史责任感。他说:"士不可以不弘毅,任重而道远。仁以为己任,不亦重乎?死而后已,不亦远乎?"(《论语·泰伯》)他一生传播"仁",践行"仁",可以说亲身实践了对这种具有历史责任感的伟大人格的自觉追求。孔子还要求人要有"志"。他说:"志士仁人,无求生以害仁,有杀身以成仁"(《论语·卫灵公》)"三军可夺帅也,匹夫不可夺志也""岁寒,然后知松柏之后凋也"(《论语·子罕》)……这是个体人格的"仁"达到的最高境界。

以上从精神自觉、孝悌原则、人道主义、人格塑造四个层面分析了"仁"的内涵,如果从人文内涵的角度去审视,可以看出"仁"是要从外在形式和内在本质上实现自我的和谐统一。当每个人都具备了"仁"的品格,而且都能自觉找到自己在家庭和社会上的位置,那么社会的良性秩序和历史的良性循环就都可以实现了。

(5)"仁"的目标:克己复礼

除了"仁"的思想,孔子还十分推崇"周礼",他要求社会恢复并遵循周礼,《论语》中多次提到"礼",很鲜明地表现了孔子对"礼"被破坏而激愤的态度。传说周公"制礼作乐",周礼是周朝建立之初制定的一整套典章、制度、规矩和仪节,它借鉴夏、商两朝的制度,又做了改革和完善,建立起周朝以血缘为基础、以等级为特征的统治秩序。孔子所处的时代已经开始"礼崩乐坏",面对社会的动荡和变革,孔子明确主张维护"礼"的统治秩序,"克己复礼为仁。一日克己复礼,天下归仁焉"(《论语·颜渊》)"道之以政,齐之以刑,民免而无耻;道之以德,齐之以礼,有耻且格"(《论语·为政》)。在孔子看来,刑政和德礼同为治理天下的方法,但效果不同,"以政""以刑"为法治,"以德""以礼"为礼治,礼治要优于法治。此外,"礼"与"仁"是紧密联系在一起的,孔子提出"仁"的思想,其目的便是要恢复周礼,维护以血缘关系为基础的宗法等级制度,"复礼"是"仁"的根本目标。

在市场经济迅速发展的今天,人们的精神世界也受到了前所未有的冲击,道德滑坡、诚信缺失、唯利是图、心灵冷漠、人情淡薄……这些都已经成为我们必须认真面对的问题。孔子关于"仁"的思想不仅不会过时,而且一定会为今天的社会和谐建设、集体心灵修养和个体人格塑造提供有益的借鉴。

(二)孟子的仁义思想

图 3-2 孟子

孟子(公元前 372—前 289 年),名轲,字子舆,战国中期邹国人,伟大的思想家、教育家和政治家,儒家学派的主要代表人物。孔子开创的儒家思想经孟子而发扬光大,长期影响着整个中国社会的发展和中华民族精神的塑造。

1. 孟子的生平

孟子从小学儒习礼,十五岁入学,"受业于子思(孔子之孙)之门人"。约三十岁到四十岁之间,孟子在邹鲁一带收徒讲学,门生数百人。孟子生活的时代,各国诸侯最盛行的学术是兵家、法家。面对诸侯间的争战,孟子怀着救民于水火的救世理想,肩负平治天下"当今之世,舍我其谁"的历史责任感和使命感。他带领弟子,周游列国,推行仁政,游说梁(魏)、齐、宋、滕、鲁等国。前 319 年,齐宣王继位,恢复"稷下学宫",并使之成为政治咨询、学术文化的交流中心和诸子百家争鸣的重要场所。于是,孟子再度前往齐国,被齐宣王聘为客卿。

孟子在稷下学宫吸收各家之长,突破了孔子的思想局限,较全面、系统地阐明了君仁臣义、尊贤使能、以民为本、统一天下等仁政理论。这既是孟子从事政治活动的一个重要阶段,又是其思想发展成熟的一个重要标志。孟子的仁政主张曾使齐宣王受到很大鼓舞和赞赏,但齐宣王仍然想用武力称霸诸侯,与孟子产生分歧。政治抱负难以实现,孟子便离开齐国返归邹国。回到邹国时,孟子已六十多岁,从此不再出游,而在家乡兴学办校,广收门徒,与万章、公孙丑等弟子答疑解难,编著《孟子》。此书记述了他一生的主要言论、活动及其思想学说,丰富多彩,博大精深,是他留给后人的宝贵精神财富。

2. 孟子的思想

孟子的思想核心是仁、义、善。在人性方面,他主张性善论,认为人生来就具备仁、义、礼、智四种品德,人可以通过内省去保持和扩充它,否则将会丧失这些善的品质,因而要求人们重视内省的作用。

(1)性善论

孟子的主要哲学思想,是他的"性善论"。"性善论"是孟子谈人生和谈政治的理论根据,在他的思想体系中是一个中心环节。他认为,"恻隐之心,人皆有之;羞恶之心,人皆有之;恭敬之心,人皆有之;是非之心,人皆有之。恻隐之心,仁也;羞恶之心,义也;恭敬之心,礼也;是非之心,智也。仁、义、礼、智,非由外铄我也,我固有之

也。"(《孟子·告子上》)"人之所不学而能者,其良能也;所不虑而知者,其良知也。"(《孟子·尽心上》)

孟子以"性善论"作为人们修养品德和行王道仁政的理论根据,认为仁、义、礼、智等伦理道德的要求源于人的本性本心,有伦理学意义。同时,"性善论"还认为通过学习,人人都可以成为尧舜那样的君子,这是强调了教育的可能性,具有很大的教育意义。在心性修养方面,孟子从"性善论"这一根本思想出发,认为实行"仁政"的最重要的动力,完全仰仗于君子大发"仁心"。这种"良知""良能","操之所存,舍之所亡"(《孟子·告子上》),都贵在一个"养"字。孟子以子思的"思诚之道"为依据,提出了"尽心""知性""知天"等观点,从而形成了一套含有主观唯心主义成分的思想体系。

孟子对善的理解与前人有所不同,对人性的看法也有不一致之处。孟子之前,人们往往把人性看作客观对象,对其作经验的概括和描述。"善"作为一个名词,往往是指善人、善事、善行等,而善人、善事、善行之所以被称为"善",是因为其符合社会、民众的一般认识,可以将这种善定义为"人与人之间适当关系之实现",显然它反映的是社会、习俗的外在标准。孟子之前,人们谈论人性善恶,也是以这种外在标准为标准,凡符合这一标准者即为善,不符合这一标准者为不善。孟子论善则与此有所不同,

关于善,孟子有两个规定和说明,第一个是"可欲之谓善"(《孟子·尽心下》)。"可欲"也就是可欲求、可求,这是孟子特有的概念。孟子说,"求则得之,舍则失之,是求有益于得也,求在我者也;求之有道,得之有命,是求无益于得也,求在外者也。"(《孟子·尽心上》)孟子区分了两种"求",即"求在我者"与"求在外者"。前者是可以由我控制、决定的,得与不得,完全取决于我,所以是可求的;后者则不是可以由我控制、掌握的,得与不得,要受到"道"和"命"的限制,所以是不可求的。那什么是"可求",什么是"不可求"呢?孟子对此亦有说明,"口之于味也,目之于色也,耳之于声也,鼻之于臭也,四肢之于安佚也,性也,有命焉,君子不谓性也。仁之于父子也,义之于君臣也,礼之于宾主也,知之于贤者也,圣人之于天道也,命也,有性焉,君子不谓命也。"(《孟子·尽心下》)孟子认为,声色欲望、耳目之欲,能否实现不是我们可以控制的,因而是不可欲、不可求的,而仁、义、礼、智或恻隐、羞恶、辞让、是非之心,能否实现完全取决于我们自己,是"可欲""可求"的,因而是善的。故"可欲之谓善"实际是说,不受外在条件的限制,能充分体现人的意志自由,完全可以由我欲求、控制、掌握的即是善。这种善当然只存在于道德实践的领域,具体讲,也就是人生而所具有的恻隐、羞恶、辞让、是非之心或仁义礼智是善。

孟子关于善的第二个说明是"乃若其情,则可以为善矣,乃所谓善也。"(《孟子·告子上》)意思是,至于(恻隐、羞恶、恭敬、是非之心)这些实际情况,可以表现为具体的善行,就可以说是善的。可以看出,孟子对于善的两个规定是密切相关的,"可欲之谓善"是就内在的禀赋而言,是说内在的恻隐、羞恶、辞让、是非之心或仁义礼智是"可欲""可求"的,因而是善的;"乃若其情,可以为善,乃所谓善也"则是就功能、作用而

言，是说内在的恻隐、羞恶、辞让、是非之心，能够表现出具体的善行，就是所谓的善。但是孟子只强调"可以"，认为只要"可以为善"，就算是善；假如因为种种原因而没有表现出善，仍不影响内在禀赋本身仍为善。因此，孟子的善可定义为"己之道德禀赋及己与他人适当关系的实现。"它反映的是人自主、自觉的内在标准，与之前人们表达外在标准的善显然有着根本的区别。

孟子实际将人性作了事实与价值的区分。在事实层面，孟子认为人性至少包括两个方面，感性欲望和仁义礼智。但在价值层面，孟子则强调应该把仁义礼智看作是人性，而不是感性欲望。所谓"君子不谓性也""君子不谓命也"，就是指此而言。这样看来，孟子性善论实际可以理解为以善为性论，因为把善看作是性，人性必然就是善的了，二者实际是一致的。

（2）"仁政"思想

在社会政治观点方面，孟子突出仁政、王道的理论。仁政就是对人民"省刑罚，薄税敛"（《孟子·梁惠王上》）。他从历史经验总结出"暴其民甚，则以身弑国亡"（《孟子·离娄上》），又说三代得天下都是因为仁，也由于不仁而失天下。他强调要发展农业，体恤民众，关注民生，在《寡人之于国也》中，他说："七十者衣帛食肉，黎民不饥不寒，然而不王者，未之有也"（《孟子·梁惠王上》）。他还提出民贵君轻的主张，认为君主必须重视人民，"诸侯之宝三，土地、人民、政事"（《孟子·尽心下》）。君主如有大过，臣下则谏之，如谏而不听可以易其位。至于像桀、纣一样的暴君，臣民可以起来诛灭之。他反对实行霸道，即用兼并战争去征服别的国家；主张实行仁政，争取民心的归附，以不战而服，也即他所说的"仁者无敌"，实行王道就可以无敌于天下。

文化链接

孟子劝说梁惠王实行仁政

有一次，梁惠王对孟子说："我对于国家，可算是操心到家了。河内遭了灾，我便把那里的百姓迁到河东，还把河东的粮食运到河内。河东遭了灾也这么办。细察邻国的政治，没有一个能像我这样费尽心思的。可尽管这样，邻国的百姓并没有减少，我的百姓也没有增多，这是为什么呢？"

孟子答道："如果不在农忙时去占用人民耕作的时间，那粮食便足够吃；不用太过细密的网去捕鱼，那鱼鳖也是足够吃的；不乱砍滥伐，木材也会一直够用。粮食、鱼鳖吃不完，木材用不尽，这样百姓便对生养死葬没有什么遗憾了。老百姓对生养死葬都没有遗憾，这就是王道的开端了！"

面对梁惠王的困惑，孟子表面上说的是农耕稼穑、捕鱼捉鳖、砍伐树木之事，但实际上是在告诫梁惠王不要过于耗费民力。无止境地征伐和对内搜刮，要想人口增加、国力增强那是不可能的。因此，要减少对外征战，减轻人民负担，给老百姓以休养生息的时间。

（3）"舍生取义"的义利观

在价值观方面，孟子强调舍生取义，"生，亦我所欲也；义，亦我所欲也。二者不可得兼，舍生而取义者也。"（《孟子·告子上》）强调要以"礼义"来约束自己的一言一行，不能为优越的物质条件而放弃礼义，"万钟则不辨礼义而受之，万钟于我何加焉！"（《孟子·告子上》）

二 道家思想

（一）老子的无为思想

老子，姓李名耳，又称老聃，春秋末期陈国苦县（今河南鹿邑）人，生卒年不详，一般认为他与孔子同时期，但年长于孔子。他是道家学派创始人。

1. 老子的生平

史书对于老子生平事迹的记载很少。《史记·老子韩非列传》记载，老子做过东周"守藏室之史"，大致相当于今天国家图书馆的馆长。他有条件阅尽天下之书，因此能成为见闻广博、知识丰富的学者，相传孔子就曾向他请教周礼。老子是一个史官，要掌管史事记载，还要掌管天文历算，凭借对宇宙自然的知识和观察，他对天人时空有深切的体验和想象，这正促成了他异于儒、墨等流派的诸多思想观念的产生。

老子晚年，看到东周逐步衰落，失去天子威仪，不能统御天下，于是无奈辞官隐退。经过函谷关时，关令尹喜得知老子将要归隐，恳求他把自己的思想写下来。于是，老子写下了阐发"道德之意"的两篇文章，共5 000余言，这就是我们所说的《老子》。此后，他的事迹就不可考了。

今天流传的《老子》，共八十一章，分上、下两篇，上篇以讲"道"为始，下篇以讲"德"为始，故汉代以后又把《老子》称为《道德经》。但今天看到的《老子》已非原始的《老子》。经过考证，一般认为，今本《老子》经过了战国前期道家后学的加工和整理，其成书年代不会晚于战

图3-3 老子

国前期。

2. 老子的思想

（1）"道"的概念

在老子的哲学思想中，"道"是一个核心概念。虽然老子并不是最早使用"道"的人，但是他第一次把"道"作为哲学的最高范畴，并对其进行了较为系统的论述。"道"的本意是指道路、通道，后来引申为途径、方法、规律、规则等，但老子所说的"道"有更深刻的含义。《道德经》以"道"来解释宇宙万物的演变，提出"道生一，一生二，二生三，三生万物"，"道"乃"夫莫之命而常自然"（意为：不加以干涉，而让万物顺其自然），因而"人法地，地法天，天法道，道法自然"。"道"为客观自然规律，同时又具有"独立不改，周行而不殆"的永恒意义。

由于老子作为史官的身份，他一方面对古代的历史文化有深刻的见解，另一方面对宇宙自然也有不凡的洞察。老子是失望于现实的，他认为古代历史文化之"道"，比如孔子提倡的礼乐文化，于现实社会的种种弊端也是无益的，并不能成为指导人的现实行为的准则。于是，他便转向宇宙自然之中去寻找可以作为依据的"道"，他说"人法地，地法天，天法道，道法自然"，"自然"之中同样蕴含着"道"。对于这里的"自然"，一般认为都是自然而然的意思，并不是通常所指的自然界或大自然。可见，只有顺其自然、遵循自然，人类社会才能像自然一样充满生机和活力，才能循环往复、流转不息、永无止境，自然之"道"才是重建社会、挽救世道、改良人生的合理依据。

老子的"道"可以从两个层面来理解。

第一，"道"是实体性的存在。老子认为，"道"是实在性存在，在万物中能够显现，人们看不到它，是因为它隐藏于世界的深处。老子说："有物混成，先天地生。寂兮寥兮，独立而不改，周行而不殆，可以为天地母。吾不知其名，强字之曰'道'。"（《道德经》）"道"浑然一体，在天地形成之前就存在了，老子本人也无法用语言来描述这个实体存在，只好勉强地称它为"道"。"道之为物，唯恍唯惚。惚兮恍兮，其中有象；恍兮惚兮，其中有物；窈兮冥兮，其中有精；其精甚真，其中有信。"它虽恍恍惚惚，但其中有"象"和"物"；虽处于幽深，但有可验信的微小原质；虽无声无形，但它独立长存而永不停止，循环运行而生生不息。实际上，老子在这里提出的是本体论的问题，本体论是哲学中探求最高存在的学问。本体论的产生是人对世界二重化理解的结果，这种理解把世界分为本体和现象，认为在现存现象世界之外，还有一个更本质的最高存在起着支配作用。这种最高存在是不变的、永恒的、完满的，而现象世界则是易变的、暂时的、不完满的。在中国哲学史上，老子第一次把世界分成"万物"与"道"，使"道"具有了本体论的意义。在老子看来，"道"作为一种实体存在，是人类生存的最高本体，支配着天地万物。由此，"道"便有了以下两层含义。

"道"是世界万物的总根源。老子认为，"道"是产生一切存在的根源，即所谓"道生万物"，"道生一，一生二，二生三，三生万物，万物负阴而抱阳，冲气以为和。"这里所描述的是"道"创生万物的历程,"一""二""三",三个数字表示这是一个由简而繁的过程,即道生万物,愈生愈多。"道"还兼具"无"和"有"的特征,老子又用这两个概念来解释"道生万物","天下万物生于有,有生于无。"

"有"和"无"都是用来指称"道"的。因为"道"恍惚无形,所以用"无"来形容它;又因为这个无形之"道"能产生"万物",所以又用"有"来形容它。但老子所讲的"无"并不等于零,并不是没有,而是我们无法察觉的本体存在。"无"蕴藏着无限的未显现的蓬勃生机,这些生机即为"有",故无限的"有"蕴含其中。老子用"无"和"有"再次说明了"道"蕴藏无限、产生万物的过程。

第二,"道"是世界万物的最高准则。"道"虽无声无形,不可捉摸,但它作用于万物时,却表现出某些规律,这些规律又可以成为人的行为能够效法的规则。因此,"道"的这一层含义可以从两方面来理解,一方面,"道"是事物运动变化的规律;另一方面,"道"也是人的行为的准则。

老子说:"反者道之动"。他认为,万事万物运动变化都遵循着一条总的规律,那就是反。"反"在这里可做两种理解,第一种是相反,即事物会朝着相反的方向转化发展。老子认为,任何事物都是在相反对立的状态下形成的,有无、难易、长短、高下、美丑、善恶等都是相对而生的。但这种对立的状态可以相互转化,如"福祸相依"的情形,祸患中会含有福运的因子,福运中也会包含祸患的因素。因此,一切事物都会在对立的状态下向相反的方向转化,而且这种转化是无休止的。"反"的第二种理解是返回,即事物的运动发展总要返回到原始的状态。老子认为"道"是"周行而不殆"的,意思是道的运动循环往复、永无止息,具体来讲,道的运行,从开始到回复原点是一个"周行",这样的周行是生生不息的。"万物并作,吾以观其复。夫物芸芸,各复归其根,归根曰静,是谓复命。复命曰常,知常曰明,不知常,妄作,凶。"老子从万物的蓬勃生长当中,看出往复循环的道理,万物虽繁盛,终究也会返向它的本根。老子把返回本根叫作"静","静"就是回归于本原。从芸芸之初到归本原,这就是"道"的永恒的规律。认识了这个规律才能算作"明"。那么,万物为什么要返回本根呢?老子认为,本根是一种虚静的状态,"道"源于自然而合乎自然,虚静就是"道"合乎自然的状态。万物生于"道",不停地运动变化使万物离"道"越来越远,这样万物也就越来越不合乎自然,各种烦扰便争相而起。只有回归本根,回归虚静的自然状态,万物才又合于自然,才又不起烦扰。总之,任何事物都有运动变化的过程,在对立双方的相互转化中,万事万物从发生、发展到强盛、衰落,最后终将归于原始的状态,这就是"反者道之动"所要表明的"道"的规律。

再看作为人的行为准则的"道"。"道"不是人能直接感知的,当"道"作用于万事万物时,它显示出它的许多特性,这些特性可以作为人的行为的指导;而当"道"作用于人的行为时,它便成为人的行为的最高准则了。"弱者道之用",老子认为"道"作用于万物时是柔弱的,"道"运作时的外在表现便是静。"坚强者死之徒,柔弱者生之徒。"事物在强盛之后便会走向衰亡,只有在柔弱萌出之时才是充满生机的。老子在《道德经》

中以水喻道，认为水最接近"道"的原则。对于人的行为而言，要像水一样，始终保持柔弱的状态，做到不争，才能以"天下之至柔，驰骋天下之至坚"。如前所述，既然事物的发展最终都要回归其原始状态，又何必要促其发展、强盛，直接以柔弱之态保持其自然而然的状态不就可以了吗？对于人而言，要做的便是居弱不争，致虚守静，顺任事物自由发展，不以外在的强制力量去限制它、改变它，这就是"自然无为"了。

从"道"这个核心概念出发，尤其从"守弱"的思想出发，老子提出了与众不同的社会历史观，即天地万物是效法"道"和"自然"的，人类社会历史的发展同样也要效法"道"和"自然"。

文化链接

上善若水

老子在自然界万事万物中最赞美水，认为水德是最近于"道"的。他说："上善若水，水善利万物而不争，处众人之所恶，故几于道。居善地，心善渊，与善仁，言善信，政善治，事善能，动善时。夫唯不争，故无尤。"

作为生命之源，水滋润着万物的生长，却从不索取，不争名逐利。与其他自然万物争相向上不同，水总是甘心向下，流向低处。"居善地"是指水的谦逊，身处低洼，不与人争高；"心善渊"是指水的大度，能海纳百川、容纳万物；"与善仁"是指水的无私，滋养万物而不求回报；"言善信"是指水的守信，潮涨潮落应期而至；"政善治"是指水的公正，对万物一视同仁；"事善能"是指水的处事才能，方圆有致能使万物和谐共处；"动善时"是指水的应变能力，顺时而动、应时而至，知道何时奔腾向前、何时蓄势待发。至于"不争"，世人常将其等同于"无能"，但老子认为不争不是没有能力，而是刚强意志内敛的表现。

"上善若水"也是一种极高的人生境界，若能做到平和心态静如水、正直为人明如水、轻看名利淡如水、面对坎坷韧如水，那就是上德之人。

（2）无为而治

老子提倡无为而治的政治原则。他认为统治者要以无为而治的原则来统治人民，治理天下。他说："为无为，则无不治"，"以其不争，故天下莫能与之争"，这就要求统治者清心寡欲，不与民争利，让人民在不受干预的状况下自由生活，天下就大治了。可见，"无为"并不是无所作为，而是顺应自然之道的"有为"，也就是"无为而无不为"。"无为"是道家基本的精神之一，是"道法自然"的价值取向的直接体现，含有不妄为、不乱为、顺应客观态势、尊重自然规律、使事物保持其天然的本性之意。

诚然，老子看待文明发展的态度是消极的，"小国寡民"的理想国也与历史的进步背道而驰，但这是他在现实中找不到出路的结果，那个不切实际的理想国也许正是他聊以自慰的精神家园。而他所倡导的"无为而治"的政治原则，恰恰是他为那个混乱不堪的社会提出的一个理想的治理模式。西汉初年，这一原则正式进入国家政治的实际操作层面，统治者推崇黄老之学，采用"无为而治"的治国方略，让百姓休养生息，创造了"文景之治"的盛世。

老子的"道"的思想以其对世界和人生的深刻的哲学思考而独树一帜，成为中国传统文化中一种非常重要的思想资源。他的自然之"道"超然物外，为人们认识世界与自我提供了一个崭新的视角。在当前的社会变革时期，效法"道"，无为不争，回归自然，犹如一股清流，荡涤着世人的心灵，提醒着忘我于功名利禄中的人们，如何用自然而然的姿态去创造和享受惬意的生活。

（二）庄子的逍遥思想

庄子（约公元前369—约前286年），名周，战国时期宋国蒙地人，战国中期思想家、哲学家、文学家，道家学派代表人物，与老子并称"老庄"。

1. 庄子的生平

庄子因崇尚自由而不应楚威王之聘，仅担任过宋国蒙地的漆园吏，史称"漆园傲吏"，被誉为"地方官吏之楷模"。庄子学识渊博，涉猎、研究的范围无所不包，其学说要本归于老子之言，著书十余万字，大多都是寓言，如《渔父》《盗跖》《胠箧》等篇，都是用来辨明老子的主张的。庄子在哲学思想上继承和发展了老子"道法自然"的思想观点，使道家真正成为一个学派，他自己也成了

图3-4 庄子

道家的重要代表人物，与老子并称"道家之祖"。其著作《庄子》与《周易》《老子》并称为"三玄"，在哲学方面有较高的研究价值。

《庄子》成书于先秦时期，《汉书·艺文志》著录五十二篇，今本三十三篇，其中内篇七，外篇十五，杂篇十一。全书以"寓言""重言""卮言"为主要表现形式，继承老子学说而倡导相对主义，蔑视礼法权贵而倡言逍遥自由，内篇里的《齐物论》《逍遥游》和《大宗师》就集中反映了此种哲学思想。《庄子》行文汪洋恣肆，瑰丽诡谲，意出尘外，乃先秦诸子文章的典范之作。

> **文化链接**
>
> ### 宁做自由之龟
>
> 庄子自辞去漆园小吏后，一直以卖草鞋为生，日子过得极为清苦。有一天，庄

子正在涡水垂钓。这时，来了两位楚国大夫，带着丰厚的礼物来找他，原来是楚威王委派他们来请庄子去做楚国卿相。而当时的楚国与秦国、齐国同是最强的三大国。

楚王委派的二位大夫毕恭毕敬地对庄子说："吾王久闻先生贤名，欲以国事相累。深望先生欣然出山，上以为君王分忧，下以为黎民谋福。"结果，庄子持竿不顾，淡然说道："我听说楚国有只神龟，被杀死时已三千岁了。楚王珍藏之以竹箱，覆之以锦缎，供奉在庙堂之上。请问二位大夫，此龟是宁愿死后留骨而贵，还是宁愿生时在泥水中潜行曳尾呢？"二位大夫答道："那自然是宁愿活着在泥水中曳尾而行啊！"庄子立刻说："那二位大夫请回去吧！我也宁愿在这泥水中曳尾而行。"

这就是庄子对送上门来的名利的态度。在庄子看来，芸芸众生终其一生追求的名利都不及精神上的自由来得重要。

2. 庄子的思想

（1）"无为"的人生态度

"无为"是庄子思想中的一个重要概念。所谓"无为"，并非真正的无所作为，而是指一种精神境界，即不刻意追求功利，不强制干预自然，顺其自然，追求心灵的自由与内在的平和。在庄子看来，宇宙万物都处于自然的运行之中，存在无穷无尽的变化。他认为自然是最高的标准和榜样，人应该顺应自然的原则，放下功利心、欲望与执着，追求内在的平和与自由。庄子的无为思想强调自然、自由和心性的宁静与解脱，给人们提供了一条超越功利主义、追求心灵自由的道路，它对于内心修养、人生态度和社会和谐等方面都有深远的影响。

从历史上来看，儒家思想和道家思想，的确是两种完全不同的思想形态，但两者并非水火不容，更多的时候是以儒道互补的形式共存于世。《易传》曰："一阴一阳之谓道。"儒道思想如同阴阳的对立统一体，共同构建了中国古代文化的思想体系。《孟子》曰："穷则独善其身，达则兼济天下。"此处的"独善其身"与道家思想并不逆违。在处世哲学上，古人往往向儒家思想学习，自强不息，厚德载物，但也常常把道家思想作为必要的补充。面对逆境和挫折之时，道家"无为"的人生态度在某种程度上有助于古人消解焦虑、战胜自我，从而走出人生的困境。这种补充关系，也可值得今天的我们借鉴。

（2）"逍遥"的人生境界

庄子的道论包括"逍遥"境界和"齐物"之法。"逍遥"境界是一种理想中的精神世界；"齐物"是进入逍遥境界的方法和途径。与道论紧密联系的是庄子的德论，德是道在现实层面的落实和体现。《庄子·德充符》曰："知不可奈何而安之若命，唯有德者能之。"庄子的德论以安命思想为中心，以"用心若镜"和"与物为春"为其两翼。而其他思想观念，诸如天人观、生死观、政治观、处世观、养生观等，都是庄子道论和德论在不同方面的投射。

庄子的"逍遥",旨在追求精神的超脱和生命境界的升华,最后与大道合一。他认为,精神的超脱,首先需要心灵摆脱种种束缚和困扰。那么,怎样才能解除困扰、达到精神的逍遥境界呢?

庄子认为,人的精神困扰主要来自三个方面:功名利禄、偏执之见和生死大限。人只有摆脱来自这三方面的精神困扰,才能体察万物之理,洞明天地之道,领悟生命的真谛,让精神逍遥于天地之间。因此,人们要解除困扰、达到精神的逍遥境界,也就应该从这三个方面去努力:

第一,要淡泊名利。在庄子看来,功名利禄的束缚是精神的巨大负累,是导致人的心灵不能自由的重要原因。因此,人不能被外在的功名利禄所诱惑、役使,以至于"丧己于物,失性于俗"。

庄子本人始终保持不求显赫富贵、只求精神自由的人生态度。他表示,荣华富贵何如"日出而作,日入而息,逍遥于天地之间,而心意自得"。人们为谋取功名利禄所付出的最大代价,就是丧失真性、迷失自我,使精神不得自由,更无法超脱、升华。在庄子看来,这是用极巨大的代价去换取极微小的利益。《庄子·让王》云:"今且有人于此,以隋侯之珠,弹千仞之雀,世必笑之。是何也?则其所用者重而所要者轻也。"隋侯之珠是举世闻名的宝珠,用它作弹珠来打千仞高山上的鸟雀,即使能够打下来,也不过是用重大的代价换取微不足道的区区小利而已。庄子为人贤良、学识广博,在楚国很有名声,他并非没有做官的机会,然而,他淡泊名利,推重气节,不愿屈身侍奉权贵。

庄子指出,世俗之人往往被蝇头小利折腾得寝食难安,甚至丢掉身家性命也在所不惜。"自三代以下者,天下莫不以物易其性矣。"夏、商、周三代以后,人们由于看重"利"而改变自己淳朴的天性,他们或"以身殉利",或"以身殉名",都是汲汲于功名而不惜"残身伤性"。针对这种"残身伤性"的状况,庄子告诫人们一定要抵御功名利禄这些身外之物的诱惑,因为醉心于功名利禄,是精神自由、舒畅的巨大障碍。在庄子看来,"贵、富、显、严、名、利六者,悖志也。"高贵、富有、显赫、威严、名声、利禄这六种东西,即富贵权势,都是扰乱人的意志的,会妨碍人追求"天下大道"和真理,妨碍人追求精神的崇高和逍遥的。一个在功名利禄面前患得患失、斤斤计较的人,他的精神怎么能够不产生困扰,不陷入焦虑呢?而情怀高尚的人,则能够在功名利禄面前,保持精神的淡定、逍遥。《庄子·逍遥游》说,尧打算把天下让给许由,因为他认为许由已经领悟了天下大道,如果居于国君之位,天下一定会大治。而许由却坚辞不受,正因为他已经领悟了天下大道,反而无意于功名。庄子以此说明,得道的真人不图富贵,不求功名,这正是他们的精神得以超脱、逍遥的重要原因。

当然,庄子也并非完全否定"利益",他只是反对因贪图功名利禄而"残身伤性"。《庄子·逍遥游》中说,"鹪鹩巢于深林,不过一枝;偃鼠饮河,不过满腹。"一只鸟在广袤的森林里栖息,其实只需一根树枝就足够了;一只老鼠在大河边喝水,其实只需能够填饱它肚子的那点水就足够了。同样的道理,人的生活并不需要大富大贵,功名利禄对于人来说，实质上往往是一种虚浮的需求和诱惑，并不具有实实在在的作用和价值。

第二，要破除偏执。庄子认为，人若囿于自身的成见与偏见，那么在认识事物时就往往走向绝对化。其实，人对事物的认识常常只是一孔之见，有很大的局限性，如果执着于这种一孔之见，就会形成狭隘、僵化的认识，造成认知上的偏执，使人的认识不能客观、公允、清醒，从而使人的精神也不能逍遥、自如、愉悦。

为了破除认识的绝对化，破除狭隘、僵化的认识，庄子提出，天下没有绝对的事物，一切都是相对的，一切事物都处在变化之中，"臭腐复化为神奇，神奇复化为臭腐"（《庄子·知北游》），对立事物之间是可以转化的，即"安危相易，祸福相生，缓急相摩，聚散以成"（《庄子·则阳》）。

不仅事物之间是相对的，人类认识的是非也是相对的。这就是庄子的"齐是非"思想。《庄子·齐物论》举例说，人如果睡在潮湿的地方，就会腰酸背痛，可泥鳅是这样吗？人如果住在树上，就会心惊胆战，可猴子是这样吗？那么对于泥鳅、猴子和人来说，我们该承认谁真正懂得哪里是舒适的住所？毛嫱和丽姬是人们最为欣赏的美人，可是鱼看见她们就潜入水底，鸟看见她们就飞上云天，麋鹿看见她们就逃进密林，它们一点也不觉得毛嫱、丽姬美丽。那么对于鱼、鸟、麋鹿和人来说，我们该承认谁真正懂得什么是美丽？庄子认为，天底下的一切差别，诸如"是"与"非"的差别、"彼"与"此"的差别、"人"与"物"的差别等等，都是由于人们认识问题的角度不同而造成的。《庄子·德充符》说："自其异者视之，肝胆楚越也；自其同者视之，万物皆一也。"如果从差异的角度去认识事物，那么即使像肝和胆这样在人体中不可分割的内脏，也会显得像楚国与越国的关系那样对立；如果从相同的角度去认识事物，那么可以说普天之下，"万物皆一"。总之，事物之间的差别都只具有相对的意义，而不具有绝对的意义。

不过，庄子过于夸大了事物的相对性，在哲学上走向了相对主义，即否认了事物和认识的确定性，认为事物之间的区别只是有条件的、暂时的、相对的，不承认这种区别也具有确定性、绝对性的一面。其结果是抹杀、取消了事物之间的客观界限和人类认识的是非界限，倒向了主观唯心主义。

第三，要坦然面对生死。追求精神的逍遥，还必须要坦然地面对生死，也就是要树立正确的生死观。

有生必有死，生死是人生之大限，因而也能成为对人的精神的最大桎梏。人生存于天地之间，受自然的客观规律制约，生无法选择，死不可避免，生与死"无所逃于天地之间"。生命的过程不仅是有限的，而且是短暂的，正如《庄子·知北游》所说："人生天地之间，若白驹之过隙，忽然而已。"然而，"道"的存在却是无限的。"道"的境界没有生死，人通过修道，进入得道的境界，在精神上就可以摆脱生死的困扰，与天地精神融为一体，如同滴水汇入大海，消弭生与死之间的分际与边界，从而永无生死之虞。所以庄子主张以达观的态度，坦然面对生死，在生死面前"以道观之"，超然大度。庄子认为，生与死本来就是元气所化，生命随元气的变化而时聚时散，就好像昼夜一样运转不已,因此,"生不足喜,死不足悲"。庄子的妻子去世时,庄子竟然盘腿坐在地上,鼓盆而歌,庆幸妻子解脱了生命形体的束缚,精神安息于天地之间。这种世俗眼中的怪诞行为,并非出于无情,而是出于庄子对生、死的独特理解。

庄子还认为,生死本是"一体"而平等的,生和死都只是生命循环中的一个环节。就其中的某一个过程来说,生与死是有区别的,但就整个生命大的循环过程来看,生死实际上是不断相互转化的交替过程,"生之来不能却,其去不能止",因此,不论是生还是死,人都应该"安时而处顺"(《庄子·养生主》),不必执着于死生的忧喜,任其自然就好。不贪生,所以不必求长生;不祈死,所以不能自残生命。如果我们树立了恰当的生死观,就能摆脱生死大限对精神的桎梏,达到赵朴初大师所说的"生固欣然,死亦无憾"的境界。

总之,在庄子看来,人只有淡泊名利、破除偏执,并且坦然地面对生与死,才能走向精神的解脱和逍遥,达到"独与天地精神往来"的崇高、美妙境界。

庄子逍遥境界中的无己、无功、无名,齐物之法中的心斋、坐忘,都涉及人己之关系。庄子德论中的安命思想,以"用心若镜""与物为春"为安命之法,更应该成为处理人己关系的准则。"用心若镜"出自《应帝王》,《应帝王》曰:"至人之用心若镜,不将不迎,应而不藏,故能胜物而不伤。"镜子是被动的,它无法选择走向自己的物体。世界上的一切物体都可能显现在镜子中,大到风云变幻,山川河流,小到人物花草,鸟兽鱼虫。面对来者,镜子只是客观的反映,面对去者,镜子不会挽留。静止的水面也具有和镜子同样的功能。《德充符》曰:"人莫鉴于流水而鉴于止水,唯止能止众止。"又曰:"'何谓德不形?'曰:'平者,水停之盛也。其可以为法也,内保之而外不荡也。德者,成和之修也。德不形者,物不能离也。'"因此,"用心若镜"也就是心如止水。"与物为春"出现在《德充符》中,《德充符》载有"仲尼曰:'死生、存亡、穷达、贫富、贤与不肖、毁誉、饥渴、寒暑,是事之变,命之行也;日夜相代乎前,而知不能规乎其始者也。故不足以滑和,不可入于灵府。使之和豫,通而不失于兑;使日夜无隙,而与物为春,是接而生时于心者也。是之谓才全。'"庄子借孔子之口阐述,生命的出生与死亡、四季的运行轮转是自然界的客观规律,作为个体的人,无法改变它;个人的贫穷与富贵、社会声誉的上扬与下降,取决于很多因素,有时候并不是通过个体的努力就能够改变的。庄子把这些不能改变的东西统称为"命"。面对这样的"命",庄子的主张并不是去消极承受,而要"使之和豫""与物为春",用春天般温暖的情怀去接纳和对待我们不能改变的"命"。从这个意义上看,庄子的思想并不完全是消极的,而是具有一定的积极因素。"用心若镜"是说我们的内心如何去应对外在世界的冲击,"与物为春"是说我们的内心如何去面对冰封的外在世界。"用心若镜"是由外入内,"与物为春"是由内向外。这一内一外两个方面的统一就构成了庄子的处世哲学。

传统的中国人大都在现实的纷争中以孔子思想自励,而一旦在现实中受了挫折,往往在内心世界以庄子自遣,幻想虚静无为,放浪形骸,做"逍遥游"。几千年来,庄子给人们提供了在现世心灵安顿的场所,因终其书,"逍遥"始终是庄子眼中的最高境界。

文化悦游指南

1. 王阳明故居：浙江省宁波市余姚市阳明西路36号，08:30—17:00（夏令），08:30—16:30（冬令），免费开放，电话：0574-62649095。
2. 中国儒学馆：浙江省衢州市柯城区新桥街79号，周二至周日08:30—16:00，免费开放。

文化悦赏指南

1. 王超 译：《论语》，北京联合出版公司，2015年。
2. 钱穆：《论语新解》，生活·读书·新知三联书店，2012年。
3. 孟子 著，段雪莲、程陈玉潇 译：《孟子》，北京联合出版公司，2015年。
4. 老子 著，高文方 译：《道德经》，北京联合出版公司，2015年。
5. 度阴山：《〈道德经〉其实很好懂》，江苏凤凰文艺出版社，2023年。
6. 庄周 著，姚彦汝 译：《庄子》，北京联合出版公司，2015年。
7. 胡枚：电影《孔子》，2010年，爱奇艺、腾讯视频等。
8. 闫东：纪录片《孔子》，2016年，央视网。
9. 纪录片《中国智慧·老子篇》，2024年，央视网。

文化小测

1. "百家争鸣"现象的出现，标志着（　　）。
   A. 中国古代哲学的开始　　　　B. 中国古代哲学的发展
   C. 中国古代哲学的成熟　　　　D. 中国古代哲学的结束
2. 在"诸子百家"中，儒家学派对后世影响最大，这一学派的创始人是（　　）。
   A. 孔子　　　　B. 老子　　　　C. 孟子　　　　D. 韩非子
3. 孔子思想的核心是（　　）。
   A. 仁　　　　B. 义　　　　C. 礼　　　　D. 智

4. 以下不符合孔子推崇的"仁爱"的内涵是（　　）。
A. 孝悌　　　　B. 忠恕　　　　C. 克己复礼　　　D. 兼爱

5. "舍生取义"是（　　）提出的观点。
A. 孔子　　　　B. 孟子　　　　C. 墨子　　　　D. 荀子

6. 老子的著作是（　　）。
A.《道德经》　　B.《黄庭经》　　C.《黄帝内经》　　D.《太平经》

7. 老子认为世界万物的本源是（　　）。
A. 理　　　　　B. 气　　　　　C. 道　　　　　D. 心

8. 孟子提出的政治主张是（　　）。
A. 仁政　　　　B. 礼治　　　　C. 法治　　　　D. 非攻

9. 道家的政治主张是（　　）。
A. 以法治国　　B. 为政以德　　C. 无为而治　　D. 恢复礼乐

10. 以下不属于庄子思想的是（　　）。
A. 逍遥　　　　B. 齐物　　　　C. 无为　　　　D. 兼爱

参考答案

品读圣贤书

育人内涵：《论语》是儒家最重要的思想著作，几千年来深刻影响了中华民族的整体心理素质及道德行为。北宋政治家赵普曾有"半部《论语》治天下"之说。当代国学大师南怀瑾则说："孔子学说与《论语》本书的价值，无论在任何时代、任何地区，对它的原文本意，只要不故加曲解，始终具有不可毁、不可赞的不朽价值。后起之秀，如笃学之，慎思之，明辨之，融会有得而见之于行事之间，必可得到自证。"

《道德经》是道家哲学思想的重要来源，对我国传统哲学、科学、政治、宗教等产生了深刻影响。据联合国教科文组织统计，《道德经》是除了《圣经》以外被译成外国文字发布量最多的文化名著，故又被誉为"中华文化之源""万经之王"。对于《道德经》，宋太宗赵光义评价"伯阳五千言，读之甚有益，治身治国，并在其中"，欧阳修表示"老子为书，其言虽若虚无，而于治人之术至矣"，清代魏源认为"老子之书，上之可以明道，中之可以治身，推之可以治人"，鲁迅也认为"不读《老子》一书，就不知中国文化，不知人生真谛"。

践行任务：阅读《论语》《道德经》，深刻理解儒道思想的积极意义，并将重视修身、积极进取、身任天下的儒家精神与淡泊名利、利他不争、尊重万物的道家胸怀内化于心、外化于行。

践行记录：

践行感悟：

第四讲 Lecture 4

中华传统礼仪
——立身成事不可少

文化探知

在我国，"礼"的历史非常悠久，早在夏朝就已经有礼仪和礼制。孔子在《论语·为政》篇中说："殷因于夏礼，所损益，可知也；周因于殷礼，所损益，可知也。"中国先哲选择以"礼"作为调控社会运行的基本规范，是独具中华民族特色的社会治理智慧。

一 礼的渊源与作用

（一）礼的渊源

1. 事神致福，礼之本源

礼，繁体字"禮"，许慎在《说文解字》中这样解释："履也。所以事神致福也。从示从豊，豊亦聲。"在古代，"礼""履"同音，许慎以"履"音训"礼"，并指出礼的本义是祭祀。因为古代祭祀常由大祭司领舞，从祭的人则亦步亦趋地跟随大祭司的脚步，所以"礼"的字音，很可能就是古人通过用"履"来指代祭祀行为而产生的。而从字体结构来看，这是一个会意字，字形采用"示、豊"会意。其实，"禮"的本字是豊，在甲骨文和早期金文中都没有"示"字旁。这是一个象形字，上部是两串"玉"，下部是某种用于祭祀的高脚的盘。在古代，玉是极其贵重的物品，用玉来祭祀表示了人对神的敬重，因此，"豊"表示的意义就是举行祭祀礼仪、敬神。后来由于"豊"字的字形与"豐"（丰的繁体字）极为相似，于是战国时期人在"豊"字的基础上，添加了多与鬼神、祭祀、崇拜有关的偏旁"示"，同时也使得这个字的意义在字形上表现得更加直观。

因此，通过文字分析，"禮"之本义表示祭祀神灵和祝福，与殷礼相关主要就是通过贵重物品表达对神灵的敬重，对生活的祈福。之后由此而产生的相关活动即"仪"，仪式。礼仪，就是指在祭祀、祈福活动中所表现出来的仪式。

由此可见，礼最早是氏族社会时期人们祭祀鬼神的仪式，所谓"奉神人之事通谓之礼"（王国维《释礼》），即奉祀神祇、供奉人群的事务，通常称之为礼。由于原始部落时期，人类生产力水平低下，人们对自然的认识有限，改造自然的能力较差，遇到昼夜季节更替、风雪雷电气候变幻、山洪地震灾难发生等现象，都无法进行科学合理的解释，便认为万物皆有神灵掌控，也便寄希望于神灵，求其护佑消灾，于是，祭祀就成了生活中的头等大事，所谓"国之大事，唯祀与戎"（《左传·成公》），即国家的重大事务，就在于祭祀与战争。《礼记·祭统》说："凡治人之道，莫急于礼。礼有五经，莫重于祭"，意为在治理百姓的措施中没有比礼更要紧的，礼共有五种，没有比祭礼更重要的。因此，在祭祀神

图 4-1 宁海西店樟树村圆谱祭祖仪式（周衍平摄）

灵的过程中，由谁来主持、谁能参加祭祀、具体的步骤仪式等规范自然应运而生了。

2. 治乱维序，礼之所制

礼的起源其实是多元的，随着分工的需要和社会的发展，除了祭祀，还有其他的原因和需要也促进了礼的产生。

儒家重要代表人物荀子，在《荀子·礼论》中就认为礼起源于治乱，"礼起于何也？曰人生而有欲，欲而不得，则不能无求，求而无度量分界，则不能不争。争则乱，乱则穷。先王恶其乱也，故制礼义以分之，以养人之欲、给人之求。使欲必不穷于物，物必不屈于欲，两者相持而长，是礼之所起也。"其大致意思是，人生下来就有欲望，有欲望却不能得到满足，就不可避免地想尽办法去索求，索求若没有度量分界，就不可避免会产生争执，争执就会发生动乱，动乱就会导致贫穷。古代的圣王们都不喜欢动乱，于是就制定礼仪来作为度量分界，用来治养人们的欲望，供给人所求的东西，使人们的欲望不至于竭尽所取，使所取之物不至于为欲望所竭尽，使欲望和物质两者相协调而发展，这就是礼出现的缘起。司马迁也有类似的观点，《史记·礼书》中也有相类似的表述，"礼由人起。人生有欲，欲而不得则不能无忿，忿而无度量则争，争则乱。先王恶其乱，故制礼义以养人之欲，给人之求，使欲不穷于物，物不屈于欲，二者相待而长，是礼之所起也。"

物质有限，欲望无穷，以礼制约，治乱维序。礼被引入宗法社会后，逐渐发展成为国家工具和治理法典，大到国家，小至百姓都要按照一定的程序来行事。

3. 起居生活，礼之所袭

礼，源于生活，自然与风俗习惯、日常生活等分不开。《礼记·礼运》云："夫礼之初，始诸饮食。其燔黍捭豚，污尊而抔饮，蒉桴而土鼓，犹若可以致其敬于鬼神。"意思是说，礼的初期，是从饮食开始的。上古时候，人们在火石上炙烤谷物和屠宰后劈开的小猪，在地上挖一个坑，把酒倾倒在坑里，然后用手从坑中捧酒而饮，用土抟成鼓槌，筑起土堆充作鼓，这样也似乎可以向鬼神表达敬意。从这段文字中可以看到，在远古时期的行"礼"活动中，已经有了贡献给鬼神的"礼物"，还有了击鼓作乐，并且出现了一些属于这种场合下所特有的仪式和程序。祭祀活动年年举行，代代相传，逐渐就形成了固定的仪式，这就是礼仪产生的初起阶段。正如西南政法大学教授赵明所认为的，"礼源于风俗习惯，人类社会开始之日，便是礼产生之时。在逻辑的意义上说，俗先于礼，礼本于俗而又超越于俗。"（赵明《先秦儒家政治哲学引论》）

随着人类社会的不断发展，礼就渗透到了生活的各个方面，成为人们日常行为准则和基本规范，祖辈流传下来的习俗在不同历史时期得以承袭，如孔子要求的"非礼勿视，非礼勿听，非礼勿言，非礼勿行"（《论语·颜渊》），就成为各个时期的行为准则。"男女有别，然后父子亲；父子亲，然后义生。义生，然后礼作；礼作，然后万物安"（《礼记·郊特牲》）。于是，君臣父母相处，饮食男女行为，婚丧嫁娶大事，都要遵行一定的礼数，有礼可为，无礼不可为。当物质文明不断发展，精神文明要求也会随之不断提高，正所谓"仓廪实而知礼节，衣食足而知荣辱。"（《管子·牧民》）

关于礼的渊源，各有各说，各据一词，归根结底还是因为人类需要，比如为祭祀所需，为协调矛盾所需，为维持长幼尊卑秩序而需……但各种说法都证明，礼与人类各种生活需要密切相关。

（二）礼的作用

中国作为礼仪之邦，儒家主张以礼治国对后世影响很大。礼在我们社会生活中确实占据了重要地位，在政治、经济、科技、文化、生活等方面都发挥着重要作用。礼既作为形而上的道德规范，是人们行为的准则和要求，也作为形而下的典章制度，是国家、社会政治制度的体现，维护保障人伦关系的上下定位，尊卑有序。

1. 助立身行事

礼仪在中国人生活中的地位是非常重要的。《左传》说："夫礼，天之经也，地之义也，民之行也。"礼，就是上天规定的原则，大地施行的正理，百姓行动的依据。孔子也曾教育他的儿子，"不学礼，无以立"（《论语·季氏》）。不学会礼仪礼貌，就难有立身之处。儒家积极入世，提倡修身齐家治国平天下，从孔子开始，"修身"便是儒家学派成人教育的根本。儒家修身思想的内容主要有仁、义、礼、智、信，其中，"礼"则是人区别于动物的标志，"凡人之所以为人者，礼义也"（《礼记·冠义》）。《礼记·曲礼》中也说："鹦鹉能言，不离飞鸟，猩猩能言，不离禽兽。今人而无礼，虽能言，不亦禽兽之心乎？夫惟禽兽无礼，故父子聚麀。是故圣人作，为礼以教人，使人以有礼知自别于禽兽。大上贵德，其次务施报。礼尚往来，往而不来，非礼也，来而不往，亦非礼也。人有礼则安，无礼则危。故曰礼不可不学也。"鹦鹉能说话，但终究还是鸟而已；猩猩会说人话，也仍然不过是走兽。而如果人不遵循礼，即使会说话，但内心不就和禽兽一样吗？一个人的行为合于礼就平安，不合于礼就倾危。因此礼这件事是不能不学习的。

继其后，很多儒家经典也纷纷表明礼对修身行事的重要性。荀子就在《修身》说："扁（通"遍"）善之度，以治气养生则后彭祖；以修身自名则配尧、禹。宜于时通，利以处穷，礼信是也。凡用血气、志意、知虑，由礼则治通，不由礼则勃乱提侵；食饮、衣服、居处、动静，由礼则和节，不由礼则触陷生疾；容貌、态度、进退、趋行，由礼则雅，不由礼则夷固僻违、庸众而野。"意思是，君子有无往而不善之道，用它来治气养生，则寿命可追随彭祖；用它来修养品德，那名声就可同尧、禹相比。既适宜于通达之时，也适宜于窘困之时，只有礼和信。大凡用血气、意志和思虑的时候，依礼就和谐通畅，不依礼则悖乱弛怠；饮食起居、言谈举止，依礼行事就得体合适，不依礼则一举一动都会发生毛病。容貌、仪态、进退、疾走慢行，有礼就雍容儒雅，无礼则倨傲偏邪、庸俗粗野。荀子认为，言行举止体现的是个人的道德品质、文化修养、精神气质和思想境界，有礼和无礼完全不同，"故人无礼则不生，事无礼则不成，国家无礼则不宁"（《荀子·修身》）。因此，人不守礼就没法生存，做事情没有礼就不能成功，国家没有礼则不得安宁。

2. 为天地维序

纵观华夏五千年文明史，"礼"贯穿始终。"礼仪三百，威仪三千"（《礼记·中庸》），"礼"的总纲有三百条之多，细目有三千多条。礼的地位之显见诸于各大经传。作为礼仪之邦，中国古代社会大到国家政治体制、朝廷法典，小至婚丧嫁娶、生活日常、待人接物等，"礼"几乎无所不包，既约束和指导人的各种行为举止，又渗透到国家社会的方方面面、角角落落。

礼在中国古代社会中长期存在，某种意义上实际是维护血缘宗法关系、等级制度、社会生活的精神原则以及言行规范。中华民族历经几千年坎坷而不衰，礼是维系中华民族团结的重要纽带之一。正如钱穆先生所说，中国文化可以归结为一个字，那就是礼。他认为，"礼是整个中国人世界里一切习俗、行为的准则，标志着中国的特殊性。正因为西语中没有'礼'这个概念，西方只是用风俗之差异来区分文化，似乎文化只是影响其所及地区各种风俗习惯的总和。"（邓尔麟《钱穆与七房桥世界》）而中华民族因为以礼为重，故而维系着大江南北、黄河上下所有的中国人。钱穆先生还说："无论在（中国的）哪儿，'礼'是一样的，'礼'是一个家庭的准则，管理着生死婚嫁等一切家务和外事。同样，'礼'也是一个政府的准则，统辖着一切内务和外交，比如政府与人民之间的关系，征兵、签订和约和继承权位等等。要理解中国文化非如此不可，因为中国文化不同于其他风俗习惯。"（邓尔麟《钱穆与七房桥世界》）

中国古代社会中，宗法制度是统治阶级维护政治和社会秩序的重要手段，秩序是宗法关系中非常注重的。人们以礼为治，凭借血缘关系对族人进行管辖和处置。在儒家看来，礼治优于法治。"道德仁义，非礼不成，教训正俗，非礼不备。分争辨讼，非礼不决。君臣上下父子兄弟，非礼不定。宦学事师，非礼不亲。班朝治军，莅官行法，非礼威严不行。祷祠祭祀，供给鬼神，非礼不诚不庄。是以君子恭敬撙节退让以明礼。"（《礼记·曲礼》）道德仁义不通过礼就无法达成；教化、训导民俗使其走上正途，不通过礼就不完备；分辨纷争和案件的是非曲直，没有礼就不能决断；君臣、上下、父子、兄弟，没有礼就无法确定各自的名分；从师、学习、做官和学习知识，没有礼师生之间就不能亲密；上朝列位、整治军队、担任官职、执行法令，没有礼就失去了威严；祈福祭祀、供养神灵，没有礼就不够虔诚和庄重。因此，有德有爵之人要貌恭、心敬、克制、自持、退让，才能明晓礼的大义。儒学亚圣孟子也认为"父子有亲，君臣有义，夫妇有别，长幼有序，朋友有信"（《孟子·滕文公》）。而《礼记》更是强调礼的作用，"礼者，天地之序也""夫礼者，所以定亲疏、决嫌疑、别同异、明是非也"。"……大人世及以为礼，城郭池以为固，礼义以为纪；以正君臣，以笃父子，以睦兄弟，以和夫妇"，诸侯天子们的权力变成了世袭的，并成为名正言顺的礼制，修建城郭城池作为坚固的防守，制定礼仪作为纲纪；用来确定君臣关系，使父子关系淳厚，兄弟关系和睦，夫妻关系和谐。可见"礼"和条理秩序息息相关，礼保证整个社会井然有序，并在某种程度上约束和指导着人们的行为。如朱柏庐的治家格言《朱氏家训》，处处见礼，既有对日常生活习惯的规定，"黎明即起，洒扫庭除，要内外整洁"，也有对人性品行的要求，"勿营华屋，勿谋良田"；既有对祖先的哀悼礼节要求和对子孙的教育期望，"祖宗虽远，祭祀不可不诚，子孙虽愚，经书不可不读"，又有对理想信仰的劝说，"读书志在圣贤，为官心存君国"。

尽管古代礼仪有其自身不可避免的时代性和局限性，但时至今日，其中精华依然对我们有着根深蒂固的影响和不容忽视的作用。

二 传统五礼

五礼是我国古代礼仪制度的主要内容，形成于西周，在春秋时期曾一度遭到破坏，即孔子所说的"礼崩乐坏"，后历代相袭，许多内容延续至今。五礼包括吉礼、凶礼、军礼、宾礼、嘉礼。祭祀之事为吉礼，丧葬之事为凶礼，军旅之事为军礼，宾客之事为宾礼，冠婚之事为嘉礼。

（一）吉礼

吉礼是五礼之冠，为祭祀之礼，是一种向神灵求福消灾的传统礼俗仪式，因古人祭祀为求福消灾、祈求吉祥，故称吉礼。吉礼的祭祀对象可分为天神、地祇、人鬼三类。天神，泛指天上的神仙，包括昊天上帝、日月星辰和其他职有所司、有功于民的列星，如司中、司命、风师、雨师等。地祇，指土地神、山神、河神等掌管四方百物的百物之神。人鬼，则包括先祖、先师、功臣，以及其他历史人物等。

古代通常于郊外祭祀天地，南郊祭天、北郊祭地。

1. 祭天

祭天是国家最重大的典礼，是古代君王举行祭祀的重要组成部分。在古代只有天子才可以祭天，诸侯虽有国，但不得祭天。每年冬至，天子都要带领三公九卿诸等大臣在国都南郊的圜丘祭祀昊天上帝，为既往感恩，为未来祈福，希望风调雨顺、五谷丰登、国泰民安。祭天的仪式非常隆重讲究，富含深意。如天为阳，南方为阳位，因此，祭天地点选在南郊；天圆地方，因此，祭天场所要建成圜形；冬至是阴尽阳生之日，因此，祭天时日要选在冬至。

图 4-2　大年初一拜天地（周衍平摄）

2. 祭地

地生五谷、育万物，上古人们对土地有种天然的尊崇、敬畏和崇拜，并且拟托于神。因此，每年夏至之日天子都会在国都北郊水泽之中的方丘上举行祭祀土地的祭典。夏至这天，白天最长，阳光覆盖最广，是一年中草木庄稼生长最蓬勃旺盛的季节，也是土地产出量最高的时段，因此，天子以重大的仪式，感恩太阳的照耀，以及土地的丰腴产出，感恩、祈祷并且祝愿。水泽，即以水环绕，象征四海环绕大地；方丘，指方形祭坛，古人认为地属阴而静，本为方形。

除了祭土地神（社），还有谷神（稷）、五岳之神、川泽之神等等。

3. 祭人鬼

宗庙先圣等祭祀，主要是对先王先祖、先圣先师，以及有功于江山社稷、黎民百姓的历史人物等的祭祀。为了铭记恩泽，历朝历代都极其重视，主要采用四时祭形式，即每逢春夏秋冬岁时之首，在宗庙祠堂用时令蔬果祭祀。

图 4-3　宁海县岔路镇湖头村祭祖葛洪（周衍平摄）

图 4-4　三门祭冬（周衍平摄）

（二）凶礼

凶礼是指哀悯、吊唁、忧患的礼仪，主要有丧礼、荒礼、吊礼、禬礼、恤礼五种。《周礼·春官·宗伯》记载："以凶礼哀邦国之忧，以丧礼哀死亡，以荒礼哀凶札，以吊礼哀祸灾，以禬礼哀围败，以恤礼哀寇乱。"意思是，以凶礼哀悼、救助邦国的忧患，以丧礼来哀悼死亡，以荒礼来救助饥荒与疫病的流行，以吊礼哀悼发生的严重自然灾害和水火灾祸，以禬礼相助被围而遭祸败的盟国，以恤礼慰问国内发生动乱或曾遭寇乱的邻国。

1. 丧礼

丧礼是对死亡表示哀悼的礼仪，在古代礼仪中是最为重要的一种。在古代，如果某国诸侯新丧，那么兄弟亲戚之国就要依礼为之服丧，以志哀悼，还要派使者前往吊唁，赠送助丧用的钱物等。丧葬礼仪"事死如生，事亡如存"（《荀子·礼论》），自古以来隆重繁复，有卒、敛、殡、葬、祭等程序，其核心是通过对死者遗体的处理，来表达对死者的敬爱之情。与丧礼密不可分的是丧服制度。根据与死者的亲疏关系，有斩衰、齐衰、大功、小功、缌麻五种丧服，在整个葬礼期间，死者直系晚辈须披麻戴孝，腰系麻绳，脚穿草鞋。丧事过后，还有三个月到三年不等的服丧时间。按照儒家的传统，孝子应在父母墓边守孝三年，这期间要避免娱乐活动，不饮酒食肉，称之为"守孝"。如身为官吏，父母亲去世时也要放弃官职，回乡守孝，这称为"丁忧"。丧礼延续至今，现代人一样非常重视，只是有些程序、仪式有所精简。

2. 荒礼

荒礼是遭遇灾荒时所行之礼。荒，是指年谷不熟，就是通常说的荒年，也包括疫病流行在内。《礼记·曲礼》说："岁凶，年谷不登，君膳不祭肺，马不食谷，驰道不除，祭事不县，大夫不食粱，士饮酒不乐。"意为水旱灾害之年，五谷不成；国君食时不杀牲，马不喂谷物，驰道不整治，祭祀不演奏钟磬等乐器，大夫不再食稻粱作为加餐，士在饮酒时不奏乐，表示与民同忧。灾荒严重时要直接贷给饥民粮食，或者移民通财。当邻国出现灾荒或传染病，民众面临生存危机时，也应以一定方式表示同忧，也要有救济之礼。

先秦荒礼大致有祷神、变礼、减缮减用以及提供财物赒补等几种形式。《周礼·地官·大司徒》则更加全面、系统地提出了救荒的对策："以荒政十有二聚万民：一曰散利，二曰薄征，三曰缓刑，四曰弛力，五曰舍禁，六曰去几，七曰省礼，八曰杀哀，九曰蕃乐，十曰多婚，十有一曰索鬼神，十有二曰除盗贼。"即发放救济物资、减轻赋税、减轻刑罚、放宽力役、取消山泽的禁令、停收关市之税、省去吉礼的礼数、省去凶礼的礼数、收起乐器停止演奏、鼓励嫁娶、向鬼神祈祷、铲除盗贼等十二条救灾政策。灾荒之年举行荒礼，不仅可以安抚民心，维护社会安定，同时也有效地节省了财物，有利于人民的生产生活。故而，经过历代政府的不断完善，救荒赈灾成为重要礼制之一。

3. 吊礼

吊礼多指遭遇水火之灾，邻国应该派使者前往吊问。历史上这样的事例很多。鲁庄公十一年（公元前683年）秋，宋国发生大水，鲁君派人前往慰问，说："天作淫雨，害于粢盛，若之何不吊？"（《左传·庄公十一年》）《汉书·成帝本纪》记载，河平四年（公元前25年）三月，对因"水所毁伤困乏不能自存者，财振贷。其为水所流压死，不能自葬，令郡国给槥椟葬埋。已葬者与钱，人二千"。

4. 禬礼

禬是会合财货的意思。诸侯国因外来侵略被围困，蒙受经济、财产、人员的损失，天子或盟国汇合财货予以救助，称为禬礼。例如春秋襄公三十一年（公元前542年）冬，那一年宋国遭受祸难；晋、齐等其他诸侯国在澶渊会合，补充宋国因灾祸而丧失的财物，使之尽快恢复正常的社会生活。

5. 恤礼

恤是忧的意思。当邻国发生外患内乱时，派遣使者前往慰问、存恤，称为恤礼。

俗话说："天有不测风云，人有旦夕祸福。"人皆乐生恶死，好治厌乱。在古代洪荒之世，人类与自然相需而存，敬天法地而礼生。传统凶礼历经岁月变迁，流传至今，其中敬天、法地、爱民、救助的内在精神依旧对现代文明有着深远的意义。每当有人处于困顿危难之时，社会各阶层，从上至下都能伸出关爱的手，助其尽快恢复信心，渡过难关。

（三）军礼

军礼是与战事有关的操演、征伐之礼。王者以礼治国，使天下归于大同，但难免会遇到内部和外部的干扰，甚至兵火的威胁。《礼记·月令》说："以征不义，诘诛暴慢，以明好恶，顺彼远方。"礼乐与征伐，犹如车之两轮，不可偏废。而军队的组建、管理等，也都离不开礼的原则。例如军队的规模，天子为六军，诸侯就不得超过六军，要根据国力相称原则，大国三军，次国二军，小国一军。军队必须按照礼的原则，严格训练，严格管理，《礼记·曲礼》云："班朝治军，莅官行法，非礼威严不行。"

军礼分为大师之礼、大均之礼、大田之礼、大役之礼、大封之礼，包括用兵征伐、均土地和征赋税、田猎、营建土木工程、定疆封土等诸多方面。如天子出征讨伐时，要先祭拜天地和祖先，然后到太庙去商讨战争策略。得胜还朝之后，还要举行凯旋、告庙、献俘、受降等仪式。值得一提的是先秦时的军礼，范围很宽泛，不仅用在治军上，同时也应用于战争过程中。比如遇到身份高的人，甚至是遇到敌军的统帅时，普通士兵也必须下战车敬礼。若是两军对阵时，敌军统帅逃跑，追赶的人不能不择手段地进行追捕。对待敌国的君主要像对待本国的君主一样，要谦卑有礼，并给予高规格的待遇。

（四）宾礼

宾礼是朝聘会同之礼，是天子接见款待诸侯、宾客朝会及各诸侯国之间问安会盟时的礼仪。在宗法社会中，天子与诸侯之间大多有亲属关系，常有定期的礼节性会见以联络感情。"朝"是宾礼中的重要内容，是诸侯按规定的时间去朝见天子的礼节，如果不按规定时间去朝见，就有"大不敬"之嫌，可能会招致讨伐之祸。诸侯朝见天子时还要带上玉帛、兽皮、珍珠等本地的奇异特产等作为礼物，以表忠心，这种方式被称为"朝贡"。天子受礼物后也要以玉帛、珠宝等礼物回赠。除实礼外，诸侯朝见天子时还有一套严格的礼仪，比如不同爵位的诸侯要穿不同的服饰，拿不同的礼器，站不同的方位。《周礼·春官·大宗伯》记载："以宾礼亲邦国"。后代将皇帝遣使藩邦、外来使者朝贡觐见及相见之礼等都归入宾礼，也包括官员之间、平民百姓之间相见时的礼节。延至现在日常生活，更是我们普通百姓的待客之道。如客人来访时，要起身出门迎接，请客人进屋就座、倒茶，陪客人说话。客人告别时，主人要起身送客，盛情邀请客人再来。

（五）嘉礼

嘉礼是饮宴婚冠、节庆活动方面的礼节仪式，"嘉"是美、善的意思，嘉礼就是和合人际关系、沟通联络感情的礼仪。《周礼·春官·大宗伯》记载："以嘉礼亲万民，以饮食之礼，亲宗族兄弟；以婚冠之礼，亲成男女；以宾射之礼，亲故旧朋友；以飨燕之礼，亲四方之宾客；以脤膰之礼，亲兄弟之国；以贺庆之礼，亲异姓之国。"用嘉礼可以使民众相亲和，用饮酒礼和食礼，使宗族兄弟相亲和；用婚礼使男女相亲爱，用冠笄之礼使男女具有成人的德行；用宾射礼，使故旧朋友相亲和；用飨礼和燕礼，使四方前来朝聘的宾客相亲和；用赏赐祭祀社稷和宗庙祭肉之礼，使同姓兄弟之国相亲和；用庆贺之礼，使异姓之国相亲和。可见，嘉礼既涉及王室交际，如帝王登基、垂帘听政、立储册封、帝王巡狩等，也涉及百姓生活，如婚礼喜庆、饮食宴宾等。嘉礼是古代礼仪中内容最丰富的部分，这里主要介绍婚冠之礼。

1. 冠礼

冠是指冠笄之礼，是古代汉族男女的成人礼。

冠礼，是古代给跨入成年人行列的男子举行加冠的礼仪。《说文解字》记载："冠，弁冕之总名也。谓之成人。"《礼记·曲礼》记有："男子二十冠而字。"这就是说，在古代男子二十岁时，就给他举行冠礼，并赐以字，这标志着他在社会中地位发生改变的开始。《礼记·冠义》中又说："冠者，礼之始也。"意即冠礼是人生一切礼仪的开始。

举行冠礼就意味着男子已成年，可以婚娶，也可以作为一个成年人参加氏族的各项活动。因此，古人非常重视冠礼，举行冠礼的仪式也非常讲究。要挑选吉日和来宾，准备祭品，由氏族长辈按照礼仪流程举行。加冠是人生大事，一般在宗庙里举行，主宾都要穿礼服，由父或兄主持。冠礼时，要由特邀的"正宾"给受冠者依次加三种形式的冠：先加黑麻布做成的缁布冠，象征受冠者将拥有治理权，缁布冠为太古之制，冠礼首先加缁布冠，表示不忘根本；再加白鹿皮制成的皮弁，象征受冠者将介入兵事，保卫社稷国土；三加黑色丝帛做成的爵弁，这是古代祭祀时用的礼帽，因此象征着受冠者将拥有祭祀权。"已冠而字之，成人之道也。见于母，母拜之；见于兄弟，兄弟拜之；成人而与为礼也。"（《礼记·冠义》）三加冠完毕后，正宾还要给受冠者取"字"，然后受冠者以成人的身份去拜见亲友。

总而言之，冠礼之后的青年就在社会上开始享有成年人的权利，同时也要履行相应的义务，比如娶妻生子、参政议政、保家卫国等。行冠礼的目的就是要提醒受冠者，从此要按照成人的礼仪规范来约束自己，努力使自己的人格更加完善。

笄礼就是加笄之礼，即给女孩子举行一个挽发插笄的仪式，表示其已成年。据史料记载，从周代开始，贵族女子在订婚以后出嫁之前都要行笄礼并取字，故《礼记·曲礼》说："女子许嫁，笄而字。"笄礼一般在女子15岁举行，故女子15岁称为"及笄"，但若年满15却尚未许嫁的，则等订了婚约再行笄礼；倘若到了20岁还未许嫁，那也要举行笄礼了。笄礼由女性家长主持，负责加笄的也是女宾，与冠礼相同有"三加"的议程。

2. 婚礼

婚礼是结婚仪式，是一个家庭甚至家族的头等大事，也是一个人一生中重要的里程碑，意味着一个新的家庭即将组成，和出生（满月）、冠礼、丧礼一样是人生仪礼。在古代，娶妻仪式多在黄昏举行，因为古人认为女为阴、男为阳，男女结合就意味着阴阳相互结合，而黄昏正是"阳往而阴来"（《仪礼·士昏礼》）的时候，此时迎亲正好象征丈夫去迎接妻子入门的状态，所以黄昏自然是娶妻进门的吉时，婚礼（初为"昏礼"）之名也由此而来。

我国自古以来就非常注重婚礼这个仪式，《礼记·昏义》中说："昏礼者，将合二姓之好，上以事宗庙，而下以继后世也。故君子重之。"按照礼制，传统婚礼有"三书六礼"之讲究。"三书"，指整个婚礼过程中所用的文书，包括聘书、礼书和迎书，是古代保障婚姻的有效文字记录。"六礼"，是指自求婚至完婚整个过程中的六种礼节，分别为纳采、问名、纳吉、纳征、请期和亲迎。

三书六礼

> **文化链接**
>
> ### 六礼
>
> 婚礼，即男女结合为夫妻时的礼仪。《礼记·士昏礼》记载，古时的婚仪从议婚到完婚经历六个阶段，每个阶段都有一定的礼节，谓之"六礼"，分别是纳采、问名、纳吉、纳征、请期、亲迎。
>
> 纳采，为六礼之首，即男女双方欲结亲议婚，一般由男方请媒人带上大雁到女方家提亲。女方同意后，男方接下来要再次派媒人带上大雁到女家问名。问名，就是询问女方的姓名、生辰八字。媒人将女子名字、出生时辰等写在庚贴上取回后，就可以进入第三道程序——纳吉。纳吉，是将女子庚帖放在祖庙或神前进行占卜，以测定婚配吉凶。卜得吉兆后，男方要再以雁为礼物，通知女方家，正式确定婚姻，即订婚。纳征，也称纳币，即男方送聘金聘礼等贵重礼物到女方家，以礼明确男女婚姻关系。请期，是指男家择定成婚的良辰吉日，然后备礼（大雁）告知女方家，请其同意。女方同意后，之后就在择定的良辰吉日，由新郎带着大雁亲自前往女方家，以花轿迎娶新娘，接到男家后拜堂成亲，送入洞房。这就是亲迎，六礼的最后一道程序。

传统的婚礼还有许多独特的讲究。迎亲时，浩浩荡荡的迎亲仪仗队敲锣打鼓，高头大马、大红花轿迎接新娘。结婚时，新娘凤冠霞帔，新郎状元红袍。婚礼上备有红枣、花生、桂圆、莲子等食物，谐音取义"早生贵子"，还会用牡丹、荷花、鸳鸯、蝴蝶等图案作为装饰，代表着富贵、和合与恩爱。拜堂，则是传统婚礼中最重要的环节，新郎新娘先拜天地，再拜高堂，最后夫妻对拜，送入洞房，掀开盖头，两人才得以见面相识。闹洞房也是很有意思的婚礼习俗，古时候新人婚前互不相识，两人突然生活在一起，心理上可能会感到不自在，为了消除他们新婚的胆怯羞涩，亲友们就会去闹洞房助兴，用这种方式表达对新人的祝福。因此，婚礼的意义在于获取社会的承认和亲朋好友的祝福，并帮助新婚夫妻适应新的角色和生活。

图 4-5　宁海县前童古镇十里红妆迎亲（周衍平摄）

图 4-6　凤冠霞帔（周衍平摄）

以传统五礼为主要内容的礼仪制度，自西周正式形成后，各朝各代有所变化，范围不断扩大，内容不断增多，程序不断优化。因与社会、个人联系都十分紧密，很多礼仪沿用至今。

三 传统日常礼仪

日常礼仪是人类在日常生活中为了维系正常社会生活而需要共同遵循的道德规范和行为准则。礼仪受宗教信仰、传统习惯、时代潮流等因素影响,在长期共同生活和相互交往中逐渐形成并固定下来,涉及日常的风俗习惯、衣食住行、交流沟通等方面内容。传统日常礼仪是经历史沿袭下来,不断吸收优秀传统文化,并且发展和完善的。在这一过程中,有些烦琐落后的传统礼仪不断被摒弃,而能体现人类精神文明和跟上时代脚步的礼仪不断补充,逐渐被人们所认可并世代流传,形成相对稳定的日常行为规范和准则。

人是社会的人,少不了日常与人交往。中国被誉为"礼仪之邦",在日常生活、各种场合各有礼数。在交往过程中,个人礼仪修养会直接决定个人形象和给他人的印象,并影响与人交往的效果和结果,甚至直接关系一个人的生存与发展。彬彬有礼、守礼重仪不仅是个人修养,也体现出对他人的尊重。《孝经》有言:"礼者,敬而已矣。"尊重是礼仪的核心,所有的礼从某种程度上说都是试图通过一定的方式来表达对他人的尊敬之心。为了表达尊敬,人们自然在言行举止上有很多约定俗成的礼数,《礼记·冠义》说:"礼义之始,在于正容体、齐颜色、顺辞令。"

(一)言语:敬人自谦

《礼记·曲礼上》云:"夫礼者,自卑而敬人。虽负贩者,必有尊也,而况富贵乎?"不管是对权贵、尊长,还是平辈、市井,都要尊之敬之,这种对他人的尊敬首先体现在言语中。《礼记·仪礼》道:"言语之美,穆穆皇皇。"穆穆者,敬之和;皇皇者,正而美。就是说,对人说话要尊敬、和气,谈吐文雅、不唐突。

1. 称谓讲究

称谓是人们在日常交往中的称呼,恰当的称呼既反映了一个人的礼仪素养,又便于进一步顺利交往。因此,掌握和运用正确的称谓是人际交往中不可或缺的礼仪。

中国古代称谓中,姓名就较为复杂,有姓、名、字、号等。姓代表着家族血统;小孩出生后即起乳名,供长辈呼唤,入学时取学名,为正式名,除了尊长君亲和自己,一般人不直呼其名。而后,待举行冠笄之礼时再取字,供平辈、朋友以及社会上的人称呼。号也称别号、别字,多为学者文人所有,此外,还有封号、谥号、斋号等。因此在古代,为表礼貌尊重,对人不直呼其名,而用字或号等方式来称谓。

2. 敬谦有别

古人认为"君子之道,辟如行远必自迩,辟如登高必自卑"(《中庸》),提倡心怀谦卑,虚怀若谷。本着"自谦而敬人"的原则,人们在交往过程中,经常会使用敬词和谦词。

敬词是表示对对方的尊敬之意。常用的敬称有公、君、足下、子、先生、夫子、阁下、兄台、贤弟等。称呼对方的家人亲戚时,常在称谓前添加含有美好之意的"令"字,如令尊、令堂、令正、令兄（弟）、令郎、令爱等。

谦词则用于自称，常用的有愚、拙、鄙、敝、窃等。"愚"，谦称自己不聪明，如愚兄、愚见；"拙"，谦称自己不高明，如拙见、拙作、拙笔、拙著；"鄙"，谦称自己学识浅薄，如鄙人、鄙见、鄙意；"敝"，谦称自己或自己的事物不好，如敝人、敝姓、敝处；"窃"，则有私下、私自之意，使用它常包含冒失、唐突的含义，如窃以为。读书人也把自己称为"晚生""晚学"等，表示自己是新学后辈；如果表示自己没有才能或才能平庸，还可以用"不才""不敏""不佞""不肖"等。当称呼自己的家人亲戚时，常用的谦词是家、舍。"家"，用于比自己辈分高或年纪大的家人亲戚，如家父、家尊、家严、家母、家慈、家兄、家姐、家叔等。"舍"，用于比自己辈分低或年纪小的家人亲戚，如舍弟、舍妹、舍侄等。称自己的儿子、女儿，常用"犬子""小女"；称自己的家或家庭，常用"寒舍""寒门"。

除了称谓，日常生活中常用的敬词、谦词还有很多，如初次见面时多称"久仰"以表对对方仰慕已久，好久不见时则用"久违"；迎接客人时要说"欢迎"，若没来得及迎接的话就要说"失迎"；别人送别自己时要说"留步"，中途离开时要用"失陪"。询问对方姓氏，用"贵姓"；回答别人询问时，用"免贵，姓某"。请人原谅，要说"包涵"；请人指点，要说"赐教"；请人帮忙要说"劳驾"。感谢别人对自己关注或照顾时称"垂青"；希望别人接受自己礼物时，要说"笑纳"。对方的来信称"惠书"，赠给别人书画称"惠存""雅正"。赞赏别人见解称"高见"，称别人著作为"大作"，读对方作品称"拜读"，称自己言论、文字为"刍议""涂鸦之作"，请别人修改自己文章则称"斧正"……

3. 书信有体

旧时，书信是一种重要的通信方式。传统书信讲究格式，起落有章，言语有礼，行文有套路。其礼仪用语主要有提称语、启辞或思慕语、祝辞或祝愿语、署名启禀词等，因收信人的身份、年龄等不同，相应用词也有差别。

提称语是一种敬语，位于称谓之后，与称谓存在对应关系，其中有些可以通用，但大部分都有特定的使用对象。对于父母，多用"膝下""膝前""尊前""道鉴"等；对于长辈，常用"几前""尊前""尊鉴""赐鉴""尊右""道鉴"；对于老师，常用"函丈""坛席""讲座""尊鉴""道席""撰席""史席"；对于平辈，常用"足下""阁下""台鉴""惠鉴"；对于同学，常用"砚右""文几""台鉴"等；对于晚辈，可用"如晤""如面""如握""青览"；对于女性，则用"慧鉴""妆鉴""芳鉴""淑览"。

启辞或思慕语，位于提称语之后、正文之前，常用简练的文句或问候、或致歉、或述说思念、仰慕之情。如"春寒料峭，善自珍重。""惠信敬悉，甚感盛情，迟复为歉。""别来良久，甚以为怀。近况如何，念念。""德宏才羡，屡屡怀慕。""闻君欠安，甚为悬念。"等等。其中，思慕语中使用最多的，常常是从时令、气候切入来倾吐思念之情。

祝辞或祝愿语，就是在书信结尾时，对收信人表示祝愿、钦敬或勉慰的短语。由于辈分、性别、职业的差异，祝辞或祝愿语也有比较严格的区别，如"恭请福安""叩请金安""敬叩禔安"可用于父母,"恭请崇安""敬请福祉""敬颂颐安"等可用于长辈,"敬请教安""敬请教祺""敬颂诲安"等可用于师长,平辈之间则用"顺祝时绥""即问近安""敬祝春祺"等,同学之间可用"即颂文祺""顺颂台安""恭候刻安"等,对女性则要用"敬颂绣安""敬候妆祉""恭请懿安"等。有时在祝辞前还会有表歉意的结语,如"草率书此,祈恕不恭。匆此先复,余后再禀。""情长纸短,不尽依依。言不尽思,再祈珍重。"等。

署名启禀词,紧跟落款之后,也是根据彼此关系来写,如对长辈一般用"叩禀""敬叩""拜上"等,对平辈可用"谨启""鞠启""手书"等,对晚辈则常用"字""示""白""谕"。

> **文化链接**
>
> **鲁迅致母亲的信**
>
> 母亲大人膝下,敬禀者:
>
> 　　日前寄上海婴照片一张,想已收到。小包一个,今天收到了。酱鸭、酱肉,昨起白花,蒸过之后,味仍不坏;只有鸡腰是不能吃了。其余的东西,都好的。下午已分了一份给老三去。但其中的一种粉,无人认识,亦不知吃法,下次信中,乞示知。上海一向很暖,昨天发风,才冷了起来,但房中亦尚有五十余度。寓内大小俱安,请勿念为要。海婴有几句话,写在另一张纸上,今附呈。
>
> 　　专此布达,恭请
>
> 　　金安。
>
> 男树叩上 广平及海婴同叩 一月十六日

(二)交往:礼尚往来

《左传》:"礼,身之干也。敬,身之基也。"礼仪和敬重是立身处世的基础。有"礼"走遍天下,无"礼"寸步难行。为了人际交往的顺利进行,人们在交往中需要遵守礼仪的基本原则,表达友好的态度和良好的风范,构建和谐的人际关系氛围。

1. 行走有度

在古代,年少者往年长者、位低者往位高者面前走过时,一般都要略微低头弯腰,并小步快走,以表示对其礼敬,这被称为"趋礼"。《礼记·玉藻》云:"疾趋则欲发而手足毋移,圈豚行不举足,齐如流,席上亦然。"意思是说,疾趋时要脚跟迅速离地,但手足切勿摇摆。走小碎步时好像脚未离地,衣裳的下摆擦着地面像流水一般,在就席或离席时也是用这种小碎步。

虽然古代"趋礼"的原则是见到尊者、长者要"趋",但孔子觉得即使对方不是尊贵年长者,凡是值得尊重的人,也要"趋"。《论语·子罕》中就有这样的记载:"子见齐衰者、冕衣裳者与瞽者，见之，虽少，必作；过之，必趋。"孔子遇见穿丧服的人、穿礼服戴礼帽的人和盲人时，即使他们很年轻，也一定会站起身来；要从这些人面前经过时，一定怀有敬意地"趋"。

2. 见面有礼

古人见面都要行礼，以示尊重友好。常见的见面礼有"揖""拱""拜""稽首""顿首""万福"等。

"揖"，也叫"作揖"，行礼时抬起双手作抱拳状并高举，自上而下。"长揖"则手臂伸得比较长，动作幅度大，比作揖庄重，更表敬重。"拱"，即拱手行礼，两手在胸前相合，身体略微弯曲，以示敬意，如"子路拱而立"（《论语·微子》）。"揖"和"拱"，都是古人见面时最常用的礼节，其中，双手合抱时，一般是左手在外、右手在内，因古人以左为敬，故左手在外示人，表示真诚与尊重。但是如遇到凶事、丧事，那就要右手在外。

图 4-7 作揖

"拜"，也叫"拜手""空首"，是古代的一种跪拜礼。行礼时，身体先取跪姿，然后拱手至地，接着头靠在手上。"稽首"是古代最隆重的礼节。行此礼时，先屈膝跪地，拱手于地，然后头也缓缓碰到地面，头触地后必须有较长时间停留。古代臣拜君、子拜父、学生拜老师，以及拜天、拜地、拜祖先时均用此礼。"顿首"，是古代晚辈对长辈、地位低者对地位高者的较隆重礼仪。其行礼方式与"稽首"基本相同，只是俯身引头叩地就立即抬起，头触地的时间很短。

图 4-8 拱手

"万福"是唐代武则天自立为皇帝后制定的一种古代女性行礼的方式。行礼时双手交叠放在小腹上，眼睛向下看，微微屈膝，同时口中称"万福"，因此叫作万福礼。

3. 座次有序

古人十分讲究座次。在室内，以坐西向东的位置为最尊，其次是坐北向南，再次是坐南向北，坐东向西的位置最卑。《礼记·曲礼上》曰："席南乡（向）北乡，以西方为上；东乡西乡，以南方为上。"这是就两个人在同一张坐席上而言的，还有一种是以左右方向来区别的，两人并坐以右为尊；若三人并坐则中间为尊，右次之。《史记·项羽本纪》中"鸿门宴"的坐法就是一幅完整清楚的

图 4-9 万福礼

083

位次图:"项王即日因留沛公与饮。项王、项伯东乡坐;亚父南乡坐——亚父者,范增也;沛公北乡坐;张良西乡侍。"这个宴会是在军帐中举行的,其排列方法一如室内。项羽自坐东向,是其自尊自大的表现;范增虽是谋士,却号称亚父,因此南向;刘邦北向,说明项羽根本没把他当成客人平等地对待,其地位还不如项羽手下的谋士;张良的地位更低,当然只能西向,而且要加一"侍"字。

除了座次,古人还非常注重坐姿。在与人共处的场合是绝不能箕踞的,即两腿平伸,上身与腿成直角,形似簸箕,这在古代是极不符合社会风俗习惯的坐姿,是对他人的极不尊重。正确的坐姿是跪坐,两膝着地,两脚的脚背朝下,臀部落在脚后跟上。这种坐法目前在日本、韩国等都还保留着。在跪坐的基础上,如果将臀部抬起,上身挺直,则表示对对方特别尊敬,这叫长跪。另外,与人并排着坐在桌案旁时,手臂不要撑向两边,即"并坐不横肱"(《礼记·曲礼上》)。若已经坐在席上,后来有长者、尊者进来或离席走到跟前来,就要立即"避席""违席",即起身离开座席,来表示尊重对方。

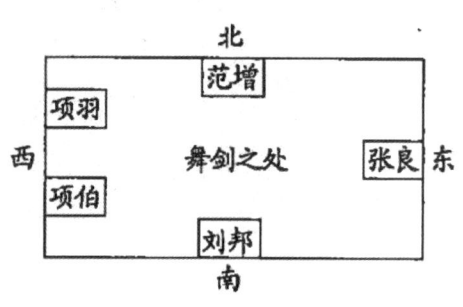
图 4-10 鸿门宴座次示意图

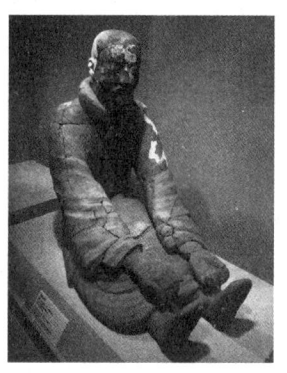
图 4-11 箕踞

图 4-12 跪坐

(三)服饰:衣着得体

《礼记·曲礼上》有言:"冠毋免,劳毋袒,暑毋褰裳。"古代男子由于二十而冠,一经行过冠礼,就是成年人,其一举一动都要合乎社会的道德标准,因此,古人把戴冠巾看成是一种礼节,当冠而不冠是为"非礼"。《晏子春秋·内篇杂上》曾记载了这样一件事,齐景公因披散头发未戴冠就外出,结果被守宫门之人拦住并当面批评。"(齐)景公……被发,乘六马,御妇人,以出正闱。刖跪击其马而返之,曰:'尔非吾君也。'景公惭而不朝。""劳毋袒",是指劳作时脱掉上衣,打赤膊或露出上身,这比免冠还要不合规范。因为与人相见,肌肤外露是对对方极大的不敬。在古代,除了礼仪中规定的"袒割"(袒右臂而割切牲肉,古代天子敬老、养老之礼)、射礼和丧礼有解上衣露肩或臂的情况外,只有自责时才会袒衣,这是对道德规范的反用。如廉颇向蔺相如的"负荆请罪"就是如此。"暑毋褰裳",指大热天也不能撩起下裳来。孔子"虽暑,袗絺绤,必表而出之。"

古代是非常重视仪容服饰礼仪的，孔子就曾说过："见人不可以不饰。不饰无貌，无貌不敬，不敬无礼，无礼不立。"（《大戴礼记·劝学》）他自己也是这么做的，"当暑，袗絺绤，必表而出之"（《论语·乡党》），夏日里穿葛布单衣比较凉爽，但若要外出，就一定要把葛布单衣穿在内衣外面，以免透光。在古代，服饰是代表社会身份的，因而衣冠不整，是君子引以为耻的。

（四）饮食：饮食有相

饮食礼仪在古代也是极为重视的，《礼记·礼运》甚至将其作为礼之初始："夫礼之初，始诸饮食"。在日常饮食中积累下来的良好习俗被广大劳动人民群众所接受，几经演变传承至今，成为中华民族优秀的饮食文化传统，如待客之礼，宴饮之礼，座次之礼，进食之礼等，上菜的次序、食物器皿的摆放、端菜的姿势、主客的言辞等，都有明确规定。比如《礼记·曲礼》中讲到饮食时，有一连串的"毋"，是告诫大家吃饭时不能做的事，很多也都是我们现在饮食中强调的注意吃相。"共食不饱，共饭不泽手。毋抟饭，毋放饭，毋流歠，毋咤食，毋啮骨。毋反鱼肉。毋投与狗骨。毋固获，毋扬饭，饭黍毋以箸。毋嚃羹，毋絮羹，毋刺齿，毋歠醢。客絮羹，主人辞不能烹。客歠醢，主人辞以窭。濡肉齿决，干肉不齿决。毋嘬炙。"意思是，一起吃饭时，不能只顾自己吃饱，要注意手的清洁卫生。不要把饭抟成大饭团，要入口的饭不能再放回食器中，喝羹汤时不要喝得满嘴淋漓，咀嚼时不要让舌头在嘴中作出响声，不要专意去啃骨头，这样容易发出不雅的声响。自己吃过的鱼肉不要再放回食器中去，不要把骨头扔给狗啃。不要因喜欢吃某一味肴馔便独取那一味，不要扬起饭粒散热，不要用筷子吃黍米饭。不可以大口囫囵地喝汤羹，不能自己动手重新调和羹味，不要随意不加掩饰地大剔牙齿，不要直接端起调味酱喝，因为醢是用于调味的，比较咸，不能直接饮用。

另外，宴饮时的座次也极为讲究。总的来讲，座次"尚左尊东"，"面朝大门为尊"。家宴首席为辈分最高的长者，末席为最低者；其他宴请，首席为地位最尊的客人，请客主人则居末席。长者立不可坐，长者来必起立，长者与物须两手奉接，长者未动筷不可先吃。还有，共食以不言为原则，必须言则应避免唾沫入公器中。

文化悦游指南

1. 宁海县十里红妆博物馆：浙江省宁海县徐霞客大道1号，09:00—16:00，0574-65566519，免费开放。

2. 浙江省博物馆：杭州市孤山路 25 号，周二至周日 09:00—16:00，0571-86013085，免费开放。

3. 宁波博物馆：宁波市鄞州区首南中路 1000 号，周二至周日，09:00—16:00，0574-82815588，免费开放。

文化悦赏指南

1. 海英：《礼仪中国》，北京师范大学出版社，2021 年。
2. 李燕、罗日明：《中华传统礼仪》，海豚出版社，2023 年。
3. 萧放 等：《有礼如仪：人生礼仪传统的当代重建与传承》，江西教育出版社，2023 年。
4. 黄强：《服饰礼仪》，南京大学出版社，2015 年。
5. 陆明义、赵斌、卢明义：《中华传统礼仪文化常识》，中州古籍出版社，2014 年。
6. 何晓道：《十里红妆女儿梦》，中华书局，2008 年。
7. 纪录片《十里红妆》，央视网。
8. 纪录片《礼仪之邦说礼》，央视网。
9. 纪录片《人生之礼》，央视网。

文化小测

1. 礼仪是（　　）的统称。
   A. 礼节和仪式　　　　　　　　B. 礼貌和形式
   C. 仪式和礼貌　　　　　　　　D. 礼节和形式

2. 孔子克己复礼，其中所复之"礼"指的是（　　）。
   A. 炎黄之礼　　　　　　　　　B. 夏朝之礼
   C. 商朝之礼　　　　　　　　　D. 周朝之礼

3. 古代五礼包括（　　）、凶礼、军礼、宾礼与嘉礼。
   A. 贺礼　　　　B. 吉礼　　　　C. 行礼　　　　D. 婚礼

4. 军礼是师旅操演、征伐之礼，不包括（　　）。
A. 大师之礼，征战　　　　　　　B. 大均之礼，均土地、征赋税
C. 大田之礼，定时狩猎　　　　　D. 大修之礼，维修军事

5. 吉礼的祭祀对象范围很广，但不包括（　　）。
A. 天神　　　　B. 地祇　　　　C. 人鬼　　　　D. 庆生

6. 成人礼和婚礼属于传统五礼中的（　　）。
A. 嘉礼　　　　B. 吉礼　　　　C. 宾礼　　　　D. 军礼

7. （　　）曾说过："人无礼则不立，事无礼则不成，国无礼则不宁。"
A. 孔子　　　　B. 荀子　　　　C. 老子　　　　D. 庄子

8. "礼，身之干也；敬，身之基也。"这句话出自哪本典籍？（　　）
A.《周易》　　B.《战国策》　　C.《颜氏家训》　　D.《左传》

9. 王朝时代最重要的礼是（　　）。
A. 婚礼　　　　B. 丧礼　　　　C. 饮酒礼　　　　D. 祭礼

10. 下列不属于"儒家三礼"的是（　　）。
A.《礼记》　　B.《周礼》　　C.《仪礼》　　D.《礼仪》

参考答案

传承华夏礼

育人内涵：我国素有"礼仪之邦"之称，"礼"在传统社会无处不在，出行有礼、坐卧有礼、宴饮有礼、婚丧有礼、寿诞有礼、祭祀有礼、征战有礼……这里的"礼"包含礼制精神原则与礼仪行为两大部分，现代社会很多文明礼仪也由此传承发展而来。当然，站在现代文明社会回望传统礼仪，其中固然有不适于现代社会的部分，但其"诚敬谦让、和众修身"的原则在当今时代仍然值得提倡。因此，我们要发掘传统礼仪精华，弘扬现代文明风尚。

对个人而言，礼仪贯穿我们的日常生活，表现为个人仪表、仪容、言谈、举止、待人、接物等方方面面，是一个人自我修养的准则，而一些不起眼的礼仪细节常常又关系

到社交、事业等的成败。

践行任务：回顾自己曾经有过哪些有失礼仪的行为或忽视的礼仪细节，然后加以改进。践行"眼中有他人，心中有敬意"的中华礼仪精神，从身边小事做起，如注重仪容仪表，衣着整齐、发型得体；公共场所举止文雅，不打扰、影响他人；主动与人打招呼，多使用"请""谢谢""对不起"等；走路、站立不挡道，排队等候不插队……

践行记录：

践行感悟：

第五讲 / Lecture 5

中华传统文学
——诗文经典永流传

文化探知

文学是用语言塑造形象、反映社会生活的一种语言艺术，是文化中极具强烈感染力的重要组成部分。中华传统文学是指从先秦至清代末年的古代文学，这阶段的文学作品形式有诗、词、曲、赋、散文、小说等，也有大量篇章脍炙人口。几千年来，中华传统文化养育了中华传统文学，中华传统文学又丰富了中华传统文化，使传统文化更具有深刻的影响力。

一 传统诗歌

诗歌是最古老也是最具有文学特质的文学样式。中国是诗歌的国度，诗歌创作在中国文学史中占了突出的地位。我国传统诗歌历史悠久，无论是古体诗还是近体诗，都生动反映了先民们的生活情况和内心祈愿。这种简短、生动的文学形式，表现出了中华民族语言的力量。

（一）萌芽：上古—春秋

诗歌原是诗与歌的总称，是诗与音乐、舞蹈的结合。诗歌最早起源于上古人类的原始宗教、神话及口传文学、劳动号子和民歌，基本是靠口耳相传，篇幅不长，内涵也没有像后世那么丰富。当文字出现后，诗歌的形式开始趋于多样，其内容和思想也有了进一步的充实。

《诗经》是我国的第一部诗歌总集，也是我国现实主义诗歌的源头。《诗经》共收录了诗歌作品305篇，因此也被称为"诗三百"。这些诗歌贯穿了西周初年至春秋中叶的社会变迁，内容涉及政治、经济、伦理、天文、地理、风俗、文艺等诸多方面，被誉为"中国古代社会的百科全书"。《诗经》按内容可分为《风》《雅》《颂》三部分，主要表现手法有赋、比、兴三种，后人将风、雅、颂、赋、比、兴，合称为"《诗经》六义"。《风》出自各地民歌，是《诗经》的核心内容与精华部分，有对爱情、劳动等美好事物的吟唱，也有怀故土、思征人以及反压迫、反欺凌的怨叹与愤怒，常用复沓的手法来反复咏叹，一首诗中的各章往往只有几个字不同，体现了民歌的特色，其中，脍炙人口的名篇有

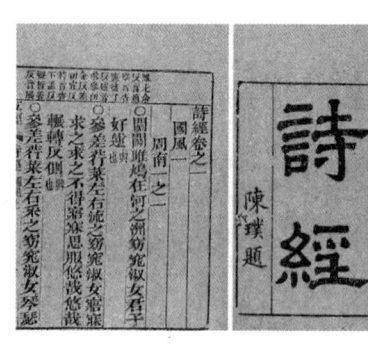

图5-1 《诗经》

《秦风·蒹葭》《秦风·无衣》《周南·关雎》《魏风·伐檀》等。《雅》分《大雅》《小雅》，多为贵族祈丰年、颂祖德的宴会乐歌。《大雅》主要歌颂了周王室祖先乃至武王、宣王等的功绩，有些诗篇也反映了厉王、幽王的暴虐昏庸及其统治危机；《小雅》中有一部分诗歌内容与《国风》类似，其中最突出的是关于战争和劳役的作品。其中脍炙人口的名篇有《大雅·文王》《小雅·鹿鸣》《小雅·采薇》等。《颂》则全部是宗庙祭祀乐歌，它和《雅》对于考察早期历史、宗教与社会有较大价值。《诗经》开创了我国诗歌的现实主义传统，对现实的反映具有广阔性和深刻性的特点，真实地勾勒出周代由全盛走向崩溃没落的历史。

（二）发展：战国—隋末

中国历史由春秋进入战国后，这一时期的诗歌被注入了一个新的内涵——爱国，其代表人物为楚国诗人屈原。屈原是中国文学史上第一位文人诗人，在楚歌的基础上创造出一种新的诗体——"楚辞"。《离骚》是楚辞的代表作，也是我国第一首由诗人独立创作完成的带有自传性质的长篇抒情诗，共373句，近2500字的篇幅，是中国文学史上最长的抒情诗。与《诗经》的现实主义特点不同，《离骚》开创了我国浪漫主义文学的先河。

两汉时期的诗歌出现一个新的局面，主要有乐府诗和文人五言诗，同时又发展出一个新的分支：赋。汉代乐府诗，多为民歌，经音乐机构或文人加工后，不仅具有丰富的社会内容，也具有高度的思想性。其著名作品有《陌上桑》《战城南》《十五从军征》《上邪》《孔雀东南飞》等，其中以《陌上桑》和《孔雀东南飞》最为优秀，代表着汉乐府叙事诗发展的高峰。东汉末年，文人开始向乐府民歌学习，创作了不少五言诗，如班固《咏史诗》、张衡《同声歌》、无名氏《古诗十九首》。其中，《古诗十九首》深刻再现了文人在汉末社会思想大转变时期，人生追求的幻灭以致陷于沉沦，揭示了他们心灵的觉醒与痛苦，语言朴素自然，描写生动真切，具有浑然天成的艺术风格，代表了汉代文人诗歌的最高水平，对五言诗歌的发展具有重要意义。

文化链接

汉赋

"赋"是汉代最流行的文学体裁，以致后世有"汉赋"之称，与唐诗、宋词、元曲相并列。"赋"最早是《诗经》常用的一种表现手法——铺陈，后逐渐演变为介于诗歌和散文之间的一种有韵文体。

汉初流行的主要是"骚体赋"，继承楚辞的风格与余续，代表作有贾谊的《吊屈原赋》《鵩鸟赋》、枚乘的《七发》。

> 汉武帝时期是汉赋最为兴盛的阶段，形成了最具代表性的散体大赋，并一直流行至东汉，代表作家有司马相如、扬雄、班固。司马相如是汉代最负盛名的赋作家，他的《子虚赋》《上林赋》用极度夸张的笔法，歌颂了大一统中央王朝无可比拟的气魄和声威；用大量对偶、排句层层渲染，呈现出文学中前所未见的宏伟壮阔气势。西汉后期最著名的赋家则是扬雄，他的《甘泉赋》《河东赋》《长杨赋》《羽猎赋》四赋在艺术水平上有了进一步的提高。班固是东汉前期最著名的辞赋作家，他的《两都赋》开创了京都赋的范例。
>
> 到了东汉中后期，传统大赋的创作趋向于衰落，取而代之的是抒情小赋逐渐兴起，代表作品有张衡的《归田赋》、蔡邕的《述行赋》、赵壹的《刺世疾邪赋》、祢衡的《鹦鹉赋》。这些赋短小精悍，或托物言志，或写景咏物，或针砭现实，走向了个人的情感与精神世界，更贴近现实生活。

建安时期，以"三曹"（曹操、曹丕、曹植）和"建安七子"（孔融、王粲、刘桢、陈琳、阮瑀、徐干、应玚）为代表的建安文人把五言诗推上发展高峰。他们面对混乱的社会现实，在诗中感怀伤世，吐露忧国治世的思想和愿望，形成"建安风骨"。其中尤以曹植成就最高，他的《白马篇》《七步诗》等格调高古，词情兼胜。

魏晋南北朝时期，由于长期的封建割据和连绵不断的战争，使得这一时期中国文化的发展受到特别的影响，其突出表现是玄学兴起、佛教输入和道教勃兴，且由于社会变迁、学术思潮以及文学观念变化、审美追求等原因，传统诗歌第一次出现了百家齐放的现象。这一时期在题材上出现了咏怀诗、咏史诗、游仙诗、玄言诗、宫体诗，以及陶渊明创造的田园诗、谢灵运开创的山水诗等；在诗体方面，五言古体更加丰富多彩，七言古体也有明显进步，同时还出现了作为律诗开端的"永明体"，至此诗歌形式开始从比较自由向讲求格律方向发展；在辞藻方面，追求华美的风气开始愈来愈甚，藻饰、骈偶、声律、用典，成为普遍使用的手段。

（三）鼎盛：唐宋

诗歌到唐代发展至极盛，成为世界文学史上耀眼的明珠。随着唐代的历史发展，诗歌成为最受欢迎的文学体裁，也成了唐代文学的标杆。

唐代社会稳定、经济繁荣，执政者又多为诗人、书法家，唐玄宗更是把诗歌纳入科举考试的科目中。唐诗是文化交融的产物，也是百姓生活的真实写照。唐代是我国历史上思想最开放的时代，其文化经济、风土人情等都为唐诗的创作及繁盛提供了良好的条件。

初唐因受南朝和隋代的影响，诗歌多为宫体诗或应制诗，辞藻华丽而内涵匮乏，后王绩作《野望》开平淡清新之风，至"初唐四杰"（王勃、杨炯、卢照邻、骆宾王），诗风已为之一变，更经陈子昂高举诗歌革新旗帜，提倡"汉魏风骨"，并以自己的创作实践《登幽州台歌》，开盛唐刚毅雄健诗风。

盛唐诗歌声律风骨兼备、气势浩大、语言丰富，不同创作风格的诗人形成了众多风格流派，出现了百花齐放的局面。以李白为代表的浪漫主义诗派，热情奔放，恣意汪洋，语言华丽；以杜甫为代表的现实主义诗派，笔法凝练，内容质朴，情感真挚；以王维、孟浩然为代表的山水田园诗派，把细腻的笔触投向静谧的山林、悠闲的田野，创造出一种田园牧歌式的生活；以王昌龄、王之涣、高适、岑参为代表的边塞诗派，以其雄浑、豪放、悲壮的边塞题材和情感而闻名于世。且经过李白、王昌龄、杜甫等人的进一步完善，诗歌体制由古体诗逐步向近体诗——格律诗定型。不仅五言绝句、七言绝句、五言律诗、七言律诗正式成形，而且诗歌的平仄和押韵都有了固定的模式。

中唐诗歌已无盛唐时的恢宏气象，因国家衰败而致民生疾苦，诗歌更多反映人民的苦难。白居易继承了现实主义传统，与好友元稹倡导"新乐府"运动，主张诗歌反映民生、针砭时弊，创作了很多浅显易懂的社会讽喻诗。同时期著名诗人还有刘长卿、韦应物、韩愈、贾岛、孟郊、张籍、王建、柳宗元、李贺等，其中，李贺的诗以其奇特惊人的想象和词句独树一帜。

晚唐诗坛则笼罩着哀伤凄凉的氛围，成就最大的是有"小李杜"之称的李商隐和杜牧。李商隐的诗，多借形象，寓意含蓄，极富象征意义和美学价值。

唐末、五代时，诗歌又出现了新的分支——词。词，最初被称为"曲词"或者"曲子词"，又叫长短句、诗余、近体乐府、乐章、琴趣等，是配合宴乐乐曲而填写的歌诗。相较于诗，词的句式灵活多变，更适合传唱。晚唐时，文人填词渐多，影响最大的是温庭筠，他词风艳丽，多写闺情。至五代，则有冯延巳、南唐中主李璟、后主李煜，尤其是李煜后期词作，凄凉悲壮，意境深远，既为后来的豪放词埋下伏笔，也成为婉约派的开山祖师和承上启下的一代宗师。

词发展到宋代进入全盛期，成为古代诗歌史上的又一高峰。宋初词坛仍然沿袭五代绮丽之风，以晏殊、晏几道父子为代表人物。但范仲淹以一曲《渔家傲·秋思》将边塞诗风吹进词坛，欧阳修的词作也呈现出清丽明媚、语浅意深的特色。柳永更是一反雕琢习气，吸收口语入词，以白描手法抒发情感，一时广为流传，以《雨霖铃·寒蝉凄切》和《八声甘州·对潇潇暮雨洒江天》等独步北宋词坛。其后，宋词分为豪放与婉约两大流派。豪放派由苏轼开创，他的词作内容突破传统藩篱，反映社会人生，辞章雄健，风格豪放，境界超然，代表作有《水调歌头·明月几时有》《念奴娇·赤壁怀古》《江城子·密州出猎》等。婉约派代表词人，除了柳永，还有秦观、贺铸、周邦彦、李清照等。秦观词作风格清婉，以长调抒写柔情，辞章婉转，如《鹊桥仙·纤云弄巧》《踏莎行·郴州旅舍》等；贺铸以一曲《青玉案·横塘路》流传千古；周邦彦则言情体物极尽工巧，集婉约派之大成。女词人李清照原本词风清俊，遭亡国之变后，词作也时有豪放之气。南宋词坛因突出的民族矛盾而散发出强烈的爱国主义精神。辛弃疾、张孝祥、张元干、

图 5-2 辛弃疾

陆游等均以豪放见长，悲愤爱国为词的主题，特别是辛弃疾既有经邦济世之才，又有收复祖国之志，个人经历颇富传奇色彩，词作充满爱国豪情和英雄气概，嬉笑怒骂，皆成妙笔，是中国历史上最杰出的爱国词人，代表作有《水龙吟·登建康赏心亭》《破阵子·为陈同甫赋壮词以寄之》《南乡子·登京口北固亭有怀》等。南宋后期主要词人还有姜夔、周密、吴文英等。

宋诗在继承唐诗成就的基础上，形成了独特的风貌。北宋初期，专注于典故和辞藻的"西昆体"唱和诗派曾风行一时，后欧阳修、梅尧臣、苏舜钦等提倡诗体革新，要求诗歌"叙人情，状物态"，他们与后来的王安石等，写出了不少婉曲流畅、清丽平实的诗篇。此后，又出现了苏轼、黄庭坚这样的大家，黄庭坚主张诗歌创作要力求创新出奇，他的诗歌理论在北宋后期和南宋前期风靡一时，并形成了"江西诗派"。南宋诗坛主要有杨万里、范成大、陆游等诗人，以陆游成就最高，他的诗表达了广大人民想恢复中原的强烈愿望，充满"一寸赤心惟报国"的爱国情怀和"一身报国有万死"的牺牲精神。宋末文天祥则以《正气歌》《过零丁洋》中所表达的杀身成仁的英雄精神，震撼了南宋诗坛。

（四）衰落：元明清

金元时期出现了曲。散曲是元代诗歌文学的主体。原本是民间流传的"街市小令"或"村坊小调"，随着元灭宋入主中原，它先后在大都（今北京）和临安（今杭州）为中心的南北广袤地区流传开来。元散曲有严密的格律定式，每一曲牌的句式、字数、平仄等都有固定的格式要求。虽有定格，但并不死板，允许在定格中加衬字，部分曲牌还可增句，押韵上允许平仄通押，与律诗、绝句、宋词相比，有较大的灵活性。

明清两代八股文章备受重视，诗歌不再作为科举的考试科目，自此诗歌逐渐走下神坛，再加上小说盛行，诗词创作已无大的发展。明代诗坛虽创作流派较多，但在反映现实生活的广度和深度方面远不及前代。清代诗人善于借鉴，扬长补短，风格多样，其成就超过元明两代，代表诗人词人有钱谦益、吴伟业、王士禛、纳兰性德、朱彝尊、龚自珍等。到了清末民初，传统诗歌随着"新文化运动"以及白话文的推广，走到了尽头。

文化链接

传统诗歌体裁的名称

诗歌在几千年的发展过程中，衍生出了许多独有的体裁名称，如"古体诗""四言诗""五言诗""六言诗""七言诗""乐府""赋得""歌行"等，这些名称让浩如烟海的古典诗歌作品得以归类。

【古体诗】亦称古诗、古风，和近体诗相对，产生的时间较早。每篇句数不拘，有四言、五言、六言、七言、杂言诸体，后世使用五、七言者较多，不求对仗，平仄和用韵也较自由，如曹操的《观沧海》、李白的《将进酒》等。

【乐府】本指古代音乐官署。"乐府"一名，始于西汉，惠帝时已有"乐府令"。至武帝始建立乐府，掌管朝会宴飨、道路游行时所用的音乐，兼采民间诗歌和乐曲。乐府作为一种诗体，初指乐府官署所采集、创作的乐歌，后用以称魏晋至唐代可以入乐的诗歌和后人仿效乐府古题的作品，如《陌上桑》《孔雀东南飞》《十五从军征》等。

【赋得】凡摘取古人成句作为题目的诗歌，题首多冠以"赋得"二字，如南朝梁元帝的《赋得兰泽多芳草》。科举时代的试帖诗，因诗题多取成句，故题前均冠以"赋得"二字。另外，诗人集会分题赋诗，分到的题目也称为"赋得"，如韦应物的《赋得暮雨送李曹》。"赋得"同时也应用于应制之作。后来就将"赋得"作为一种诗体，即景赋诗者亦往往以"赋得"为题，如白居易的《赋得古原草送别》等。

【歌行】古代诗歌的一体。汉魏以后的乐府诗，题名为"歌"和"行"的颇多，二者虽名称不同，其实并无严格的区别，后遂有"歌行"一体。其音节、格律，一般比较自由，形式采用五言、七言、杂言的古体，富于变化，如《白雪歌送武判官归京》《琵琶行》《燕歌行》等。

三 传统散文

在我国源远流长、丰富多彩的文学史上，传统散文也是最为重要的文学体裁之一。从先秦诸子，到秦汉散文，到唐宋八大家，再到晚明小品文，传统散文的变化既是文学的演进，又与时代政治、经济及思想文化等密切相连，相互影响、相互作用。

（一）发端：先秦

传统散文的发端，可以追溯到殷商时代。殷商甲骨文的某些卜辞，已可算作片段的散文，而成篇的散文则可追溯到《尚书》。《尚书》是商周记言史料的汇编，也可称得上是我国第一部古典散文集。

图 5-3 《尚书》

先秦散文尚处在应用阶段。哲学家用以说理，史学家用以记事，前者有《老子》《论语》《孟子》《荀子》《庄子》《墨子》《韩非子》等，后者有《春秋》《左传》《国语》《战国策》等。这些书，虽属于哲学和史学著作，但都具有很强的文学色彩。

诸子散文往往寓理于形，借助形象陈义说理，其中含有叙事成分，也有许多寓言故事和生动的比喻。《论语》是记录孔子及其弟子言行的语录体散文，精练简洁，含意深刻。《孟子》属于对话式论辩著作，言辞雄辩，用语精辟，比喻精当，说理透彻，对后代散文特别是唐宋散文影响很大。《庄子》有丰富的想象力及汪洋恣肆、变幻莫测、挥洒自如的风格，对后世文章多有沾溉，如魏晋文人、宋代苏轼受其影响尤为明显。《墨子》富于逻辑性，议论透彻，行文流畅。《荀子》朴实深厚，说理透辟，取譬精审。《韩非子》严峻峭刻，深抉隐微，对后代都有相当的影响。

史传散文则以记言、记事为主。《春秋》是我国第一部编年体史书，共三十五卷，是周朝时期鲁国的国史，用于记事的语言极为简练。《左传》是一部叙事完备的编年体史书，记述了春秋时期各诸侯国的政治、经济和军事情况，文章善用简约的语句去表达人物的辞令和行为，被誉为先秦散文"叙事之最"，标志着我国叙事散文的初步成熟。《国语》是国别史，主要汇编了各国史料，记言多于记事，文学性不如《左传》，但也有很多精彩部分。《战国策》主要记录了战国时期游说之士的策谋，以记言为主，塑造了一系列"士"的形象，如苏秦、张仪、冯谖、鲁仲连等，其中也有不少出于虚构想象的文学性描写。它铺张扬厉、议论纵横、文辞瑰丽，是战国纵横捭阖的时代特征的体现，后代的赋和一些议论文多受其影响。

先秦散文开创了我国散文的基本形式，即议论文和叙事文。后世散文尽管有许多发展变化，但与以上两种形式都密切相关。虽然先秦散文偏重实用性，但其文学性光芒已不可掩抑，在叙事、写人、寓理于形和语言艺术方面都是后世良好的先导。

（二）发展：汉—魏晋南北朝

汉代散文主要有史传文、政论文两类。

汉代的优秀史传文如西汉司马迁《史记》，东汉班固《汉书》。司马迁的《史记》，既是伟大的史学著作，又有极高的文学性，鲁迅将其称为"史家之绝唱，无韵之《离骚》"（《汉文学史纲要》）。《史记》是在综合前代史书各种体制的基础上，创立了纪传体通史，其中的"纪""传"是以人物为中心的纪传散文，通过展示人物活动再现丰富复杂的历史画面。《史记》创造了一系列性格鲜明的人物形象，上自帝王将相，下至市井细民，诸子百家、三教九流，无所不有，所涉人物有四千多个，其中重要人物也有数百名。对于人物刻画，司马迁能准确把握表现对象的基本特征，通过具体历史事件和细节描写，采取多维透视和旁见侧出的写法，使人物形象鲜明地凸显出来。在结构上，这些人物传记也极具匠心，有的是一条主线贯穿许多事件，形成单线发展、峰峦起伏的状态；有的则是用并列结构和网式结构。《史记》的人物描写和文章结构艺术，不仅对后代传记文，而且对小说创作都有极大的影响。同时，司马迁还是一位语言艺术巨匠，他语言精确，善于描摹客观事物，文气流畅疏朗、曲折自如，有时还具有鲜明的节奏感和气势。这为唐宋古文运动所提倡的单行散句文学语言提供了范本，对清代桐城派的讲究文气也极有启发。《汉书》成就虽不及《史记》，但在史传文学的发展上仍然有不少贡献。班固笔法精密，重视规矩绳墨，行文谨严有法；在塑造人物形象上，也有不少优秀篇章。

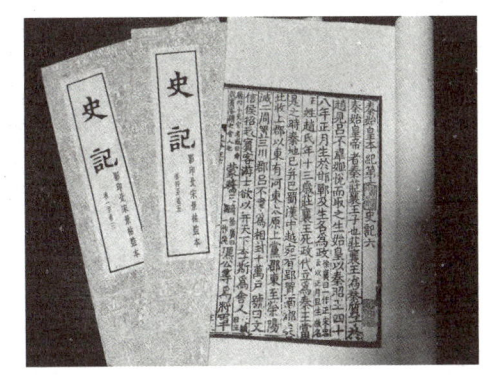

图5-4 《史记》

汉代政论文，以西汉贾谊、晁错的作品最为杰出。贾谊代表作有《治安策》《论积贮疏》《过秦论》，晁错代表作有《论贵粟疏》。《过秦论》以史为据，逐层推进，行文波澜起伏，淋漓酣畅，在思想内容和语言上体现出对《战国策》和先秦诸子散文的继承和发展。东汉的政论文继承西汉传统，但文章气势不如西汉，著名作品有王充的《论衡》。

魏晋南北朝时期，文学创作开始成为人的自觉活动，散文从哲学和史学中独立出来，艺术特质更为明显，抒情色彩也更为浓厚。曹操首开一代新风，其《求贤令》感情深沉，文辞恳切，语言洗练，颇具说服力。曹丕的《与吴质书》风格清丽婉约，语言优美流畅，流露出对朋友真挚深厚的感情。还有曹植、王粲、孔融等人的散文，也都各有特色。诸葛亮的前后《出师表》论述与抒情水乳交融，情辞恳切，语言质朴，其情感人肺腑。阮籍的《大人先生传》挥洒自如，以惊世骇俗的写法表达了对自身处境的深刻思考。嵇康的《与山巨源绝交书》嬉笑怒骂，痛快淋漓，说古道今，气势如虹，表现了他正直的人格、刚烈的性格。而李密的《陈情表》则感情浓郁，凄恻动人，被历代奉为以至诚感人的抒情散文的典范。西晋以后，骈体文逐渐流行，写散文的作家已不多见。突出的两位是王羲之和陶渊明。王羲之的《兰亭集序》写得山水凝情，文辞亮丽；而陶渊明的《桃花源记》《归去来兮辞》和《五柳先生传》则淡泊自然，情感真挚，给人以丰富的艺术美感。

（三）高峰：唐宋

唐宋两代是传统散文发展的高峰期，以"唐宋八大家"为代表的唐宋散文家，既继承了先秦两汉散文的优良传统，又吸收了六朝文学抒情写景、语言修辞方面的艺术经验，文章的体裁样式增多、艺术水平提高，出现了许多脍炙人口的名篇。除散句单行的古文外，唐宋骈文也有一些优秀作品，如初唐王勃的《滕王阁序》、骆宾王的《代李敬业传檄天下文》可算骈文中的双璧。但骈体文在形式上的过分束缚，使文章的抒情、叙事、说理等多种功能受到很大妨害，从政教需要的角度来看，骈文更是显得不切实用，因此，遏制骈文、改革文体的要求也一直在酝酿。中唐时期，社会各方面矛盾尖锐，危机深重，一些士大夫迫切要求在政治上进行改革，与此相伴的是复兴儒学成为强大思潮。韩愈、柳宗元等人尖锐批判六朝以来的骈俪文，提倡上继先秦两汉文体的质朴、自由、实用的散文，史称"古文运动"。在韩愈、柳宗元等人的倡导下，中唐文风发生很大变化，清新流畅的新文体基本取代了几百年来居于统治地位的骈文。

韩愈的散文，论说、记叙、抒情，各体擅长，总体风貌雄健深厚、气势磅礴、汪洋纵恣、曲折自如。《师说》文字精练，文气充沛，对比手法的运用与种种生动形象的描写，大大增强了说理的鲜明性与感染力。《祭十二郎文》结合家庭、身世和生活琐事，反复抒写悼念亡侄的悲痛，于叙事中见呜咽哽塞之情，长歌当哭，动人哀感。韩愈是司马迁之后的又一语言巨匠，他善于创造性地使用古代词语，又善于吸收提炼当代口语成为文学语言，词汇丰富，绝少陈词滥调，句式结构也灵活多变。韩愈新创的许多精练词语，至今还经常为人们使用，如动辄得咎、佶屈聱牙、面目可憎、垂头丧气、不平则鸣、杂乱无章、俯首帖耳、摇尾乞怜等。

相较于韩愈散文的阔大雄肆，柳宗元的文章思想深刻，析理透辟，清隽卓绝，以精密见长。长篇议论文《封建论》以充沛的气势、强有力的逻辑、大量的历史事实，说明郡县制比封建制优越，严厉抨击藩镇割据局面和世袭制，并批判由此而产生的"不肖居上，贤者居下"的不合理现象。柳宗元的传记文则在选取人物和材料方面极具匠心，其寓言讽刺小品笔锋犀利，语简意深，风格沉郁严峻，善于体察物性，抓住特征加以想象夸张，创造出生动而有寓意的形象，如《三戒》所刻画的人情世态与所蕴含的人生哲理，给人深刻警示。他的山水游记，清新秀美，富于诗情画意，代表作《永州八记》将写景抒情融合为一，借山水之乐排遣内心抑郁，以精细的观察、精确的词语，把山水写得各具形态、栩栩如生，为后世游记散文奠定了稳固基础。

晚唐时局动荡，随后便是五代十国，长达半个世纪的割据分裂。韩愈、柳宗元等中唐一批散文作家去世后，古文创作缺乏有力的后继者，以李商隐为代表作家的骈体文又居优势。延续到宋初，又有一批馆阁词臣专门仿效李商隐的律诗和四六体骈文，形成风靡一时的"西昆体"。北宋中叶，边患严重，社会矛盾加深，需要有古文为政治革新服务，欧阳修因此发起古文运动，规定进士考试一律用古文来写，对文风险怪的士子坚决予以排抑。在欧阳修等人的努力下，一度中断了的韩柳古文传统得到了继承和发扬，从南北朝以来长达六百年的骈文正式退出历史舞台。

欧阳修文风平易自然，流畅婉转，比唐文更宜于说理、叙事和抒情，也更实用，这种新文风影响了元明清九百年，被后人发扬光大。欧阳修的议论文有为而发，有感而作，《朋党论》引用大量历史事实，又连用排比增加说理的气势；他的游记散文《醉翁亭记》《丰乐亭记》，将抒情写景融为一体。同时，欧阳修还推进骈散结合，确立了新体文赋。《秋声赋》，既部分保留了骈赋的铺陈排比、骈词偶句及设为问答的形式，又活泼流动，呈现散体的格调，描写的秋声秋景，充满着凛冽肃杀之气，具有浓厚诗意。

欧阳修之后，领导宋代古文运动取得完全胜利的是苏轼，苏轼的文学观点与欧阳修一脉相承，但苏轼更强调文学的独创性、表现力和艺术价值。苏轼的创作代表了宋代散文的最高成就，其议论文吸收了《战国策》《孟子》《庄子》以及贾谊等人的长处，明晰透辟，雄辩滔滔，气势纵横，善于随机生发，翻空出奇，表现出高度的论说技巧；其游记、杂记、随笔、文赋等类文章更为精美，写作手法也比前人更为自由，把抒情、状物、写景、说理、叙事等多种成分融合起来，随着自己的情感思绪信笔写去，涉笔成趣，且姿态横生。如《石钟山记》先就命名缘由提出怀疑，而后自然转入游览探查过程，最后引发出"事不目见耳闻"则不可"臆断其有无"的议论，气脉在叙事、写景、议论之间从容流贯，不见人工安排的痕迹；《超然台记》《放鹤亭记》《凌虚台记》《喜雨亭记》，也都是描写、叙述和议论错杂并用，而行文随意变化，曲折自如。还有《赤壁赋》，在自夜及晨的时间流动、游览过程与情绪变化过程中，把写景、诵诗、问答、议论，水乳交融地汇为一体，摆脱了赋体的拘束，流转自如，堪称优美的散文诗，《前赤壁赋》也是古代文学史上的名篇。

除欧阳修、苏轼外，"唐宋八大家"其余几位作家也都各有特色，曾巩的文章委曲周详、完整严谨，王安石的文章识见高超、挺拔劲峭，苏洵的文章纵横驰骤，苏辙的文章汪洋醇厚，各自名篇都达到了很高水平。苏洵的《六国论》、曾巩的《墨池记》、王安石的《游褒禅山记》、苏辙的《黄州快哉亭记》，都一直为后人传诵。

（四）转折与衰竭：元明清

元明清三代，戏曲、小说兴盛，诗文成就已不能和唐宋相比。元代散文园地寂寞，缺少名家名篇。明、清两代，实行文化专制，妨碍了文学的自由发展，而用于科举考试的八股文，又是骈文的别支，题目主要摘自"四书"，所论内容也要根据朱熹的《四书集注》等书，形式死板，严重束缚了作者的创作自由，给文学发展带来了负面影响。

明初散文较有成就的是刘基、宋濂。刘基的散文以短篇寓言著称，《卖柑者言》讽刺元末官僚"金玉其外，败絮其中"；宋濂的散文简练典雅，《送东阳马生序》自述早年在贫寒中求学的艰苦，真实动人，《秦士录》抓住人物外貌特征与一两件典型事例，寥寥数笔就刻画出一位英武勇猛的壮士形象。

明代中期，文坛上最有声势的是以李梦阳、何景明为中心的"前七子"和以李攀龙、王世贞为中心的"后七子"。他们主张"文必秦汉"，倡导复古主义运动，模拟倾向严重，仅有部分作品写得较好，如李梦阳的《禹庙碑》《梅山先生墓志铭》、李攀龙的《太华山记》、宗臣的《报刘一丈书》等。时代上介于前后"七子"之间的，有王慎中、唐顺之、归有光等"唐宋派"，他们作为前后"七子"的反对派，主张继承唐宋古文传统，其中以归有光成就较高。他善于借日常生活中的一些平凡琐事，状情摹态，细心刻画，寄寓真实感受，读来真切生动，回味无穷，如《项脊轩志》《寒花葬志》等作品极富人情味和生活气息。

明代晚期是资本主义萌芽阶段，新的社会思潮反映到了文学领域，以袁宏道为首的

"公安派",提出"性灵说",主张文学应真实地表现人的个性化情感与欲望,反对前后"七子"的拟古。之后的"竟陵派",与"公安派"主张接近,作品多描写文人日常生活情景,表现当时的生活风尚与情调,形成个人化、生活化与写实求真的创作特征。在他们的推动下,体制短小精悍、风格轻灵隽永的小品文兴盛起来,不少作家喜欢在文章中反映自己日常生活状况及趣味,渗透着晚明文人特有的生活情趣和审美取向。其中成就最高的要推明末张岱,他的《西湖七月半》《湖心亭看雪》《柳敬亭说书》都是上乘之作。

明末清初,民族矛盾尖锐,爱国主义思想在散文中有突出表现,顾炎武、归庄、屈大均、侯方域等是重要作家。归庄的《送顾宁人北游序》、侯方域的《李姬传》、夏完淳的《狱中上母书》、全祖望的《梅花岭记》等都写得非常动人。

康熙、乾隆年间兴起一个著名的散文流派——"桐城派",由安徽桐城人方苞开创,同乡刘大櫆、姚鼐等继承发展,写作上主张通过明代归有光等"唐宋派"上溯唐宋八大家,乃至秦汉散文。方苞的文章剪裁干净,文辞简洁,能写出人物特点,《狱中杂记》揭露了清代所谓太平盛世时狱中种种奸弊、污秽、酷虐的情景,为唐宋以来古文家笔下所罕见;《左忠毅公逸事》笔简语洁,描绘左光斗的凛然正气,给人留下极深印象。姚鼐的古文以韵味胜,偏于阴柔,《登泰山记》写日出那段刻画生动,颇有文采。

清代中期,与"桐城派"异趣的散文家有袁枚、郑燮、沈复等。袁枚等人以才运笔,抒发性灵,他们的不少文章具有小品文的风采,感情真挚,生动清新,表现出抒张人情和显现个性的努力。

鸦片战争前后,资产阶级文化启蒙思想逐渐展开,杰出的思想家、文学家龚自珍,直接继承和发扬先秦诸子散文无所拘束的创造精神,突破一般记事和议论模式,自由大胆地表达自己的见解与情感,开创了经世散文的新风,标志着清代散文的转折。其《病梅馆记》以梅为喻,表现了反对摧残自然生机、追求个性解放的精神。到了晚清,康有为、梁启超主张变法维新。梁启超提出"文界革命"的口号,创立"新文体",他的新文体散文语言通俗、条理明畅、不避俚语俗言,并吸收外文语法,大胆地抒写新见解,笔锋常带感情,有极大的感染力和说服力。《少年中国说》即是一篇具有代表性的作品。其后的"五四"新文化运动则以更加彻底的革命精神和创新精神,彻底批判封建伦理道德和封建文化思想,提倡白话文,散文也就进入一个完全崭新的历史时期。

三 传统小说

"小说"一词,最早见于《庄子·外物》:"饰小说以干县令,其于大达亦远矣。"但这里的"小说",指的是那些琐屑的言谈、无关政教的小道理。但在先秦时有一种名叫"说"的文体,多具有故事性,如《韩非子》一书中的《说林》,可以说是一些带有故事性的片段集锦。而小说真正有比较详细的记载，是在东汉史学家班固的《汉书》中。《汉书·艺文志》将浩如烟海的书籍分为六类，称为"六略"，其中在《诸子略》下提到"九流十家"，这"十家"分别为儒、道、阴阳、法、名、墨、纵横、杂、农、小说。小说家位列第十，虽自成一家，却并不入流，这是"小说"见于史家著录的开始。此外，《汉书·艺文志》中还提道："小说家者流，盖出于稗官。街谈巷语，道听途说者之所造也。"可见，那时"小说家"所做的事，就是记录民间街谈巷语并呈报上级。虽然这里所说的"小说"与后来的"小说"含义有所不同，但小说记录"街谈巷语""道听途说"，也在一定程度上也点明了小说叙事的虚构性，对认识小说起源具有一定意义。

虽然小说在传统文学中一直处于末流，独立时间也较晚，但经过漫长的发展，也涌现出了大量的优秀作品。

（一）萌芽：上古—两汉

上古时代生产力水平低下，先民们为解释世界、改造世界，创造出了很多神话故事，如夸父逐日、精卫填海、后羿射日、女娲补天、大禹治水等。这些神话是我国文学的源头，千百年来一直是文人墨客和民间艺人创作的源泉，对后世诗歌、小说、戏剧都有深远影响。

先秦古籍《山海经》，是我国古代记述神话资料最多，也是最古老的一部奇书。鲁迅曾在《中国小说史略》中说，"中国之神话与传说，今尚无集录为专书者。仅散见于古籍，而《山海经》中特多。"清代纪昀在《四库全书总目提要》中更是称它为最古的小说，"究其本旨，实非黄老之言。……诸家以为地理书之冠，亦为未允。核实定名，则小说之最古者尔。"

图5-5 《山海经》

到了两汉，小说多为历史故事与民间传说的结合，如西汉刘向所辑《说苑》《新序》以及无名氏的《燕丹子》。《说苑》《新序》以历史故事为主，当然也不乏虚构附会；《燕丹子》是在《战国策》《史记》的基础上，再加以想象演绎而成。还有相传为西汉刘歆所著的古代历史笔记小说集《西京杂记》，写的是西汉的杂史，既有历史也有许多遗闻轶事，其中"昭君出塞""卓文君私奔司马相如""凿壁借光"等许多故事皆首出于此书。东汉赵晔撰写的《吴越春秋》虽是一部史书，但其内容介于历史与小说之间，人物的刻画、故事情节的描写，都与后世的演义体比较相像，可谓是历史演义小说的雏形。

由上古神话传说孕育、发展而来的古典小说，经过不断吸收寓言散文和史传文学的艺术经验，逐渐成长。

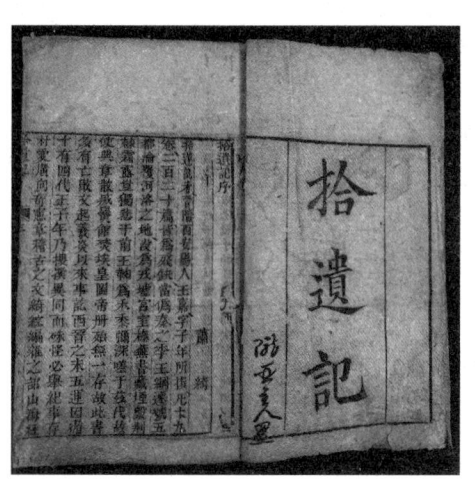

图5-6 志怪小说《拾遗记》

（二）成长：魏晋南北朝

魏晋南北朝时期，社会动荡，玄学、佛道兴盛，因此，关注个体的"志人小说"和记录宗教神话传说的"志怪小说"应运而生。

志人小说，主要汇集当时一些名人高士的言行琐事等，它的兴盛与士族文人之间品评人物、崇尚清谈的风气有很大关系。早期代表作有三国魏邯郸淳的《笑林》、东晋裴启的《语林》，均已散佚。后期代表作是南朝宋代刘义庆所著的《世说新语》，它也是这类小说中唯一完整保存下来的集大成之作。内容主要记载了汉末、三国和两晋士族阶层的逸闻轶事，可分为德行、言语、政事、文学、方正、雅量等36类。刘义庆善于通过一件事、一个细节或一二句话，不加议论，便把人物的性格风度表现出来，言约旨远，栩栩如生。如《钟毓兄弟见文帝》载有"钟毓、钟会少有令誉。年十三魏文帝闻之，语其父钟繇曰：'可令二小来。'于是勒见，毓面有汗，帝曰：'卿面何以汗？'毓对曰：'战战惶惶，汗出如浆。'复问会：'卿何以不汗？'对曰：'战战栗栗，汗不敢出。'"《世说新语》的笔法对后世小说的创作产生了深远影响，模拟者历代不绝；其描写的人物故事也多成为后世诗文常用的典故和戏剧家、小说家创作的素材。

志怪小说，记叙的是神仙方术、鬼神妖怪、佛法灵异、殊方异物等神异传闻。魏晋南北朝的志怪小说数量较多，但大多都已散佚，保存至今的还有30余种，其中成就最高的是东晋干宝的《搜神记》。书中搜集了许多神话故事和民间传说，反映了人民的愿望和要求，表现了人民的高尚品质和智慧，为后世的小说、戏曲创作提供了素材和借鉴。如描写人神恋爱的《董永》，歌颂抗暴复仇的《三王墓》，表现阶级压迫和坚贞爱情的《韩凭夫妇》，赞扬少女斩蛇除害的《李寄》等，都是脍炙人口、影响深远的作品。

魏晋南北朝小说，虽在艺术上尚显幼稚粗糙，但写人记事颇有动人之处，怪异故事中常有积极精神，有不少故事后来还被演化敷衍为著名的小说和戏曲，尤其在人物刻画、细节描写以及叙事语言的运用等方面，为唐传奇的写作积累了经验。

（三）成熟：唐

唐代小说的主要形式为传奇小说。传奇小说在魏晋志怪小说的基础上吸收了史传散文中杂史别传的艺术表现手法，形成了"文备众体，可以见史才、诗笔、议论"（宋·赵彦卫《云麓漫钞》）的独特风格，标志着我国古典小说的成熟。

与魏晋南北朝小说相比，唐传奇有了独立的文学意识，具备了小说体裁的必备要素，不但有人物、情节，而且有充分的叙述和描写，主要题材不再是鬼神灵怪，而是更多面对现实，主要角色也不限于士族阶层，有帝王贵族、文人商贾、义士优伶，各色人等。可以说，唐传奇展示的是一个丰富多彩、充满喜怒哀乐的人间凡俗世界。

唐传奇的题材，涉及爱情、历史、政治、神仙、豪侠等诸多方面，其中以爱情为题材的作品成就最高，代表作有元稹的《莺莺传》、蒋防的《霍小玉传》、白行简的《李娃传》、陈玄祐的《离魂记》、沈既济的《任氏传》、李朝威的《柳毅传》等。此外，较为有名的还有以豪侠为内容的裴铏《聂隐娘传》《昆仑奴》、杜光庭《虬髯客传》等以及借梦幻、寓言讽刺社会的沈既济《枕中记》和李公佐《南柯太守传》等。

唐传奇比较全面地采用了史传文学的手法，篇幅不长，多为一人一事，情节完整，但不以叙述情节为主，重在刻画人物。其创作也以愉悦性情为旨归，更加关注个体生命和个体情感，全方位地展示纷纭复杂的人世生活。因是"有意为小说"，而归趣则在"文采与意想"（鲁迅《中国小说史略》），所以传奇作家对各种传说闻见除艺术加工外，还在其原有基础上进行虚构，从而使小说所传之"奇"，成为有意为之的"奇"、大加渲染发挥后的"奇"。艺术构思上大都奇异新颖、富于变化，以曲折委婉的情节引人入胜。不少传奇作者也是人物写生的好手，他们不仅善于用精湛的细节描写来揭示人物的心理活动，用对比、衬托手法来表现人物的性格特点，而且尤其工于白描式的肖像描摹，往往三言两语即飞笔传神。在语言、辞采等修辞手法的使用中，叙述事件简洁明快，人物对话生动传神，词汇丰富，句式多变。在描写景物、渲染气氛时，或简笔勾勒，或浓墨重染，极富艺术表现力和感染力。唐传奇的艺术，对于后世的小说创作有很高的借鉴意义。

（四）发展：宋元

宋元时期流行白话小说——话本。宋代商品经济繁荣，城市娱乐业迅速发展，说书行业兴起。随着说书的日益兴盛，在书场中流播的故事越来越多，而以口传故事为蓝本的文字记录，以及受说书体式影响而衍生的其他故事文本等，也日见其多，后世将它们统称为"话本"。宋代话本的名目很多，有小说话本、说经话本、合生话本、讲史话本四类。其中，小说话本，讲述脂粉灵怪、传奇公案故事；说经话本，讲演佛禅道理；合生话本，可能是一种即兴的滑稽伎艺；讲史话本，则讲述前代兴废之事，着重于社会政治经济斗争。话本的作者和艺人，已能运用虚构、提炼等技巧，把复杂的历史画龙点睛地加以叙述。宋代的话本的出现，推动了中国白话小说的发展。而元代商业经济在宋代的基础上有了新的发展，演述故事的话本、说唱便得到进一步的繁荣。

由于说书的受众多为市民阶层，因此，宋元小说话本在内容上多反映市民心态，满足市民需要，主要题材有婚姻爱情和讼狱公案两类。爱情小说，往往突出女性对爱情生活的主动追求，如《碾玉观音》中的璩秀秀和《闹樊楼多情周胜仙》中的周胜仙，她们与"诗礼传家"的闺秀们大相径庭，表现出平民百姓对封建传统的轻蔑。公案小说因官府昏庸、吏治腐败日趋严重，反映出民众对不公平、不合理现象的关注，以及对生存权利、社会治安的深重忧虑，在《错斩崔宁》中就可看到当时的世态民情与社会风纪。

宋元小说话本描写细致，生动逼真，字里行间留存说书艺人的风致，表现出叙事的口语化、声口的个性化、谈吐的市井化等特点。在形式上，有入话（头回）、正话、篇尾等固定程式。

话本小说是民间说话艺人的创作，既具有口头文学清新活泼的特色，又发扬了志怪、传奇等古代小说的优良传统，在思想性和艺术性上都有一定成就。宋元话本小说是中国小说史上一个重要的发展阶段，它们为明代长篇小说的繁荣准备了条件。

（五）高峰：明清

在传统文学观念中，小说、话本、戏曲等一直被视为俗文学，不仅受到文学家的鄙薄，而且官方也制定了相关政策予以压制。但与向来被视为阳春白雪的诗文相比，小说、戏剧等艺术形式的娱乐性更强，到了明朝中后期，随着资本主义经济的萌芽和商品经济的发展，新兴市民对小说尤其是通俗小说的兴趣不断增强，其中最受欢迎的就是模仿宋元话本小说体制编写的白话短篇小说，即拟话本小说。明代拟话本小说集共有二十余种，其中以冯梦龙的"三言"（《喻世明言》《警世通言》《醒世恒言》）和凌濛初的"二拍"（《初刻拍案惊奇》《二刻拍案惊奇》）流传最为久远。"三言"中写被压迫女性的作品最是出色，如《玉堂春落难逢夫》《杜十娘怒沉百宝箱》《卖油郎独占花魁》等，真实地描写了女性被践踏的悲惨社会地位以及她们在黑暗中对自由和幸福的向往与追求。尤其是《杜十娘怒沉百宝箱》，无论在思想上还是艺术上，都可称为古代白话短篇小说的代表作。另外，还有些作品暴露了封建统治者的狰狞面目和无耻行径，如《沈小霞相会出师表》《灌园叟晚逢仙女》《卢太学诗酒傲王侯》等，都达到一定深度，具有鲜明特色。"二拍"是我国文学史上第一部文人独立创作的拟话本小说集，它标志着古代白话短篇小说已由集体的锤炼跃进到个人的创造，是古代白话小说史上的一个里程碑。"二拍"较之"三言"其撷取的社会内容更贴近普通百姓的生活，反映了正在崛起的城市市民阶层的普遍要求与思想情感，从中折射出特定历史阶段的社会风貌和时代精神，但在思想内容、艺术水平方面不及"三言"。

明清时期还出现了一种新的小说形式——长篇章回小说。其特点是分回标目，常取一个或两个中心事件为一回，每回篇幅大致相等，情节前后衔接，开头、结尾处常用"话说""且听下回分解"等口头语，中间穿插诗词韵文，结尾故设悬念吸引读者。长篇章回小说将传统小说逐渐推向高峰，产生了一批伟大不朽的作品。有明代"四大奇书"之称的《三国演义》《水浒传》《西游记》和《金瓶梅》，是章回小说的巅峰之作，也分别代表着古代小说的四种类型。《三国演义》是第一部长篇历史演义小说，堪称古代历史小说的典范；《水浒传》是第一部描写农民起义的作品，也是一部英雄传奇的典范；《西游记》是第一部长篇神魔小说，同时也是其中的典范；《金瓶梅》是第一部世情小说，也是第一部由文人独立创作的长篇小说。"四大奇书"的巨大成就深刻地影响着长篇小说的创作，以至形成了长篇小说的这四个系列，也影响着整个社会的文化思想和人们的精神生活。

而清代吴敬梓《儒林外史》和曹雪芹《红楼梦》的问世，把长篇小说的创作再一次推向高潮。《儒林外史》在"四大奇书"之外，另辟蹊径，它不仅直接影响了晚清谴责小说的创作，也影响了后来鲁迅的杂文。而《红楼梦》的出现，则被公认为是中国传统小说的最高峰。《红楼梦》以荣国府的日常生活为中心，以宝玉、黛玉、宝钗的爱情婚姻悲剧及大观园中点滴琐事为主线，以金陵贵族名门贾、史、王、薛四大家族由鼎盛走向衰亡的历史为暗线，展现了穷途末路的封建社会终将走向灭亡的必然趋势。《红楼梦》是古代长篇小说现实主义创作艺术的光辉总结，也是我国小说史和文学史上的巅峰，同时也是世界文学中的名著。它以曲折隐晦的表现手法、凄凉深切的情感格调、强烈高远的思想底蕴，在古代民俗、封建制度、社会图景、建筑金石等各个领域皆有不可替代的研究价值，被誉为"中国封建社会的百科全书"，与《三国演义》《水浒传》《西游记》一起并称为"中国古典四大名著"。

清代文言短篇小说的代表则是蒲松龄的《聊斋志异》。其内容包罗万象，故事情节奇特诡异，塑造的形象精彩纷呈，狐仙鬼怪、神灵人妖纷纷登场，演绎天上人间和地狱的爱恨情仇，不少作品近于神话和童话，引人遐想；还有许多作品反映了广阔的现实生活，提出了重要的社会问题，也揭露了封建社会的黑暗，具有丰富而深刻的思想性，是古代成就最高的短篇小说集。

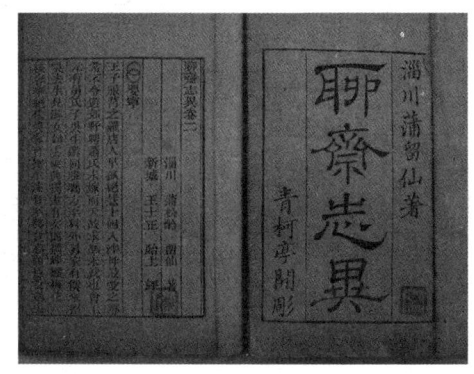

图 5-7 《聊斋志异》

由于时代的原因，《红楼梦》之后，小说创作曾一度陷入低谷，到晚清才重新繁荣起来。晚清长篇小说有一千种以上，著名的有"晚清四大小说家"的作品：李伯元的《官场现形记》、吴沃尧的《二十年目睹之怪现状》、刘鹗的《老残游记》、曾朴的《孽海花》。

四 传统戏剧

戏剧，主要通过不同角色之间的对话来表达作者的思想和感情。文学上的"戏剧"概念，是指为戏剧表演所创作的脚本，即剧本。

（一）萌芽：先秦—南北朝

传统戏剧，源于原始歌舞。先秦时表现采猎、农耕、战争、生活等内容的歌舞，可以说是传统戏剧的萌芽。从表演者上看，先秦时期的巫、优就是最初形式的传统戏剧演员；从表演内容上看，《诗经》里的"颂"、《楚辞》里的"九歌"，就是传统戏剧中的主题创作，而上古神话、先秦叙事散文都为后代戏剧创作提供了素材。

自春秋战国到汉代，传统戏剧从娱神的歌舞逐渐演变出娱人的歌舞，在民间出现了具有表演成分的"角抵戏"，如《东海黄公》《蚩尤戏》。到了南北朝时期，民间出现了歌舞与表演相结合的"歌舞戏"，具有了更为浓郁的表演成分，如《拨头》《代面》《踏摇娘》等，这些都是萌芽状态的戏剧。

（二）形成：唐

唐代开始出现了"戏剧"一词。唐代的戏剧主要有全能戏、歌舞戏、参军戏、傀儡戏等。

到了唐代中后期，传统戏剧已有相当的广度和深度。唐玄宗"开元盛世"时期，经济和文化的发展达到了前所未有的高度，不仅造就了一批中外闻名的文学家和诗人，在舞蹈和音乐等艺术领域里也取得了杰出的成就。在中国戏曲史上占有重要地位的"梨园"，就产生在唐代这块沃土中。唐代文学艺术的繁荣，促进了戏曲的自立门户，并给戏曲以丰富的营养，诗歌的声律和叙事诗的成熟给了戏曲决定性的影响；音乐舞蹈的昌盛，为戏曲的表演、唱腔提供了最雄厚的基础；教坊梨园的专业性研究、正规化训练，提高了艺人们的艺术水平，使歌舞戏剧化历程加快，产生了一批用歌舞演故事的戏曲剧目。

民间出现的俗讲、变文等通俗说唱形式，对后世戏剧产生很大影响。如《汉将王陵变》的故事在元代杂剧《陵母伏剑》中有演述，《王昭君变文》的故事，从元代马致远的《汉宫秋》杂剧、张时起的《昭君出塞》杂剧，到明代无名氏的《和戎记》《青冢记》等传奇中，都可以看到它的影响。

唐代戏剧的形式多样，主要有科白、歌舞、调弄等三类。科白类，约占唐戏的一半，以参军戏为主体；歌舞类，包括杂剧、歌舞讽刺剧、歌舞武打剧等；调弄类，包括猴戏、傀儡戏等。唐戏的内容丰富，价值很高，为后代戏剧的进一步发展奠定了不可磨灭的基础。

（三）发展：宋金

宋代，城市商品经济得到长足发展，出现了许多供新兴市民阶层娱乐的演艺场所——瓦舍、勾栏，以及在此演出的职业艺人。瓦舍勾栏的出现，职业剧团的形成，必然推进戏剧的快速发展。此时，参军戏、民间歌舞、杂技、滑稽表演等逐渐合流，汇集成"宋杂剧"。由于宋杂剧具有商业性质，艺人们必须不断创新，提高技艺，增多剧目，才能在竞争中立于不败之地。因此，宋杂剧剧目较前代增加了许多，《武林旧事》记载南宋杂剧剧目有二百八十多种。从剧目中可以看出，宋杂剧内容庞杂，从古至今，从中原到少数民族，历史、故事、传说、奇闻、逸事等等，无所不包。有些剧目直接承袭唐传奇，如《崔护》《莺莺》《裴少俊》等。

宋时北方的金也有杂剧，称为院本杂剧，简称院本。院本，即行院之本。行院，是艺人的居住之所；本，就是脚本。金院本前期主要是对宋杂剧进行改造和创新，后期为定型期，表演体制较宋杂剧有所发展，不再限于小型的歌舞戏和滑稽戏，而且演出场所也不再是瓦舍、勾栏，而是普遍有了亭榭式的戏台。金院本的剧目在"院本名目"中有记载，它题材广泛、内容丰富、风格多样。宋金时期，宋杂剧和金院本都已经初具规模，体例和表演方式等基本相同，后来两者走上各自发展的道路，在大体相同的时间内分别成熟。但是，由于其后北方的蒙古族入主中原，因而金院本取得了主体地位，得到较快的发展与繁荣，成为后世称道的"元杂剧"。

在南方，宋杂剧与温州戏文相结合，发展为南戏。到南宋时，朝廷偏安一隅，东南地区又是经济文化最发达地区，因此，南戏发展较快，出现了真正意义上正规戏剧的雏形，并有了完备的戏剧文本创作。现存最早的我国古代戏剧剧本就是南宋时的南戏《张协状元》。由此，南戏从内容到形式，从演员到剧团，从台上到台下，都出现了实质性的变化，越来越接近于正规戏剧的演出。

总之，宋代戏剧较前代有了很大进步，并在体制上固定为一场三段，为元杂剧的一本四折奠定了基础。

（四）成熟：元

古代戏剧走过漫长的发展道路之后，终在元代臻于成熟。因为有着长期积累的坚实基础，所以一经成熟，立刻就显现出蓬勃的生命力，创造出与唐诗、宋词相并列的辉煌业绩，成为一代文学之胜。

元代戏剧，按地域南北形成了两个戏剧圈。北方戏剧圈以大都（今北京）为中心，包括长江以北的大部分地区，流行杂剧。代表作家有关汉卿、王实甫、白朴、马致远、纪君祥、郑廷玉等，代表作品有《窦娥冤》《西厢记》《汉宫秋》《梧桐雨》《赵氏孤儿》等。作品多以水浒故事、公案故事、历史传说为题材，思想内容较深刻，敢于直面现实黑暗，渴望有清官廉吏或英雄豪杰为被压迫者撑腰，给人以激昂、明快的感受。元代中叶以后，北方杂剧渐衰。

南方戏剧圈初以永嘉（今温州）为中心，包括东南沿海各地，流行南戏。由于南曲柔美婉转的特点，使南戏更适于演绎情意缠绵的故事，故南戏较多剧作注重表现爱情婚姻和家庭伦理等社会问题。元代中叶开始，随着杂剧创作中心的南移，南方戏剧圈的中心也转移到了临安（今杭州）。此时的南方戏剧圈既流行南戏，也演出北方传来的杂剧，呈现出两个剧种相互辉映的局面。杂剧和南戏争妍斗丽的同时，也促进了彼此的交流。明代徐渭《南词叙录》中收录了"宋元旧篇"剧目六十五种，其中有一半的南戏剧目见于杂剧演出；音乐上，"南北合套"的出现，也是两大剧种互撷精华的明证。代表作中，南戏有《宦门子弟错立身》《遭盆吊没兴小孙屠》，杂剧有郑光祖的《倩女离魂》、乔吉的《两世姻缘》《金钱记》等。

到了元末元顺帝时，宫廷"亲南疏北"，开始欣赏南戏，于是在杂剧没落的同时，南戏积极通过自身改造而发展、成熟，出现了著名作品《琵琶记》《荆钗记》《白兔记》《拜月亭记》《杀狗记》。其中，高明创作的《琵琶记》是南戏最高成就的代表，被誉为"南戏中兴之祖"，另外四记则被后人称为"四大南戏"。

（五）繁荣：明清

明代戏剧主要由杂剧和传奇两大部类组成，但杂剧的艺术地位和总体影响不及蔚为主流的传奇。

杂剧在明代初期较为单调，但到中叶嘉靖前后，开始在内容和形式上都有新创，题材不断拓宽，打破了风花雪月、伦理教化和神仙道化的褊狭局面，思想渐次深化，张扬个性、愤世嫉俗的社会批判剧与伦理反思剧已不在少数，如徐复祚的《一文钱》塑造了一位吝啬鬼的典型形象，王衡的《真傀儡》在喜剧架构中体现出官场与富贵场中的悖谬情形与荒诞意味。到了明末，杂剧则不乏警世之作，代表作家徐渭创作有杂剧集《四声猿》，包括《狂鼓史渔阳三弄》《玉禅师翠乡一梦》《雌木兰替父从军》《女状元辞凰得凤》四本短戏。《狂鼓史》，是有感于严嵩杀害沈錬之事而创作的，表现出狂傲的反抗精神；《雌木兰》《女状元》都是写女扮男装建功立业的故事，反映了他对女性的看法，有一定的反封建意义。徐渭的杂剧创作活泼畅快、汪洋恣肆，呈现出陈规尽扫、独备一格的气度。他的作品从不避人间烟火与市井气息，反映出有价值的世俗观念和相对进步的市民精神，带有浓厚的民间文学色彩。他对所谓的巍巍正统与赫赫权威勇于揭露、善于讥刺，嬉笑怒骂，诚而有理，开辟了讽刺杂剧的新路。作为明杂剧的代表作家，徐渭还对宋元南戏和明初戏文进行研究，写成我国第一部戏曲理论专著《南词叙录》，这在戏剧史上具有重要意义，也对明末传奇作家们产生了极大的鼓舞作用。

南戏在元末至明中叶曾一度沉寂，但经过长期积累、改造后，形式上更加完美，在明中期成化年间被定名为"传奇"。之后，随着四大声腔的成熟与流播，源于南方的传奇逐渐成了明代的戏剧主体，此时剧作家的创作更自觉，更能直面现实，具有战斗精神。如梁辰鱼的《浣纱记》体现了作者对于明中叶内忧外患及其深层根源的担忧，署名王世贞等人的《鸣凤记》堪称戏剧史上较早、较完整地反映当时政治事变的悲剧现代戏。明代后期，传奇进入高潮繁荣期，剧作家和剧本大量涌现，其中成就最大的是汤显祖。他一生写了许多传奇剧本，最著名的有《还魂记》（又叫《牡丹亭》）《紫钗记》《南柯记》《邯郸记》，合称"临川四梦"。其中，《牡丹亭》是他的代表作，作品通过杜丽娘和柳梦梅死生离合的故事，歌颂了反对封建礼教，追求幸福爱情，要求个性解放的反抗精神。《紫钗记》以唐传奇《霍小玉传》为本事，也借鉴了《大宋宣和遗事》中的部分情节，通过一位幻想中的壮士，表达了对现实的深度失望，殷切地呼唤社会良

图 5-8 《牡丹亭》

知。《南柯记》取材于唐传奇《南柯太守传》,此剧既叙官场倾轧、君心难测,亦状情痴转空,佛法有缘。《邯郸记》是"临川四梦"中艺术成就仅次于《牡丹亭》的剧作,本事源于唐传奇《枕中记》,表现了对明代官场社会的深刻鞭挞和总体否定。汤显祖传奇中所具有的反抗封建性,追求个性自由的特征,在同时代青年人中激起了很大的波澜,这在我国戏剧史上是极为罕见的文化现象。

明清易代后,一些正统文人、文学名流在遭逢国变、落魄失意的境遇中,编写戏剧来抒写亡国之痛、出处两难的心态和失意的情怀。洪昇的《长生殿》和孔尚任的《桃花扇》继承了明代传奇的优秀传统,抒写了国家"兴亡之感",代表了当时戏剧创作的最高成绩。《长生殿》通过对唐明皇和杨贵妃的爱情描写,反映了唐代开元、天宝时期的社会历史生活,流露出对国家兴亡的感伤情绪,寄托了爱国思想。《桃花扇》以侯方域、李香君的悲欢离合为主线,以复社文人与阉党余孽之间的斗争为主要冲突,展现了明末社会的广阔历史画面,同时也揭露了弘光政权衰亡的原因,歌颂了对国家忠贞不渝的民族英雄和底层百姓。《桃花扇》是一部最接近历史真实的历史剧,基本上是"实人实事,有根有据",只在结局之处有虚幻之笔。戏剧理论方面,李渔的《闲情偶寄》在汲取前人的理论成果基础

图 5-9 《桃花扇》

上,结合自己的艺术实践经验,提出戏剧应结构谨严、情节紧凑、组织天衣无缝、宾白语言贵肖似等一系列独特见地。

清中叶以后,传奇、杂剧成就大不如前,代之而起的是富有生命力的地方戏。地方戏的内容以反映古代政治、军事斗争为主,多歌颂反抗斗争和人民群众爱戴的英雄人物。而从明代发展起来的弹词、鼓词在这时也普遍流行,女作家陈端生的《再生缘》歌颂了女性才智,成功塑造了孟丽君这一女性形象。

文化悦游指南

1. 贺秘监祠:浙江省宁波市海曙区柳汀街 150 号月湖柳汀上,0574-83868555、0574-87293856,周二至周日 09:00—11:30、13:30—16:30,免费开放。

2. 陆游纪念馆：浙江省绍兴越城区延安路439号（沈园古迹区南侧），0575-85132080、0575-85135140，08:00—17:00，免费开放。

3. 龚自珍纪念馆：浙江省杭州市上城区马坡巷16号，0571-87068558，周二至周日08:30—17:00，节假日正常开放，收费以现场公示为准。

4. 浙东唐诗之路，是古代剡中一条唐代诗人往来频繁、对唐诗发展有着重大影响的古代旅游风景线。它始自钱塘江边的西兴渡口，经萧山到鉴湖，沿浙东运河至曹娥江，然后沿江而行入嵊州剡溪，经天姥山，最后抵天台石梁飞瀑，全长近200公里，历史遗存和人文典故众多，留下1 500多首唐诗。沿途著名景点有剡溪、镜湖、兰亭、东山、天姥山、天台山等。

文化悦赏指南

1. 钟一鸣：《中国古典诗歌欣赏十讲》，华中科技大学出版社，2012年。
2. 陈贻芳：《古典之光：中国古典散文名篇赏析》，上海交通大学出版社，2010年。
3. 胡强：《中国古典小说文化阐释》，广西师范大学出版社，2016年。
4. 由婧涵：《中国古典戏剧艺术探究》，中国书籍出版社，2018年。
5. 齐从谦：《传统文学艺术赏析》，中国电力出版社，2010年。
6. 纪录片《跟着唐诗去旅行》，央视网。
7. 纪录片《苏东坡》，央视网。
8. 纪录片《宋之韵》，央视网。
9. 纪录片《〈文明之旅〉古典文学系列》，央视网。
10. 大型诗词文化音乐节目《经典咏流传》，央视网。

文化小测

1. 我国古代保存神话最多的著作是（　　）。
A.《左传》　　　　B.《诗经》　　　　C.《山海经》　　　　D.《吕氏春秋》
2. 以下属于我国第一部古典散文集的是（　　）。
A.《史记》　　　　B.《汉书》　　　　C.《诗经》　　　　D.《尚书》

3. 以下选项中,倡导中唐古文运动的是( )。

A. 司马迁　　　　B. 王安石　　　　C. 韩愈　　　　D. 欧阳修

4. 东汉赋体文学创作的发展趋势是( )。

A. 由大赋向抒情小赋转变　　　　B. 由小赋向京都赋转变

C. 由骚体赋向大赋转变　　　　　D. 由大赋向骚体赋转变

5. 盛唐诗风形成的标志是( )。

A. 讲究声律辞　　　　　　　　B. 抒写慷慨情怀

C. 诗情画意结合　　　　　　　D. 声律风骨兼备

6. 元曲在元代被称作( )。

A. 新乐府　　　　B. 新词　　　　C. 新曲　　　　D. 新歌

7. 下列哪部作品不是关汉卿所作?( )

A.《拜月亭》　　B.《救风尘》　　C.《窦娥冤》　　D.《西厢记》

8. 金圣叹评点过的明代著名长篇小说是( )。

A.《三国演义》　B.《水浒传》　　C.《西游记》　　D.《红楼梦》

9. 李渔的戏曲理论,见于所著( )。

A.《词综》　　　B.《闲情偶寄》　C.《曲律》　　　D.《南词叙录》

10. 下列词人中,哪位不属于婉约派词人?( )

A. 李清照　　　　B. 张孝祥　　　　C. 柳永　　　　D. 秦观

参考答案

赏读古诗文

育人内涵: 文学是用语言文字塑造形象来反映社会生活的一种艺术,是文化中极具感染力的重要部分。我国传统文学是中国文学史上的耀眼光芒,也是世界文学宝库中令人瞩目的瑰宝。几千年来,在传统文化的滋养下,传统文学形成了自己独有的文学精神,通过寄情山水、托物言志等表现手法,传递了经世治国的思想,体现了文以载道的家国情怀。

践行任务：在浩如烟海的传统文学作品中，选择一些来阅读，体会蕴涵其中的爱国济世、保持气节、关注民生等精神。

践行记录：

践行感悟：

第六讲
Lecture 6

中华传统艺术
——雅俗共赏百花放

中华传统艺术，是指在中华五千年文明史进程中形成的门类齐全且涵盖了人们生产生活各个方面的多种艺术形式的统称，主要包括书法、绘画、雕塑、音乐、舞蹈、戏曲以及各种民间艺术。我国传统艺术的遗产极其丰富且辉煌，展现出五千年文明古国深厚的文化底蕴。

一 传统书画雕塑

（一）传统书法

书法艺术是中华优秀传统文化之一，它是一种以汉字为表现对象的线条造型艺术，具有较高的实用价值和审美价值，被誉为"无言的诗，无形的舞，无图的画，无声的乐"。它不仅与中国绘画渊源相同而相辅相成，而且也是中国哲学、东方文化、华夏民族精神气质的象征。

1. 篆书

篆书，包括大篆、小篆，是我国书法中最古老的书体。最早的篆书是殷商时期刻在龟甲、兽骨上的甲骨文，这是我国早期书法艺术的代表。甲骨文字体细劲挺直，笔画上没有轻重顿挫。商周时期多将文字铸刻在青铜器上，称为"金文"，金文字体渐趋整齐，风格圆转浑厚。到了春秋战国，开始把文字刻在石鼓上，石鼓文体势整肃，端庄凝重，笔力稳健。后人将甲骨文、金文、石鼓文统称为"大篆"。大篆字体宽舒古朴，具有一种流畅宏伟的美。

小篆，是秦统一中国后，在战国秦国大篆的基础上删繁就简、规范统一的字体。小篆行笔婉转圆润，线条匀净修长，笔画粗细统一，字形上密下疏、秀美挺拔，呈现出一种纯净简约的美感。历代篆书名家有秦之李斯，汉之许慎，三国曹魏之韦诞，唐之李阳冰，宋之徐铉，明之李东阳，清之邓石如、吴让之、杨沂孙、徐三庚、何绍基、胡澍、赵之谦、吴大澂、吴昌硕等等。

2. 隶书

早期的隶书，脱胎于草篆，它将篆书的笔画改弧为直，改连笔为断笔，字形也由纵势长方变为正方，风格平实朴拙。到东汉顺帝时，隶书进入成熟期，笔画呈现出向上挑起的美化，轻重顿挫富有变化，形体由正方再变成横势扁方，左右舒展，风格华美，极具艺术欣赏的价值。

汉隶上承前代篆书遗范，下启后世楷书先声，是书法演进史上的一个重要转折点，书法界素有"汉隶唐楷"之称。汉隶笔画横长竖短，具有波磔之美，"波"指笔画左行如曲波，"磔"指右行笔画的笔锋开张，形如"燕尾"的捺笔。写长横时，起笔逆锋向左堆出"蚕头"，然后行笔至中间有波势俯仰，收尾时笔锋先向下顿，再上挑出捺笔，末端形成尖尖的"燕尾"。这样，一笔之中一波三折，形成独特的"蚕头燕尾"之形态，笔势飞动，姿态优美。

汉隶具有雄阔严整而又舒展灵动的气度，代表作品有《居延汉简》《曹全碑》《史晨碑》《乙瑛碑》《张迁碑》等，著名书法家有汉代蔡邕、清代金农、邓石如、伊秉绶、赵之谦等。

图 6-1 《曹全碑》局部

3. 草书

草书始于汉初，有章草、今草、狂草之分。章草，始于西汉，盛于东汉。字体上保留了隶书的书写意味，虽笔画出现牵带勾连现象，但字与字之间仍相对独立。东汉书法家张芝擅长章草，被称为"草圣""草书之祖"。

汉末，章草进一步草化，脱去隶书的笔画行迹，上下字之间笔势牵连相通，偏旁部首也做了简化和互借，遂成今草。

今草自魏晋后一直盛行不衰，到了唐代，草书写得更加放纵，笔势连绵环绕，字形活泼飞舞，得名狂草，亦名"大草"。唐代张旭以狂草得名，其草书流走快速，连字连笔，一派飞动，在当时与李白的诗歌、裴旻的剑舞并称"三绝"。其代表作《古诗四帖》行文跌宕起伏，动静交错，满纸如云烟缭绕，为草书巅峰之篇。之后的怀素亦是狂草大家，其传世名作《自叙帖》是草书中的极品，前半段叙其学书经历，写得舒缓飘逸，带有古淡浑穆之气，后半部写其狂草惊动京华得到美誉，则狂态毕露，纵横奔放。

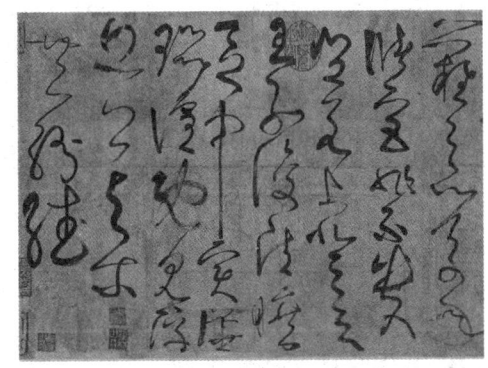

图 6-2 张旭《古诗四帖》局部

文化链接

颠张狂素

"颠张狂素"，指的是盛唐大书法家张旭和怀素，此二人皆以狂草独步天下。

张旭书法得于"二王"又能独创，他"善草书，好酒，每醉后，号呼狂走，索笔挥洒,变化无穷,若有神助"(明代王嗣奭《杜臆》),时人称其为"张颠"。张旭的草书极富神韵和意趣,笔画颠而不乱、狂而不怪,具有音乐的旋律、诗的激情和绘画的意趣,艺术境界很高。

怀素曾拜张旭弟子邬彤和颜真卿为师,他的草书气势磅礴,独具一格,兴到运笔,如骤雨旋风,飞动圆转,随手变化而不失其度,在刚健中透出狂放颠醉之气,雄浑中又颇具龙游蛇惊的旋律。故后人将其合称"颠张狂素"。

到宋代,黄庭坚又创造了一个高峰,其《诸上座帖》笔势飘动俊逸,有独特风格。明代祝允明的狂草则具有一种汪洋恣肆的视觉效果,代表作为《自书诗卷》。

4. 楷书

楷书,由隶书演变而来,字形由扁变方,并逐渐规范了点、横、竖、撇、捺、折、钩等笔画的写法,横平竖直,形体方正,结构严整,后人以此为楷则。

楷书,通常分魏碑和唐碑两个体系。魏碑,指魏晋南北朝时期的书体,尚处于从隶书到楷书的过渡阶段,然而正因为不成熟、未定型,却成就了百花齐放的场面,形成一种独特之美。魏时钟繇对楷书贡献最大,他大胆创新,以横、捺取代了隶书的"蚕头燕尾",促进楷书的定型。东晋以"二王"成就极高。"书圣"王羲之博采众长,自成一家。他的楷书作品《乐毅论》《曹娥碑》等,继承钟繇笔法又有所发展,笔画更加圆润清秀,结构更加谨严。其第七子王献之亦书艺超群,楷书作品《洛神赋》笔画精严挺健,字形萧散逸宕,章法顾盼有姿。南北朝中南朝影响不及"二王",北朝以碑刻独步书苑,尤其是北魏成就最高,代表作有《张猛龙碑》《龙门十二品》等,在楷书中保留隶体气息,用笔方折劲健,质朴雄浑,被称为"魏碑体"或"魏体",对后世产生重要影响。

唐碑,是指唐代以后逐渐成熟起来的唐楷。自唐而始,书坛一派繁荣,名家辈出。欧阳询、虞世南、褚遂良、薛稷是初唐四大家,他们将"二王"之流美与魏碑之凝重融为一体。其中,欧阳询尤负盛名,其楷书被后世称为"欧体",代表作《九成宫醴泉铭》是唐代楷书精品。盛唐颜真卿的楷书笔画横轻竖重,笔力雄强圆厚,世称"颜体",著名作品有《多宝塔碑》《颜家庙碑》等。晚唐成就卓著的则是柳公权,他把横竖画写得大体均匀而瘦硬,形成了独树一帜的"柳体",浑厚中见锋利,严谨中见开阔,代表作品有《玄秘塔碑》《神策军碑》等。

图6-3 《张猛龙碑》局部

> **文化链接**
>
> ### 颜筋柳骨
>
> "颜筋柳骨",是对颜真卿和柳公权书法艺术风格的一种形象性表述。
>
> 颜真卿上承王羲之传统,学习初唐四大家长处,并受张旭指导,师法前辈而又有独创。他把篆隶笔法用于楷行草书,又有意识地把楷书的横画写得细瘦,把点、竖、撇、捺写得肥壮。苏轼有诗曰,"颜公变法出新意,细筋入骨如秋鹰",这是说颜真卿用笔肥厚粗拙却内含筋骨,显得劲健洒脱,因此后人用"颜筋"来比喻其书法特征。
>
> 柳公权初学二王及唐代书家,又学颜字。他在结字上吸取了颜体的纵势,但同时又舍弃颜体竖画肥壮的写法,把笔画写得均匀瘦硬,棱角分明,方折峻丽,骨力遒健。后人对比颜柳风格而将其喻为"颜筋柳骨"。

宋代楷书不及唐代,值得一提的只有赵佶与蔡襄。宋徽宗赵佶独创了横画收笔带钩、竖画收笔带点、撇如匕首、捺如切刀、竖钩细长的"瘦金体"。宋末元初的赵孟頫遍学前辈,兼擅各体,其楷书于法度严谨中见秀美,被称为"赵体",与欧阳询、颜真卿、柳公权齐名。

明代重视帖学,书家大多擅长小楷,著名的有祝允明、文徵明、董其昌等。清代书家则大多学赵、董,很少有独立风格。

5. 行书

行书萌发于两汉,成形于魏晋,至东晋产生了以王羲之、王献之为代表的具有高度艺术典范性的风格。王羲之《兰亭序》笔势"飘若浮云,矫若惊龙",线条遒丽爽健,气韵圆融冲和,被誉为"天下第一行书"。王献之《鸭头丸帖》行笔疾徐有度,笔断意连,流贯而下。王珣《伯远帖》行笔峭劲遒丽,自然流畅,为行书早期的典范之作。

中唐颜真卿又开一代新风,行书刚劲挺拔,笔势奔放,其《祭侄文稿》被誉为"天下第二行书"。

宋代行书注重表现文人意趣,著名大家有苏轼、黄庭坚、米芾、蔡襄,并称"宋四家"。苏轼行书流利自然,用笔圆润活泼,结体宽舒厚实,具有豪放飘逸的风格,代表作品有《黄州寒食诗帖》《前赤壁赋》等。黄庭坚行书作品结构别出心裁,风格洒脱不拘,别有一种从容

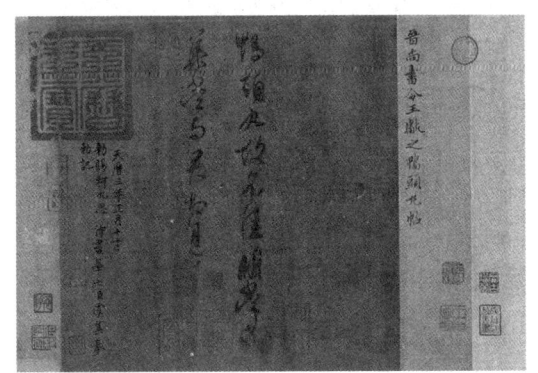

图6-4 王献之《鸭头丸帖》局部

三大行书

徐迂、顾盼生风的意绪。米芾人称"米颠",为"宋四家"中成就最高,其《研山铭》手卷,运笔刚劲强健,具奔腾之势,筋雄骨毅,变化无穷,是米书成熟之作,也是米书之精品。蔡襄行书,运笔沉稳流畅,书体温淳婉媚、潇洒俊美,字里行间流露出精致雅淡的笔意。

元至清代的行书大家,主要有赵孟頫、祝允明、文徵明、董其昌、王铎、刘墉、梁诗正等,其传世作品各有特色。

(二) 传统绘画

传统绘画,是指用毛笔蘸水、墨、彩,按照长期形成的传统绘画技法创作于绢帛、宣纸上并加以装裱的卷轴,因常用朱红与青两种颜色,故又称"丹青"。我国传统绘画历史悠久,源远流长,经过数千年的发展,以借物咏怀作为展现民族文化思想与审美观念的理论基础,在创作实践中积淀丰富经验,造就了精工细丽的"工笔"与洒脱洗练的"写意"两大基本样式,也有纯以色彩图之的"没骨"、运墨而五色俱的"水墨"以及洗尽铅华的"白描",可谓情思悠远、姿态万千,在世界艺坛独树一帜。

1. 人物画

人物画是传统绘画中最先发展并独立成熟的画种,其源头可追溯到史前时期。周代开始出现历史人物壁画。战国、秦汉时期,以历史、现实或神话人物故事为题材的作品大量涌现,出土于长沙楚墓的帛画《人物龙凤图》《人物御龙图》已经采用勾勒涂色的技法,勾线流畅生动,设色庄重典雅。到魏晋南北朝,人物画由略而精,开始注重肖形与细节描绘,以及人物神情的表现,出现了以顾恺之为代表的第一批人物画大师,其代表作品有顾恺之的《洛神赋图》。

初唐人物画着重刻画人物服饰、举止和面部神情,并用不同的形体比例来突出主要人物,如阎立本的《步辇图》《历代帝王图》。盛唐时佛道人物画、仕女画盛极一时。"画圣"吴道子将佛道人物画推至新高度,创造出一种既连绵不断又能粗细相间、运转自如的描法,所画人物衣褶飘举,线条遒劲,具有天衣飞扬、满壁风动的效果,被誉为"吴带当风"。仕女画则以张萱、周昉为代表,其传世名作《虢国夫人游春图》《捣练图》《簪花仕女图》《纨扇仕女图》等,人物体态丰腴、神情悠然、设色明丽、线条流畅,尽显华美富丽风格。五代随着宫

《洛神赋图》

图6-5 人物御龙帛画

廷画院的兴办,人物画更趋精美,如南唐顾闳中的《韩熙载夜宴图》线条流畅优雅,色彩丰富和谐,其勾勒涂色技法已达最高水平。

宋代人物画虽不如唐代盛行和气势雄伟,但表现主题和题材范围上有明显变化和拓展,平民市井生活与各种风俗活动开始成为画家精心表现的内容,北宋张择端的《清明上河图》就是这类画作代表。整幅长卷描绘了北宋都城汴河两岸"物阜民丰"的景象,是现存规模最大的古代风俗画。宋代人物画在技法上也有创新,北宋李公麟将白描手法运用到人物画上,南宋梁楷则开创了写意人物画一派,其《泼墨仙人图》除五官与腹部做细笔勾勒外,衣衫袍袖皆以水墨恣意刷扫,将仙人的醉态表现得酣畅淋漓。

宋代以后,由于山水画的繁荣,人物画日渐衰落,但历代仍有师承前代、力求创新的高手,如元代赵孟頫,明代唐寅、仇英,明末陈洪绶,清代黄慎、金农等。

图6-6 梁楷《泼墨仙人图》

传统人物画讲究"传神",即注重人物个性的刻画,追求形神兼备、气韵生动,不拘泥于人物的外表,更多强调画家主观情感的抒发。

2. 山水画

山水画,孕育于早期人物画中的背景部分,经魏晋南北朝发展后,在隋唐之际脱离人物画,成为独立画种。按画法风格,可分为青绿山水、金碧山水、水墨山水、浅绛山水、没骨山水等。山水画,并不是对自然风景的单纯描摹,而是画家借助山水来呈现自己的精神世界,因此具有特殊的意境、格调和气韵,蕴含"天人合一"的生命哲学。

隋代展子虔的《游春图》是现存最早的山水画作品,用勾勒填色加点染的方法构成"远近山川,咫尺千里"的效果,开青绿山水之先。唐代李思训、李昭道父子在此基础上创新"斧劈皴"笔法,并用金色勾勒配上青绿渲染,形成金碧山水。盛唐王维创立水墨山水画法,并把诗情画意的表现方法糅合在一起,创造出独特画风,形成"画中有诗"的艺术境界,如《江干雪霁图》。五代时期,作为山水画重要技法之一的"皴法"得到很大发展,墨法逐渐丰富,水墨及水墨淡着色的山水画已发展成熟,代表画作有荆浩的《匡庐图》、关仝的《关山行旅图》、董源的《潇湘图》、巨然的《万壑松风图》。

宋初的山水画注重写实,多以自然为师,具有显著的地域特点和画家个人风格。代表画家有李成和范宽,李成笔墨清润,多以平远构图法表现清远幽旷的齐鲁平原;范宽笔墨浓重,多画峰峦浑厚、雄奇苍劲的关中山川,如《溪山行旅图》。北宋中期代表画家有王希孟、郭熙,王希孟的《千里江山图》重峦起伏,绵延千里,水波浩渺,雄浑壮阔;

郭熙画山石多用"卷云皴",画树枝如蟹爪下垂,笔势雄健。中后期的米芾、米友仁父子独创"米点山水"画法,只用干湿之笔、以水墨的晕渗变幻,绘出时隐时现、晦明变幻的山水清韵,更具写意性和抒情性,传世作品有米友仁的《潇湘奇观图》。

图6-7 王维《江干雪霁图》局部

图6-8 米友仁《潇湘奇观图》局部

元代山水画趋向写意,以虚带实,侧重笔墨神韵,主张以诗入画。黄公望的山水画风格简洁明朗,平淡自然;画法上多用干笔擦,重视用笔的变化;在水墨勾勒皴染的基础上,仅用赭石、花青等淡彩着色,被称为"浅绛山水"。他的《富春山居图》就用"浅绛法"表现了富春江两岸的初秋景色。明清两代山水画,续有发展,亦出新貌,注重意境表达。明代以张宏为代表的苏州画家在文人山水画方面另辟蹊径,创作出了富有生活气息的绘画作品,体现出清旷幽深的精神境界。清代画派林立,众彩纷呈。

图6-9 黄公望《富春山居图》局部

3. 花鸟画

花鸟画在传统绘画中是个宽泛的概念,除了花卉和禽鸟外,还包括畜兽、虫鱼等动物与树木、蔬果等植物。魏晋南北朝时独立成科。唐初,以牛、马为主要表现对象进行创作的画家逐渐多起来,中晚唐时达到高潮,韩滉的《五牛图》是其中的传世杰作。

图6-10 韩滉《五牛图》

五代时，花鸟画发展迅速，进入成熟期，以徐熙、黄筌为代表的工笔与写意两大流派，确立了花鸟画发展史上的两种不同风格。黄筌将当时勾勒染色的各种技法完善地运用在花鸟题材的描绘上，着重于晕染而形成了绚丽工细的华美风格。他的作品多以珍禽异卉为题材，描绘细腻生动，甚至有以假乱真的写实技巧。徐熙则独创了一种墨彩并施、互不掩映的"落墨法"，为后世"没骨法"开了先河。他善画江汀野鸟、山间花草，为花鸟画奠定了丰富的题材。

宋代花鸟画的发展达到高峰。初期以赵昌、易元吉、崔白为代表，所画花鸟富于生机，栩栩如生，赵昌的《写生蛱蝶图》、崔白的《双喜图》，生动灵透之气跃然纸上。北宋中后期出现"文人画"雏形，代表人物有文同、苏轼、赵孟頫等。其中，文同善画墨竹，并提出"画竹必先得成竹于胸中"的著名理论。北宋后期，徽宗赵佶以科举选拔画家，于是反映宫廷华美雅致情趣的画风逐渐成为画坛主流，形成院体派，对后世工笔花鸟画产生深刻影响。赵佶本人也是成就斐然的花鸟画大家，技法精湛，风格多样，代表作有《芙蓉锦鸡图》《柳鸦图》等。

元代花鸟画受宋代文同、苏轼影响，更重视意境情趣的发掘，墨笔花鸟及梅兰竹石题材广泛流行，寄寓画家高洁、孤傲的思想情操。艺术上讲求自然天趣，不尚雕饰、工丽，以素净为贵。郑思肖画兰花不画土，以寄托国土沦丧之悲。柯九思善画墨竹，仿文同画法，以浓墨为面，淡墨为背，枝干挺劲，笔墨浑厚。王冕《墨梅图》用淡墨点花瓣、浓墨勾蕊，显得极为清润，并题诗："吾家洗砚池头树，朵朵花开淡墨痕。不要人夸好颜色，只留清气满乾坤。"诗画相得益彰，表现作者清高孤傲的思想。

明代花鸟画卓有成就，代表人物有徐渭、陈道复等。徐渭画风走笔如飞、泼墨淋漓，以大写意画法享誉画坛，是从根本上完成水墨写意花鸟画变革的一代大家。其代表作《墨葡萄图》构图奇特，水墨淋漓，气象万千。清代花鸟画家更是名家辈出。朱耷（八大山人）画花卉多写芭蕉、枯荷、古松，画鸟、鱼多无名之类，形象怪诞，表情奇特，冷酷逼人，表现出作者高傲、冷漠的精神状态。之后的"扬州八怪"也是个性鲜明、风格怪异，其中郑燮善画兰竹石，用笔劲道潇洒，多而不乱，少而不疏，有一种苍劲挺拔且磊落潇洒的面貌。金农善画梅，他画的梅树干粗拙，疏枝繁茂，千花万蕊，气韵静逸。及至晚清，以赵之谦、任伯年、吴昌硕为代表的海派花鸟画家锐意创新，取得极大成就。

在传统绘画中，不管是工笔还是写意，都要求形神兼备、气韵生动。画人物，要着力画出人物的精神气质和性

图6-11　徐渭《墨葡萄图》

格特征；画山水、花鸟，要寄情于景、寓情于物，赋予景、物人格化的精神、活泼的生命与灵气。如南宋山水画家马远、夏圭，用残山剩水来表达对国家山河残破的时代隐痛。此外，将诗、书、画、印巧妙结合、融为一体，也是传统绘画的一个重要特点。

（三）传统雕塑

雕塑是一种造型艺术，主要用雕刻或塑造的方式，在石、金属、木、陶泥等材料上创造出静态的三维空间艺术形象。中华雕塑艺术源远流长，早在新石器时代就已初露端倪，此后不断发展，形成独特风格。

1. 石雕

石雕亦称"石刻"，是以石材为原料的一种传统手工雕刻技艺。中华石雕艺术有着悠久历史，几千年来承沿不绝，流传至今，显示出传统雕刻艺术的精湛技术、巧妙构思和丰沛的创造力。著名代表作品有霍去病墓"马踏匈奴"石雕、山西大同的云冈石窟造像、河南洛阳的龙门石窟造像、陕西的"昭陵六骏"和乾陵石雕、四川乐山的大佛摩崖雕像、北京故宫的云龙石雕等。

云冈石窟，依山开凿绵延约千米，主要石窟四五十个，造像五万多尊。其开凿年代主要是北魏时期，石雕佛像体型巨大，形象庄严，具有摄人心魄的体量感和空间感。主像释迦牟尼坐像高达 13.7 米，高鼻深目，有西域佛像特征，是云冈石窟的第一期作品；第二期造像的尺寸比第一期小，但更加注重形象刻画，人物情态更加活泼；第三期的人物形象和"褒衣博带"式的衣饰装扮已完全中国化。总体而言，云冈石窟的雕像不大追求细部，但整体效果依然十分动人，是中国石窟艺术宝库中的瑰宝。

龙门石窟是世界上造像最多、规模最大的石刻艺术宝库，被联合国教科文组织评为"中国石刻艺术的最高峰"，位居我国各大石窟之首。龙门石窟开凿于北魏孝文帝年间，盛于唐，终于清末，历经 10 多个朝代陆续营造长达 1 400 余年。现存造像十万余尊，建造时采用了大量彩绘，今大多已褪色。其中最大造像为唐代凿刻的卢舍那佛坐像，身高 17.14 米，头高 4 米，耳长 1.9 米，面部丰满圆润，头顶为波状发纹，双眉弯如新月，一双秀目微微凝视下方，露出祥和笑意，睿智而慈祥，体现了唐代雕塑雍容典雅的风采。

乐山大佛摩崖雕像，为弥勒佛坐像，通高 71 米，宽 10 米，头与山齐，顶部有螺髻 1 051 个，以石块逐个嵌就，耳长 7 米，依山凿成，临江危坐，神势肃穆，大气磅礴。乐山大佛开凿于唐代，历时 90 年完工，是世界

图 6–12　龙门石窟卢舍那佛坐像

上最大的摩崖石刻造像，体现了古代劳动人民的智慧结晶。

故宫云龙石雕，位于故宫三大殿之一保和殿后面的御路石上，由一块巨大的汉白玉雕成，长16.57米，宽3.07米，厚1.70米，重量超过200吨，是紫禁城内最大的一块石料。上面雕刻着9条凌空飞舞的巨龙，它们或升或降，高高地突起在巨石的表面，造型十分生动；巨龙身下是万朵云霞；下部还有5座宝山，宝山之间是流畅的水纹。整块石雕运用了各种不同的雕刻手法，变化有致，主次分明，艺术价值极高。

2. 玉雕

玉雕也是我国最古老的雕刻品种之一，更是我国独有的技艺。玉雕具有悠久的历史和鲜明的时代特征。不同历史时期，玉雕的造型与特色也各有不同。

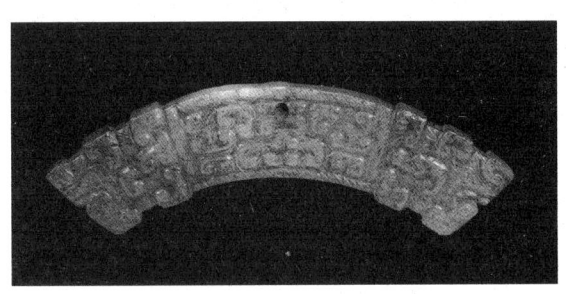

图 6-13　春秋白玉龙纹璜

早在新石器时代晚期，中华民族就出现了玉制饰品，这一时期的玉雕形态简单，主要以玉璧、玉璜、玉珏、玉珠为主。到了商代，玉器成为礼仪用具和装饰佩件，出现了玉鸟佩、人首佩和人洛佩等，造型丰富，纹饰精细，形象生动逼真，已能熟练运用双线勾勒、圆雕和浮雕等技法。春秋战国时期出现玉带钩、玉剑饰、玉印章等玉器，造型更加优美，纹饰排列规整，镂空、透花技术已十分娴熟，主要代表作有春秋白玉龙纹璜、战国黄玉龙首璜。汉代玉雕制艺趋向精细，发展出了透雕、刻雕、栗纹等多种加工方法，抛光技术也达到很高水平，传世珍品有金缕玉衣、汉玉马、环状玉龙等。

唐代玉雕题材广泛，包括飞禽走兽、花鸟虫鱼、神话人物等等。精致的玉步摇大量出现，飞天玉佩多袒露上身、面庞丰腴、衣裙紧贴身上，身下饰云纹或卷草纹。玉雕大量采用阴线刻画细部，并十分注重人物的肌理、动态。流传下来的有白玉胡人献宝带板、龙纹珮、白玉胡人骆驼摆件、玉观音、玉雕迦楼罗神鸟等。

宋元时期，玉雕工艺产生质的飞跃，宫廷中设有"玉院"，出现了浅磨深琢、浮雕圆刻的玉雕手法。元朝忽必烈在开国大典宴请群臣盛酒用的"渎山大玉海"，就是一件巨型玉雕品，由一整块黑质白章的椭圆形大玉石精雕而成，玉质斑驳变幻，玉瓮内部掏空，体外周身装饰波涛汹涌的大海图案，下部以浮雕加阴线勾刻的手法表现旋卷的波浪，上部以阴刻曲线勾画漩涡作底纹。周身浮雕没于海浪波涛中的龙、鹿、猪、马、犀、螺等，形体各异，神采俱佳。整件作品采用浮雕和线刻相结合的表现手法，既粗犷豪放，又细致典雅，动物造型兼具写实气质和浪漫色彩。除大型玉雕外，中小型玉雕也很多，如元朝青石玉虎鹿鹰佩等。

明清时期，玉雕工艺达到鼎盛。明代出现一位著名玉雕艺人陆子冈，他发展了"刀刻法"以及"连环会"制作工艺，创造了各种集阴阳浮雕于一体的玉雕工艺制品。清代玉雕工艺发展达到顶峰，宫廷设有玉器造办处，督办玉料，宫中御用玉器极多。这一时期最有代表性的是"大禹治水图玉山子"巨作，是我国古代玉雕之王，也是世界上最大玉雕之一，高2.24米，重5吨。玉上雕的是禹率领大众开山的场面。在山的前三面，雕刻家以剔地起突的雕琢法，巧妙结合玉材的形态，灵活安排人物，遍山古木苍松，重山叠嶂，流泉飞瀑。整座玉山上的人物活动都围绕治水展开，人们穿着粗布麻衣，有的干脆光着上身，抡起橛子，劈山移土，脊背、腿上的肌肉随着动作的展开爆发出力量，显示了扬州玉匠完美的玉雕技艺。

图 6-14　大禹治水图玉山子（局部）

3. 木雕

木雕艺术的起源可以追溯至新石器时代，早在 7 000 年前的河姆渡文化中就已出现了木雕鱼。秦汉两代木雕工艺日趋成熟，风格表现为拙重、宏伟的阳刚之美。唐代木雕工艺趋于完美，许多保存至今的唐代木雕佛像具有造型凝练、刀法熟练流畅、线条清晰明快的艺术特点，是我国古代木雕艺术品中的杰作。明清时期，随着手工业的进步，木雕在继承唐宋时期工艺的基础上，又得到了大幅度发展，出现繁荣辉煌的局面，并形成了佛教造像、建筑雕刻、家具装饰和文玩摆设四大领域。同时也逐渐出现了一些具有浓郁地方特色的流派，其中以浙江东阳木雕、乐清黄杨木雕、广东潮州金漆木雕和福建龙眼木雕最为著名，并称为"四大木雕"。

图 6-15　宋代木雕观音菩萨坐像

现存的传统木雕代表作主要有唐代迦叶菩萨头像、宋代木雕观音菩萨坐像、云南剑川县白族关岳庙的木雕佛像、清代黄杨木雕瘦骨罗汉、清代黄杨木雕荷叶形洗、清代沉香木雕山水人物图笔筒等。

4. 陶塑

陶塑是新石器时代后期的产物。它是以陶土为材料，用捏、贴、堆、筑等各种手法，并辅以刻纹、钻孔、镶嵌等方法，塑造各种人物、动物或其他器物模型，晾干后再经过焙烧而成。古代陶塑最卓越的代表就是秦代兵马俑。

秦兵马俑，以其个大、量多、形象表情变化丰富而著称于世，是迄今为止世界上仅见的规模庞大的陶塑艺术品。作品注重写实性和丰富性。武士俑的形象肖似于北方农民，立俑平均身高为1.8米，身体各部刻画细腻，甚至于微微上翘的小胡子，束起的发髻上的发缕，战袍上的甲钉，裹腿布的层叠纹路，浅帮鞋上系着的鞋带，都显得一丝不苟。马的刻画同样写实，立马一般高1.6米，与真马比例相当，各部位的表现均细致入微。陶俑的发式多样，手势不同，面部表情更是神态各异。所有兵马俑又在地下排列成雄伟的军阵场面，气势磅礴，威武雄壮，被誉为"世界第八大奇迹"。

5. 泥塑

泥塑，俗称"彩塑"，是民间一种古老的常见造型艺术，即用黏土塑制成各种形象的一种工艺。制作方法是在黏土里掺入少许棉花纤维，捣匀后，捏制成各种形象的泥坯，经阴干，涂上底粉，再施彩绘。它以泥土为原料，以手工捏制成型，或素或彩，以人物、动物为主。在我国新石器时代的遗址中，已多次出土早期的泥塑作品，此后主要以表面敷彩上色的彩塑形式发展。

敦煌莫高窟的造像就是在石坯上用泥堆塑，或在树枝、木架上束以苇草，再敷泥压紧抹光塑像成型，涂上白粉，最后彩绘而成。莫高窟始凿于366年，至今仍保留着从十六国时期至元代的彩塑2 400余尊，大的有高达33米的巨型石胎泥塑弥勒佛坐像，小的有几厘米高的彩塑千佛。南北朝时期的佛像面相方正庄严，衣纹线条朴拙，四肢姿态较僵硬，有一定的宗教威严感，但有头重脚轻、肩宽腿短的比例不合宜现象。隋唐时期的佛像，脸庞、肢体的肌肉圆润，有丰硕壮实之貌，表情随和温存，身材修长，比例恰当，衣褶线条流畅，色彩艳丽绚烂，配置协调，代表了我国古代彩塑佛像的最高成就。

图6-16 双林寺彩塑天王像（局部）

山西太原晋祠圣母殿的宋代彩塑，也显示了精湛的技艺。44尊侍女像姿态神情各异，生动活泼，个性鲜明。还有平遥双林寺保存至今的1 000多尊明代彩塑，造型生动，几乎件件令人惊叹，是明代彩塑中少见的艺术杰作，因此双林寺也被誉为"东方彩塑艺术宝库"。

此外，民间小型泥塑朴实自然，造型生动，想象大胆，深受人们喜爱。浙江杭州的孩儿巷，就因宋代时聚集了善塑泥孩儿的各类作坊而得名。民间小型泥塑最著名的要数天津"泥人张"和无锡惠山泥人。"泥人张"彩塑用色简雅明快，用料讲究，所捏泥人历经久远，不燥不裂，栩栩如生，在国际上享有盛誉。惠山泥人制作的"大阿福"最有特色，形态逼真，憨态可掬，被视为最富有东方色彩的民间彩塑。

二 传统乐舞戏曲

（一）传统音乐

中华传统音乐融合了儒释道思想的精华，注重通过有限的自然形态来传达无限的生命意蕴，在虚实相生、有无统一、形神兼备、情景交融的基础上追求象外之象、景外之景和言外之意，强调隽永的韵味。在艺术形式上，传统音乐崇尚中和、典雅之美，节奏舒缓、轻悠，曲调"乐而不淫，哀而不伤"。孔子曾说"兴于诗、立于礼、成于乐"，认为好的音乐能够教化人心，塑造符合儒家道德规范的"仁人"品性，起到移风易俗、促进社会和谐的作用。

1. 主要传统乐器

我国传统乐器的历史极其悠久。河南舞阳贾湖村新石器遗址发掘出了随葬的16支骨笛，经碳14测定，这些骨笛距今已有八九千年之久。实验证明，这些骨笛不仅能够演奏传统的五声调式和七声调式的乐曲，还能够演奏富含变化音的少数民族或外国乐曲。而河姆渡遗址出土的25件木筒，则是一套七千多年前远古人类制作和使用的打击乐器。经中国艺术院测试和仿制，这些木筒已经奠定了五声音阶的基础，是东方远古原始编筒音乐的鼻祖。

> **文化链接**
>
> **五声与八音**
>
> 五声指的是我国传统的五声音阶，即宫、商、角、徵、羽。宫音属土，为主音，有包容万象、典雅辽阔温厚之感；商音属金，为秋音，略带秋天的悲怆之气；角音属木，为春音，有春天欣欣向荣的气息，给人以生机；徵音属火，为夏音，音调磅礴大气而又不过分激昂，有夏天的气象；羽音属水，为冬音，有水的柔婉，给人以涓涓细流的安宁。五声音阶构筑起中国古乐的发音系统，成为我国传统音乐的灵魂，因此，现代音乐中把主要用这五声谱成的曲子称为"中国风"。
>
> 八音是指我国古代的八类乐器。《周礼·春官》中把乐器按制作材料分为金（如编钟、铙）、石（如编磬）、土（如埙）、革（如鼓）、丝（如琴、瑟）、木（如编筒）、匏（如笙、竽）、竹（如箫、笛、管、篪）八类。

（1）编钟。兴起于西周，盛行于春秋战国直至秦汉，是古代大型打击乐器，用青铜铸成一系列大小不同的扁圆钟，按音调高低次序排列悬挂于钟架上。演奏时，用丁字形的木槌和长形的棒按音谱敲打，就可奏出美妙的乐曲。编钟主要用于合乐，即与其他乐器合奏，是周代礼制的产物。

（2）编磬。用玉、石等制成的大型打击乐器，由若干只悬挂于木架上的音调高低不一的磬排列组合而成。与编钟相比，编磬在形制上有所改进，制作也更加精细，更便于演奏。

（3）鼓。始于远古，约有4 500年的历史。由于鼓有良好的共鸣作用，声音激越雄壮，可以传声很远，因此很早就被华夏祖先用于祭祀乐舞、驱除猛兽、军前助威。鼓的音色深沉有力，可以提供节奏、韵律以及营造庄严厚重的氛围。

在古代肃穆的宫廷演奏中，编钟、编磬、鼓常密切配合，"金石之声""钟鼓之乐"展示的不仅是"乐"的形象，更是"礼"和周文化的象征。

（4）埙。最古老的吹奏乐器之一，距今约有七千年历史。最初可能是先民们模仿鸟兽叫声而制作，用以诱捕猎物，后随着社会进步而演化为单纯的乐器，并逐渐增加音孔，发展成可以吹奏曲调的旋律乐器。陶土烧制的埙，有很多种形状，如扁圆、椭圆、球形、鱼形、梨形等，其中以上尖下宽的梨形最为普遍。平底空心，上端有吹口，底部呈平面，侧壁开有6个音孔，能吹出完整的五声音阶和七声音阶，发声古朴醇厚、低沉悠远，有空灵之感。

（5）篪。一种用竹管制成的横吹低音乐器。外形与笛相似，不同的是篪的两端是封闭的，吹孔与指孔不在同一直线上，而且没有膜孔。篪声音浑厚、文雅而庄重，可以吹奏出深沉、悠远的音调，能与埙很好地相和，因此，古人常以"伯氏吹埙，仲氏吹篪"来形容兄弟和谐。

（6）笛。最具特色的传统吹奏乐器之一，历史悠久，可追溯到新石器时代。发掘于河南舞阳县贾湖村东新石器时代早期遗址中的16支骨笛，是用鸟禽肢骨制成，竖吹，音孔为五至八孔不等，其中以七孔居多。黄帝时开始选用竹子作为制笛材料，到汉武帝时期已发展出横吹之笛。横笛一般开有八孔，从左到右依次为吹孔、膜孔和六个按指孔。笛子音色清脆婉转，音域较宽。

（7）箫。可分为排箫和洞箫两种。洞箫为单管、竖吹，一般由竹子制成，上端竹节封口处开有半椭圆形吹孔，管身开有指孔6个（前5后1）或8个（前7后1），称为六孔箫或八孔箫。洞箫的音色幽静典雅、圆润轻柔，适合演奏低沉委婉的曲调，寄托宁静悠远的遐思，表现细腻丰富的情感。排箫，又称为"凤箫"，是将一系列参差不齐的小竹管依长短顺序排列后，再用绳子、竹篾片编制或用木框镶制而成。排箫一管发一音，音色类似箫，婉转柔美，余韵深长，但又比箫更清脆圆实，更具空漠的效果，音量不大，但穿透力和共鸣性很强。

（8）笙和竽。笙是簧管乐器，历史悠久，也是世界上现存大多数簧片乐器的鼻祖，在《尚书》《诗经》中已有相关记载。1978年，湖北随县曾侯乙墓出土的6支战国初期的古匏笙，是我国目前发现的最早的实物。笙，主要由笙簧、笙苗（即笙体上许多长短不一的竹管）和笙斗（即连接吹口的笙底座）三部分构成。每根笙管下端都有一个簧片，吹奏时用手指按住笙管下端的孔，使簧片与管中气柱发生共鸣即可发出乐音。笙的音色明亮甜美，高音清脆透明，中音柔和丰满，低音浑厚低沉，音量较大，且能吹出和声。竽也是古老的簧管吹奏乐器，外观类似于笙，但体积更大、管数更多、结构也更复杂，音色柔和悠扬，适合演奏旋律缓慢的乐曲。战国至汉代曾广泛流行，到了宋代则销声匿迹。

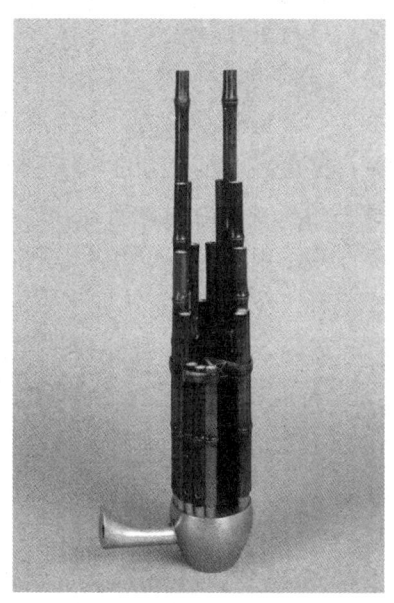

图 6-17　笙

（9）筑。一种木质击弦乐器，形似琴，但比琴大，先秦时为五弦，后来发展为十三弦，下有柱。起源于楚地，在先秦时广为流传，宋代以后失传。演奏时左手按弦的一端，右手执竹尺击弦，其声悲亢激越，也常用于军中以鼓士气，振军威。如战国燕太子丹在易水边送别荆轲时，"高渐离击筑，荆轲和而歌，为变徵之声，士皆垂泪涕泣"（刘向《战国策》）。

（10）古琴。又称瑶琴、玉琴、丝桐和七弦琴，是传统拨弦乐器，有三千年以上历史。古琴一般长约三尺六寸五，面板呈瓦弧形，上有琴弦。据史书记载，古琴最初为五根弦，周朝增加至七根弦，因此又名"七弦琴"。弹奏时，将琴横置于桌上，右手拨弹琴弦，左手按弦取音。古琴主要有散音、泛音和按音三种音色，散音是空弦发声，刚劲浑厚；泛音是左手轻触徽位，轻盈明亮且丰富；按音则用左手按弦，发音坚实，另外还可移动按指来改变音高并奏出滑音、颤音或其他装饰音。古琴音域宽广，音色深沉，余音悠远，是古代文化地位最崇高的乐器，有"士无故不撤琴瑟"和"左琴右书"之说，被文人视为高雅的代表，也是文人吟唱时的伴奏乐器，因此历来为文人阶层所重视。

（11）瑟。古代常用的拨弦乐器，形状似琴，多为二十五弦，一弦一柱。据说最早的瑟有五十根弦，故又称"五十弦"。先秦时极为盛行，一直到唐代都流行甚广、应用颇多，唐之后渐少使用。常与琴或笙合奏，故人们常以"琴瑟和鸣""琴瑟之好"来比喻夫妻感情和谐。

（12）筝。传统弹拨弦鸣乐器，在春秋战国时主要流行于秦地，故史称秦筝。汉、晋以前为十二弦，隋唐时增至十三弦，明清以后又逐步增为十五弦或十六弦。早期的古筝高亢粗犷，有"秦筝慷慨"之说，东汉以后逐渐发展为淡雅古朴的风格。

（13）琵琶。又称"批把"，原是西北游牧民族骑在马上弹奏的乐器，向前弹出称为"批"，向后挑进称为"把"，因此命名为"批把"。传入中原后，为了与当时的琴、瑟等乐器在书写上统一起来，便改称琵琶。琵琶，最初为梨形音箱、曲颈、四条弦，弹奏时横抱、用拨子拨弦。到了唐代，琵琶颈部加宽、下部共鸣箱变窄，便于左手按下部音位；在演奏技法上，改横抱为竖抱，改拨子拨奏为右手五指弹奏。琵琶音质清脆明亮，音量大，声音穿透力强。

（14）胡琴。始于唐代。宋代陈旸《乐书》中记载："胡琴本胡乐也，出于弦鼗而形亦类焉，奚部所好之乐也。盖其制，两弦间以竹片轧之，至今民间用焉。"据陈旸所考，胡琴是唐代末年我国北方西奚所用的一种乐器，两根琴弦，用竹片在两弦之间轧出声音。此后很长一段时间，胡琴兼有拉弦和弹弦两种演奏方法。到宋代末年，弹弦逐渐消失，并出现了用马尾弓拉弦的方式。后来，胡琴又发展出了二胡、中胡、京胡、板胡等十几个品种，音色也各有不同。

2. 十大古典名曲

（1）《高山流水》。古琴曲。传说春秋时期的琴师伯牙一次在荒山野地弹琴，樵夫钟子期竟能领会曲中"巍巍乎志在高山"和"洋洋乎志在流水"之意。伯牙惊道："善哉，子之心与吾心同。"子期死后，伯牙痛失知音，摔琴绝弦，终生不操，故有高山流水之曲。后世也用"高山流水"一词比喻知己或知音，也比喻乐曲高妙。唐以后分为《高山》和《流水》二曲。1977年，美国发射的"旅行者"2号太空船上，放置了一张可以循环播放的镀金唱片，从全球选出人类代表性艺术，其中收录了著名古琴大师管平湖先生演奏的长达7分钟的古琴曲《流水》用以代表中国音乐。

（2）《阳春白雪》。古琴曲，相传为春秋时期晋国的乐师师旷或齐国的刘涓子所作。现存琴谱中的《阳春》和《白雪》是两首器乐曲，明代朱权在《神奇秘谱》解题中说："《阳春》取万物知春，和风澹荡之意；《白雪》取凛然清洁、雪竹琳琅之音。"由于《阳春白雪》音域跨度非常大，很少有人能演唱，于是渐渐地被人们代指为高雅的艺术作品，常与战国时楚国的民间乐曲《下里巴人》相对举。

（3）《胡笳十八拍》，原是一首琴歌，相传为东汉末年蔡文姬所作，是由18首歌曲组合的声乐套曲，由琴伴奏。"拍"在突厥语中即为"首"，"笳"则是古代北方游牧民族的一种吹奏乐器，似笛。琴曲内容既有对故乡的思念，又有对惜别幼子的隐痛和悲怨。全曲缠绵悱恻、凄婉悲怨，让人听了肝肠寸断，具有极强的艺术感染力。

（4）《广陵散》。又名《广陵止息》，为古琴著名大曲，东汉末年至三国时已流行，"散"有散乐之意，是指有别于宫廷雅乐的民间音乐。它讲述的是关于刺客的悲壮故事，因此全曲始终贯注着一股慷慨不平的浩然之气。《广陵散》之所以著名，是因为与竹林七贤之一的嵇康有关，据《世说新语》记载，嵇康在临刑前弹奏一曲《广陵散》后慷慨赴刑。

（5）《阳关三叠》。原为唐代著名的歌曲，又称《阳关曲》《渭城曲》。歌词是根据唐代诗人王维《送元二使安西》谱写而来。因为歌词要反复咏唱三遍，所以又称作《阳关三叠》。曲调简单淳朴，带有一丝挥之不去的淡淡离愁，并用反复咏叹深化对友人的依依惜别之情，因此成为历来送别友人的千年绝唱。《阳关三叠》除作为歌曲演唱外，亦经常作器乐演奏，其中以琴曲、筝曲和二胡曲较有影响。

（6）《梅花三弄》。《神奇秘谱》记载此曲最早是东晋桓伊所奏的笛曲，后由笛曲改编为古琴曲,全曲表现了梅花傲雪凌霜、高洁不屈的品性。此曲借物咏怀,通过梅花的洁白、芬芳和耐寒等特征,歌颂具有高尚节操的人。此曲结构上采用循环再现的手法,重复整段主题三次,每次重复都采用泛音奏法,故称为《三弄》。

(7)《十面埋伏》。著名琵琶大套武曲。它的前身是明代的《楚汉》,清嘉庆年间改为《十面埋伏》。乐曲取材于历史上楚汉相争的故事,主要描绘刘邦和项羽在垓下决战的情景,马蹄声、刀戈相击声、呐喊声交织起伏,震撼人心。乐曲高昂激越、气势磅礴,震撼人心,堪称曲中经典。

(8)《平沙落雁》。古琴曲,又名《雁落平沙》或《平沙》。问世以后,深受琴家喜爱,广为流传,并有多种版本,是传谱最多的琴曲之一。对于曲情,有理解为描写秋天景物的,有认为寓鸿鹄之志的,也有发出世事险恶、不如雁性之感慨的。乐曲基调静美,静中有动,旋律起伏,绵延不断,优美动听。

(9)《渔樵问答》。古琴曲,现存谱本多种。乐曲表现了渔樵在青山绿水间自得其乐的情趣,反映的是一种隐逸之士对渔樵生活的向往,希望摆脱俗尘凡事的羁绊。旋律飘逸潇洒,表现出渔樵悠然自得的神态。音乐形象生动精确。

(10)《夕阳箫鼓》。琵琶大套文曲,明清已流传,又名《春江花月夜》《浔阳琵琶》《浔阳夜月》《浔阳曲》,后被改编成民族管弦乐曲,深受国内外听众喜爱。乐曲通过委婉质朴的旋律,流畅多变的节奏,形象地描绘了月夜春江的迷人景色,尽情赞颂了江南水乡的风姿异态。

(二)传统舞蹈

舞蹈是一种以人体动作为主要表现手段的艺术形式。从蒙昧的上古时代开始,我国传统舞蹈经历了从图腾文化到巫术舞蹈文化、百戏舞蹈文化,再到独立的舞蹈艺术文化等多个阶段的发展和演变,逐渐形成了具有中华独特形态和神韵的东方舞蹈艺术。

1. 传统舞蹈源流

在远古时代,舞蹈是文化的基本形态,是狩猎、战争、生殖、祭祀、祈祷等动作的表现延伸。远古氏族的乐舞充满了活力,也反映了原始宗教的祈求幻想和巫术礼仪。在图腾崇拜的仪式中,人们用舞蹈颂扬祖先和神明的功绩,以求神明的庇佑,如《凤来》《网罟》就是颂扬伏羲发明网罟教民捕鸟捉兽之功的舞蹈,《充乐》是歌颂女娲教民嫁娶婚配之绩的舞蹈,《扶犁》《丰年》则是歌颂神农氏教民播种五谷的舞蹈。

西周时期,统治者对前代乐舞加以整理、继承和发展,形成了中国乐舞传统,制定了较为系统的乐舞制度。由此而形成的雅乐舞蹈,成了中华艺术文化的一座高峰。周代统治者还将艺术和政治捆绑在一起,全力强化乐舞的政治意义和教化功能,他们把前代乐舞遗产和当时新创制的乐舞进行了整理加工,形成了气势恢宏的《六代乐舞》。

汉代是传统舞蹈的繁荣发展时期。西汉初年,独尊儒术,庙堂乐舞以法定地位得以流传。与此同时,俗乐舞蹈也得到很大普及,出现了举国歌舞热潮。汉代还设立了专门管理歌舞的音乐机构——乐府,把过去的舞蹈百戏进行收集整理,使之更加丰富。乐府还收集民间俗舞,并进行专业加工,提高舞蹈的水准。汉代舞蹈受杂技、幻术、角抵的影响,丰富了传情达意的手段,扩大了舞蹈的表现力,形成了舞蹈、技艺并重的特点,代表作为《槃舞》。汉代舞蹈还强调女子身姿的柔美、婉转,舞姿的轻盈、飘逸,临风飘举,风情万种,著名的有《长袖舞》《折腰舞》《巾舞》等。

魏晋南北朝时期,由于汉以外其他民族文化的注入,传统舞蹈又有了新的发展。这一时期,胡舞和宗教舞蹈占据了舞蹈的半壁江山,其中最熟悉的就是敦煌壁画上的"飞天舞"。

到了唐代,舞蹈艺术获得了前所未有的大发展。从宫廷雅乐到民间俗舞,舞种繁多,舞技高超,盛况空前。唐代舞蹈有健舞和软舞两大风格,一般说来,健舞动作矫健、节奏明快,软舞优美婉柔,节奏舒缓。健舞中,最著名的是从西域传来的"胡旋""胡腾""柘枝"等,软舞则以"绿腰""春莺啭"影响最大。

宋代的宫廷舞蹈主要是对唐代宫廷大曲的继承,但已不复唐时的全貌,并日渐僵化。而与宫廷乐舞形成对比的则是民间舞蹈的兴盛。

元代时,蒙古族舞蹈进入中原,元代统治者在保持本民族舞蹈特色的同时,也吸收了汉族的宫廷雅乐舞蹈。

2. 历代著名舞蹈

(1)《六代乐舞》。《六代乐舞》是周代在集中整理前代舞蹈《云门》《大咸》《大韶》《大夏》《大濩》的基础上,加上新创制的《大武》编制而成,它是周代的祭祀乐舞。这六套乐舞的内容都是歌功颂德的,分别用来祭祀天神、地神、四方之神、山川、周的始祖姜嫄和周代祖先。其中,《云门》《大咸》《大韶》《大夏》所代表的各代,都是由禅让得的天下,因此称"文舞",舞时左手执籥(形状像排箫的乐器),右手秉翟(用野鸡尾妆饰的道具);《大濩》和《大武》所表现的都是以武力夺取天下的君主,叫作"武舞",舞者手里拿着朱干(盾)玉戚(斧)。在当时,《六代乐舞》由大司乐掌管,主要用于教育贵族子弟,一般要到20岁加冠成为成人后才能学习。

(2)《槃舞》。《槃舞》是汉代诗文和绘画中常见的一种舞蹈。这个舞蹈因为是在盘鼓上跳舞,所以又名《盘鼓舞》《盘舞》《七盘舞》。舞者有男有女,在盘、鼓上高纵轻蹑,浮腾累跪,舞出有节奏的音响。《盘鼓舞》将舞蹈与杂技巧妙地结合,体现了中国传统舞蹈的特殊风格。此舞传至后世,表演形式有所变化。

(3)《白纻舞》。出现于三国时期的吴国。原是织造白纻的女工用来赞美自己劳动成果而产生的民间舞蹈。白纻舞的动作以手和袖的功夫见长,步法分轻缓和快节奏。南朝时开始盛行于上流社会,成为宫廷豪族的常备娱乐节目,表演极为频繁。唐诗中有许多歌咏白纻舞的作品,白纻舞至少流行了六百年。

(4)《霓裳羽衣舞》。一种唐代的宫廷乐舞,为唐玄宗所作,常在宫廷贵族士大夫的宴会中表演,它产生于盛唐,终于唐末,是唐代繁华兴盛的代表。据说,唐玄宗是在借鉴印度佛教法曲《婆罗门曲》的基础上最终创作而成,并在宫中排练。此舞以杨贵妃的表演最为出色,她把"胡旋舞"的旋转动作巧妙运用在《霓裳羽衣舞》中,生动表现了仙女的轻盈飘逸之美。《霓裳羽衣舞》以唐玄宗向往神仙、月宫会见仙女的神话为题材,通过舞蹈、音乐和服饰的描绘,展现了一个虚无缥缈的仙境和婆娑的仙女形象,使人仿佛身临其境。它是唐代歌舞的集大成之作,白居易在《霓裳羽衣舞歌和微之》中曾称赞此舞"千歌万舞不可数,就中最爱霓裳舞"。

(5)《剑器》。《剑器》舞在唐代流传比较广泛,属健舞类的表演性舞蹈,为女子戎装的独舞。杜甫在《观公孙大娘弟子舞剑器行》中记述了他观看这个舞蹈时的感受:"昔有佳人公孙氏,一舞剑器动四方。观者如山色沮丧,天地为之久低昂。㸌如羿射九日落,矫如群帝骖龙翔。来如雷霆收震怒,罢如江海凝清光……"从诗中的描写可以看出,剑器舞有跳跃,有回旋,有变化,进退迅速,起止爽脆,节奏鲜明;或突然而来,或戛然而止,动如崩雷闪电,惊人心魄,止如江海波平,清光凝练。

(三)传统戏曲

传统戏曲是中华民族的艺术瑰宝,它熔音乐、舞蹈、文学、美术、武术、杂技以及各种表演艺术于一炉,凝聚了中华传统文化的美学思想精髓。

1. 发展流变

中华戏曲源远流长,其源头可以追溯到上古时代。原始社会里人们用可怕的形象来驱逐恶魔,形成了一种巫术仪式——傩,载歌载舞的傩就是古代戏曲的萌芽。春秋时期,综合乐舞谐戏的"俳优"戏盛行起来。汉代盛行"百戏"(乐舞、杂技、角抵戏等表演的总称),在表演时多伴以音乐的唱、奏,初步具有了戏曲表演的几种要素。

魏晋南北朝至唐代,出现了具有一定故事内容和社会意义的表演形式,其中以滑稽调笑为主的参军戏非常流行。参军戏是传统戏曲的原始形态。唐玄宗时,设立"梨园"专门训练乐工,排演歌舞戏和参军戏,故后世称戏班为"梨园",称演员为"梨园弟子",奉唐玄宗为戏曲的祖师。

北宋时期,都市里出现了专为各种艺术表演而设的瓦舍,民间艺人在瓦舍里进行表演。各种表演技艺之间的相互交流、竞争促进了戏曲因素的壮大,并最终孕育出中国戏曲的初级形态——宋杂剧与金院本。它们都是由滑稽表演、歌舞和杂戏组合而成的一种综合性戏曲。宋杂剧多以大曲的曲调演唱故事,金院本在乐曲上逐渐北方化,创造出北曲声腔的雏形。宋杂剧和金院本的出现,表明中国戏曲已经基本形成。

图 6-18 "参军戏"俑

元代是中国古代戏曲基本形成后的第一个黄金时期。在这段时期涌现出大批的戏曲作家与作品，传统戏曲迎来了它的成熟期，它的主要表现形式是南戏与元杂剧。南戏的演出形式比较丰富，故事情节曲折多变，集当时表演艺术之大成，并形成了海盐腔、余姚腔、昆山腔、弋阳腔四大声腔。元杂剧的角色分末、旦、净、杂四类，一本杂剧只限一个角色唱，其他角色只能念白。

进入明代以后，北方的杂剧逐渐衰落，南方的南戏则吸收了杂剧的优点，演变为"传奇"，在明代后期发展到辉煌，并形成"临川派"与"吴江派"两大流派。自明初至清中叶，传奇剧统治中国戏曲舞台达300年之久，戏曲进入繁荣时期。

清康熙年间，各地流行的地方声腔发展兴盛起来，形成了地方戏曲蓬勃兴起的局面。乾隆年间，四大徽班进京，京剧也随之诞生。自此之后，传统戏曲呈现出各种地方戏百花齐放的局面。

2. 主要剧种

（1）昆曲。又称昆腔，起源于元代后期，至今已有500多年历史，有"中国戏曲之母"的雅称。昆曲糅合了唱念做打、舞蹈及武术等，以曲词典雅、行腔婉转、表演细腻著称。昆曲的伴奏乐器，以笛为主，辅以笙、箫、唢呐、三弦、琵琶等，经典剧目有《牡丹亭》《长恨歌》《桃花扇》等。

（2）京剧。早期称作皮黄戏，于清道光中期在北京形成，距今已有200多年历史。京剧凝聚着深厚的中华文化，是地道的中国国粹，具有"国剧"之称。京剧唱腔旋律优美，舞蹈语汇丰富，服装工艺考究，化妆色彩鲜明，经典剧目有《霸王别姬》《贵妃醉酒》《白蛇传》《定军山》《锁麟囊》等。

文化链接

京剧行当

生、旦、净、丑是京剧的主要角色，也称行当。生，是除了花脸以及丑角以外的男性角色的统称，分老生、小生、武生、娃娃生。旦，是女性角色的统称，分正旦、花旦、武旦、刀马旦等。净，俗称花脸，大多是扮演性格、品质或相貌上有些特异的男性人物，化妆用脸谱、音色洪亮、风格粗犷。净又分为以唱功为主的大花脸，如包拯；以做功为主的二花脸，如曹操。丑，指喜剧角色，因在鼻梁上抹一小块白粉，俗称小花脸。京剧行当是经过长期提炼和规范形成的，这是京剧区别于其他戏曲形式的重要特征。

（3）豫剧。又称"河南梆子"（因其音乐伴奏用枣木梆子打拍），是我国第一大地方剧种。豫剧诞生在七朝古都开封，起源于明朝中后期，有400多年历史。豫剧的声腔有时高亢活泼，有时悲凉缠绵，能够表演各种风格的剧目，传统代表剧目有《花木兰》《穆桂英挂帅》《红娘》《七品芝麻官》《打金枝》《对花枪》等。

（4）越剧。有第二国剧之称，发源于清末的浙江嵊州，成熟于上海，经历了由男子越剧到女子越剧为主的历史性演变。越剧长于抒情，以唱为主，唱腔委婉，表演细腻，极具江南灵秀之气，内容以"才子佳人"题材为主，艺术流派精彩纷呈，代表剧目有《梁山伯与祝英台》《红楼梦》《西厢记》《五女拜寿》等。

（5）黄梅戏。旧称黄梅调，是安徽省的地方戏之一，起源于湖北黄梅的采茶歌，传入安徽安庆后，又吸收了当地的民间音乐，发展形成了该剧种。黄梅戏唱腔淳朴流畅，以明快抒情见长，具有丰富的表现力；表演质朴细致，以真实活泼著称，代表剧目有《天仙配》《牛郎织女》《女驸马》《玉堂春》等。

（6）评剧。清末在河北滦县一带的小曲"对口莲花落"基础上形成，后进入唐山，称为"唐山落子"。20世纪20年代流行于东北地区，30年代后在京剧、河北梆子等剧种影响下日趋成熟。评剧以唱功见长，吐字清楚，唱词浅显易懂，演唱明白如诉，表演生活气息浓厚，代表曲目有《花为媒》《秦香莲》等。

三 传统民间织染绣工艺

传统民间手工艺是劳动人民在生产生活中产生的、为满足实用需要和审美要求，自己创作、生产并使用、欣赏的技艺。我国地大物博，民族众多，民间手工艺在创造过程中大都受到地理环境、风俗习惯、物产及社会文化传统和审美趣味等多方面的影响，表现出鲜明的地方特征。这些手工艺凝聚着我国人民几千年智慧的结晶，体现了他们对幸福、信念和希望的热情追求，对美好生活的无比向往。

（一）传统纺织工艺

我国的纺织技艺始于新石器时代的良渚文化。此后，经过殷商的发展，春秋战国时的纺织工艺已具有较高水平，湖北江陵马山楚墓出土的丝织品中已有绢、罗、纱、锦等不同品种，还织有几何、S形等花纹。到秦汉，纺织工艺更是飞跃发展，丝织品种和花纹都更为丰富，出现了绫、绮、绢、缟、纨和云气纹、动物纹、花卉纹、吉祥文字以及各种几何纹。汉代丝织工艺已非常精湛，湖南长沙马王堆汉墓出土的素纱襌衣，仅重49克，薄如蝉翼，极为精巧。六朝时，四川蜀锦最为著名，其织绣纹样构成了有规则的波状骨架，形成几何分割线。

唐代丝织品种类更多，其中织锦已能织出复杂的装饰花纹和华丽的色彩效果。宋代织锦具有时代特色，采用小朵花、规矩纹，组织规则严整，色调沉静典雅。宋代新兴缂丝工艺，名家辈出，主要织作绘画或书法作品，反映了丝织工艺开始应用于纯欣赏领域。

元代的丝织、毛织、棉织都得到一定发展。元代统治者喜欢用金，因此，丝织中织金最有特色,花纹有团龙、团凤、宝相花、龟背纹、回纹等。由于蒙古游牧民族的生活需要,毛织在元代也得到长足发展,主要用于地毯、床褥、马鞍、鞋帽等。棉织是在元代发展起来的一种新兴工艺,棉纺织工艺家黄道婆作出了卓越的贡献。当时黄道婆家乡松江一带的"乌泥泾被"成为大江南北的著名产品。

明代全国有江南、山西、四川、闽广四个丝织产区,以江南为主要产地。织锦有库缎、织金银、妆花三类主要品种,其中以妆花最为精巧,每个花朵均用不同的色线,边织边绕,色彩多,花朵大,具有富丽辉煌的艺术效果。明锦图案主要有团花、折枝、缠枝、几何纹等,其中缠枝最有时代特点。

清代丝织在南京、苏州、杭州形成全国生产中心,品种丰富,织造精美,著名品种有云锦、宋锦和蜀锦,其中,古香缎和织锦缎也是重要产品。

1. 辑里湖丝

辑里湖丝,又称"辑里丝",因产于湖州市南浔镇辑里村而得名。辑里村自元末成村,便产湖丝,有明代史料云:"天下蚕桑之利,已莫胜于湖,而一郡之中,尤以南浔为甲。"辑里湖丝的制作技艺,以辑里村为中心,主要分布在练市、善琏、双林一带的农村。

辑里湖丝的蚕种,选用自育"莲心种",又称"湖蚕",品种优良,特适于缫制优质桑蚕丝。缫丝所用丝车,为木制三绪缫丝车,历史上称为"湖制丝车"。其传统工艺流程主要为:搭"丝灶"(专为缫丝所建的灶头)—烧水—煮茧—捞丝头(又称"索绪")—缠丝窠(又称"添绪")—绕丝轴—炭火烘丝(也称"出水干")等。辑里湖丝的制作技艺,一般都是以家庭成员代代相传的方式传承,尤以女性为多。

辑里丝具有"细而匀、富拉力、丝身柔润、色泽洁白"的品质,比一般土丝多挂两枚铜钿而不断。"辑里丝"名甲天下,成为中国乃至世界优质丝的代名词。清代的各地织造局,在每年的丝季,都要前往南浔大量采购生丝。清咸丰元年(1851年),上海商人徐荣村取辑里丝,参加在英国伦敦举办的首届世博会,一举夺得金、银大奖。

2. 杭罗

罗是我国丝绸代表品种"绫罗绸缎"之一,质地轻薄透气,花纹美观雅致。杭罗,因产于浙江杭州而得名,与江苏的云锦、苏缎并称为中国的"东南三宝"而驰名中外。

杭罗历史悠远,至迟在宋代地方志中已有记载,至元明清时期更是成为杭州丝绸的

图 6-19 宋代《缫丝图》

著名品种。杭罗由纯桑蚕丝以平纹和纱罗组织联合构成，绸面具有等距规律的直条纹或横条纹菱形纱孔，孔眼清晰，质地光柔滑爽，穿着舒适凉快，耐穿耐洗，十分适合闷热、多蚊虫天气，既挺括透气，又可防止蚊虫叮咬，因此，古代宫廷常用杭罗作为御用衬衣面料。

杭罗跟其他罗织物不同的地方主要有三处，一是选丝，二是绞综，三是水织。杭罗对丝的要求很高，须用纯桑蚕丝织造，且丝的粗细一定要均匀。绞综是杭罗在制作工艺上的特点，即每隔三根、五根或七根纬线的平纹后，作一次经丝扭绞，称为三梭罗、五梭罗、七梭罗。水织，就是著名的杭罗"水织法"，是指用作纬线的蚕丝、直到织造前一直浸泡在祖传的秘制脱胶水中，彻底脱掉蚕胶，这样蚕丝会更加稠密、光滑、均匀。

图 6-20 五梭一绞横罗织物结构图

3. 余姚土布

余姚土布又称"越布""余姚杜布"，兴起于东汉，在南宋和元明清时期名噪一时。它以纯棉为原料，质地优良、舒适度好、经久耐用，是余姚地域纺织文化的一个重要标志物。

余姚地处浙东沿海，濒临杭州湾，土壤碱性，雨水充足，气候温润，具备出产优质棉的条件，得天独厚的地理优势给了土布优越的先天环境。东汉时期，余姚生产的"越布"已经闻名全国；宋代开始，余姚普种棉花，曾是全国重要的产棉基地；元时全国设四大木棉提举司，其中浙东木棉提举司便设在余姚，当时余姚所产"小江布"风行全国；明代农学家徐光启在《农政全书》中称"浙花出余姚"；清朝时期，姚北乡村更是呈现"家家纺纱织布，村村机杼相闻"的景象。

织布扣、经桩、梭子、调纱笼、摇纱凳、纺纱车……余姚土布的制作涉及20多种工具，工艺流程十分复杂。从棉花入秋时的收获采摘，到织成布匹，先后要经历籽棉加工、皮棉加工、拖花锭、纺纱、拨纱、染纱、浆纱、调纱、摇鱼管、经纱、织布、清洗等十几道大环节、上百道工序。正因如此，土布才显得弥足珍贵，每一块"完美"的布料，都凝结着织布人的一份心血。

（二）传统印染工艺

我国古代劳动人民很早就利用矿物、植物对纺织品进行染色，并在长期的生产实践中掌握了各种染料提取、染色、印花等工艺技术，生产出五彩缤纷的纺织品。

古代常用的矿物、植物染料多不胜数，古人根据不同的染料特性创造了直接染、媒染、还原染、防染、套色染等多种染色工艺。染料品种和工艺方法的多样性使古代印染行业的色谱十分丰富，古籍中见于记载的就有几百种，特别是在一种色调中明确地分出几十种近似色，这需要熟练地掌握各种染料的组合、配方及改变工艺条件方能达到。在

1834年法国佩罗印花机发明以前，我国一直拥有世界上最发达的手工印染技术。

1. 温州蓝夹缬

夹缬起于秦汉，盛于唐宋，唐明皇曾将其作为国礼馈赠给各国遣唐使。至元、明，夹缬向单蓝色转化，最后仅在浙南地区保存下来，以温州为中心，向台州、丽水等部分接壤地区辐射。

从工艺流程来说，蓝夹缬的制作包括花版雕刻、靛青（染料）打制以及夹缬印染三个主要环节。

图6-21 温州蓝夹缬

花版制作是蓝夹缬工艺中最重要的一道程序。夹缬花版的雕刻，要求版与版之间吻合、无隙，"明渠暗沟"四面通达。染液为蓝靛（中药板蓝根的植株所制），要使染液达到每一个间隙，技术性很强，非一般工匠所能完成。印染是蓝夹缬生产的最后一道也是非常关键的一道程序。将整理好的白色棉布，对折放在花版中间夹好，再连版带布泡在发好的靛青液中浸泡染色，需多次入染、氧化，最后才能染成稳固的花纹。每个环节都有烦琐的程序，而且各个程序讲究技巧、工艺精细、要求高。温州蓝夹缬以晚清至民国时流传的昆剧、乱弹、京剧等戏文情节为主要纹样，辅以花鸟虫兽等大吉祥纹样，成为我国传统染织品中以戏曲人物为主要纹样的现存唯一孤例。

2. 嘉兴桐乡蓝印花布

蓝印花布是源于秦汉、兴盛于唐宋的一种手工印花织物，又称"靛蓝花布"，俗称"药斑布""浇花布"。它是以靛蓝做染料印染而成，以蓝、白两色相配，色调清新，图案淳朴，工艺简单，取材方便，深受群众欢迎。

蓝印花布传入桐乡大概是在元代。明清以后，蓝印花布的民间染坊已遍布桐乡各处。桐乡蓝印花布的整个印染工艺采用手工操作。首先将设计好的花样描绘在一种特殊的纸板上，用刻刀按花样镂刻成透空的花板；然后将镂空花板铺于需染布料之上，用刮浆板将石灰和黄豆粉合成的防染浆刮入花板空隙，使浆漏印于布面；最后通过染色、晾晒、刮浆等过程制成产品。

桐乡蓝印花布的图案大多为清代及民国以来流传在桐乡地区的传统图案。绘图刻板的民间艺人，往往将美好愿望寄寓于各种图案，如以"凤穿牡丹"象征吉祥富贵，以"松鹤延年"寓意长寿，以石榴图案象征多子，以莲花和鲤鱼的组合图案寓意"连年有余"，以佛手、桃子、石榴组合的"三多"图案隐喻多福、多寿、多子，以鸳鸯图案比喻坚贞的爱情等。

（三）传统刺绣工艺

刺绣，古称黹、针黹、针绣等，是随着丝织品而兴起的古老手工技艺之一。据《尚书》记载，在 4 000 年前的章服制度中就规定"衣画而裳绣"。到宋代，崇尚刺绣服装的风气广泛流行，这促进了刺绣工艺的快速发展。明清时期，刺绣艺术得到进一步发展，逐渐形成了各具特色的地方体系，产生了苏绣、粤绣、蜀绣、湘绣四大名绣。在四大名绣之外，我国丰富多彩的地域风情也孕育了许多富有地方特色的刺绣。

1. 瓯绣

瓯绣是流行于浙江温州一带的传统民间刺绣艺术，始于唐代，兴于明清。明末清初，温州对外交通日渐发达，瓯绣因此得以吸收姐妹艺术之长，在技艺上趋于成熟，自具一格。至清道光末年，瓯绣在温州已十分流行，民间形成了"十一十二娘梳头，十二十三娘教绣"的传统和以绣花罗裙作为青年男女定情礼物的风俗。当时开设的多家绣铺对外承接官衣锦服、戏装、旗袍等绣活，生意十分红火。

瓯绣构图简练，色彩绚丽，针法严谨，运针灵活善变，绣理分明，绣面光亮，呈现出与众不同的东瓯地域特色。针法有齐针、切针、套针、接针（平针）、施针、滚针、疏针、掺针、断针、侧针、包针、缠针、网针、盘针、游针、长短针、打子针、人字针、八字针、排排高、匹匹咬等几十种，1959 年还试制成功乱针绣、双面绣及水墨绣。一幅优秀的瓯绣（丝）画片，往往积几十万针的手工，具有浓郁的地域文化特色。瓯绣的种类有彩色绣、素色绣、仿古绣、仿真绣、水墨绣、双面绣等。融诗文、书画、刺绣之美于一体的瓯绣讲究针法、笔法和物象理法的统一，显示出高超的技艺水平和深厚的传统文化内涵。

2. 杭绣

杭州刺绣，古称"宋绣"，到了现代为体现地域特色始称"杭绣"。杭绣大致可分为三大类型：一为"宫廷绣"，二为"民间绣"，三为"闺阁绣"。

杭州刺绣起始多为民间所用。南宋高宗迁都杭州后，画师绣工云集，朝廷设立织造机构，监制宫廷服饰，当时杭州就集中了 300 余名技艺出色的绣工和画师，专为皇家内苑绘绣各类服饰。另外南宋文人绘画的兴盛也带动了当时闺阁刺绣的发展，陆游著《老学庵笔记》中也记载了宋人爱在服饰上刺绣，"白地白绣、鹅黄地鹅黄绣；裹肚则是紫地皂绣"。

杭绣针法多样，约有 30 多种，有齐针、别针、单套、木梳套、散套、正枪、反枪、打籽、垫底、包梗、雕绣、贴布绣、乱针绣、编绣、网绣、纳纱绣等。刺绣品种以盘金绣、盘银绣、彩线绣等著称于世。杭绣在刺绣技艺上善于吸收和融合，针法多变，形成了自己的独特风格。彩线绣和盘金绣相结合，也是杭绣的另一大特色。这种技法是在彩色丝线打好底的绣面上，再施以盘金、盘银，结构严谨，功底扎实，从而使色彩丝线和金银绣线融为一体。杭绣的图案设计，内容大多取材于民间喜闻乐见的祥龙、瑞凤、麒麟、蝙蝠、孔雀、牡丹、寿桃、喜鹊、如意、八仙、八宝、福禄寿喜、西湖风景等传统图案。装饰上运用夸张和变形的手法，也是杭绣的一大特色。

3. 宁波金银彩绣

金银彩绣又称"金银绣"，是在丝绸品上以金银丝线与各色丝线绣制图案的绣品。宁波金银彩绣主要分布于宁波鄞州区及其周边地区。当地自唐代以来就遍植桑梓，养蚕剥茧，有着"家家织席、户户刺绣"的传统。到了宋代，宁波老城内绣花、打金箔、卖针线、卖花样、做戏装等行业就已齐全。明清时期，城内的大梁街、车轿街、咸塘街、碶闸街等月湖周边地区开出多家绣庄，承接官府和民间的高档金银彩绣。民国时，咸塘街已成为金银彩绣行业街道，有刺绣店铺三四十家，被视为"绣衣一条街"。二十世纪五十年代以后，又有绣品合作社、绣品厂等生产金银彩绣出口海外，一直持续到二十世纪九十年代。

宁波金银彩绣的主要技法以"盘金（银）"和"填金（银）"为主，充分调动材料与工艺的特性，增强图形的质感与空间感；大面积金银色的使用，使得任何颜色在同一画面上和谐共处，表现出富丽堂皇又不失典雅的艺术效果；追求金线、银线与彩线的有机结合，构成粗中有细、点面结合、板而不结、针法巧施的特色。

宁波金银彩绣的题材以民间吉祥题材中的京班体、佛道神仙、吉祥神话故事传说以及珍禽异兽祥瑞图案为主，底色多用厚重的暗红、深蓝、黑色等，显衬金银彩线的光泽，因此具有较强的装饰性。这一绣法广泛应用于服饰、帽饰、室内陈设、古代会器、戏曲服饰、宗教仪式、民间演艺和庆典等方面。

图 6-22 宁波金银彩绣

文化悦游指南

1. 鄞州非遗馆：浙江省宁波市鄞州区下应街道西江古村 8 号，周二至周日 09:00—16:30，0574-87521271、0574-87521272，免费开放。
2. 徐渭艺术馆：浙江省绍兴市越城区后观巷 33 号，周二至周日 09:00—16:30，0575-85121132，免费开放。
3. 中国丝绸博物馆：浙江省杭州市玉皇山路 73-1 号，09:00—17:00（周一 12:00—17:00，节假日照常），0571-87035223，免费开放。
4. 杭州工艺美术博物馆：浙江省杭州市拱墅区拱宸桥街道小河路 334 号，周二至周日 09:00—16:30（16:00 停止入馆），0571-88197511，免费开放。
5. 越剧博物馆：浙江省绍兴市嵊州市百步街 8 号，周二至周日 09:00—16:30，0575-83066997，免费开放。
6. 中国木雕博物馆：浙江省金华市东阳市白云街道世贸大道 180 号，周二至周日 09:00—16:30（法定节假日正常开放），0579-86520186，门票 50 元 / 人（学生票减半）。
7. 温州市采成蓝夹缬博物馆：浙江省瑞安市马屿镇净水村，周二至周日 08:00—11:30、14:00—17:00，免费开放。
8. 宁波市鄞州区金银彩绣艺术馆：浙江省宁波市鄞州区启明路 818 号创新 128 园区 9 幢 68 号，08:30—16:30（周一闭馆），免费开放。

文化悦赏指南

1. 蒋勋：《汉字书法之美》，广西师范大学出版社，2011 年。
2. 韩玮：《中国画》，高等教育出版社，2009 年。
3. 茅惠伟、徐铮、方舒弘：《探寻"浙"里的丝绸之旅》，东华大学出版社，2023 年。
4. 吴颖：《台州刺绣》，东华大学出版社，2021 年。
5. 茅惠伟：《甬上锦绣——宁波金银彩绣》，东华大学出版社，2015 年。
6. 纪录片《京剧》，央视网。
7. 纪录片《百年越剧》，中国蓝 TV 官方网站。

文化小测

1. 以下书体中，笔画横长竖短，具有波磔之美的是（　　）。
   A. 篆书　　　　　　B. 隶书　　　　　　C. 楷书　　　　　　D. 草书

2. 现存最早的山水画作品是（　　），其用勾勒填色加点染的方法构成"远近山川，咫尺千里"的效果，开青绿山水之先。
   A. 王希孟的《千里江山图》　　　　B. 王维的《江干雪霁图》
   C. 展子虔的《游春图》　　　　　　D. 黄公望的《富春山居图》

3. 世界上造像最多、规模最大的石刻艺术宝库是（　　），它也被联合国教科文组织评为"中国石刻艺术的最高峰"。
   A. 云冈石窟　　　　B. 龙门石窟　　　　C. 莫高窟　　　　　D. 麦积山石窟

4. 竹林七贤之一的嵇康在临刑前弹奏的"千古绝响"是（　　）。
   A.《高山流水》　　　　　　　　　　B.《胡笳十八拍》
   C.《广陵散》　　　　　　　　　　　D.《十面埋伏》

5.《阳关三叠》是唐代著名的歌曲，又称《阳关曲》或《渭城曲》，其歌词是根据唐代诗人王维的（　　）谱写而来。
   A.《送元二使安西》　　　　　　　　B.《竹里馆》
   C.《积雨辋川庄作》　　　　　　　　D.《使至塞上》

6. 唐代舞蹈艺术获得了前所未有的大发展，舞种繁多，舞技高超，盛况空前。以下舞种不属于唐代舞蹈的是（　　）。
   A. 飞天舞　　　　　B. 胡旋舞　　　　　C. 胡腾舞　　　　　D. 绿腰舞

7.《观公孙大娘弟子舞剑器行》的作者是（　　）。
   A. 李白　　　　　　B. 王维　　　　　　C. 杜甫　　　　　　D. 孟浩然

8.《牡丹亭》是（　　）中的著名剧目。
   A. 昆曲　　　　　　B. 京剧　　　　　　C. 越剧　　　　　　D. 豫剧

9. 京剧形成于（　　）。
   A. 唐朝　　　　　　B. 宋朝　　　　　　C. 明朝　　　　　　D. 清朝

10.（　　）织锦采用小朵花、规矩纹，组织规则严整，色调沉静典雅，极具时代特色。
   A. 唐代　　　　　　B. 宋代　　　　　　C. 元代　　　　　　D. 明代

参考答案

寻访民间艺

育人内涵： 民间艺术是相对学院派艺术、文人艺术而言的，是劳动者为满足自己的生活和审美需求而创造的艺术，包括民间工艺美术、民间音乐、民间舞蹈和戏曲等多种艺术形式，常带有浓郁的地方特色和民族风格，与民俗活动密切结合，与生活密切相关。一个人一生的人生仪礼，一年的岁时节令，以及衣食住行的日常生活中都有民间艺术的陪伴。

按照技艺的不同，民间艺术可分为印染织绣、塑作、剪刻、雕镂、绘画、编织、扎糊、表演、其他九大类。印染织绣类包括蓝夹缬、型染、扎染、蜡染、手工织布、织锦、缂丝、刺绣等；塑作类包括泥塑、面塑、陶塑、糖塑、米粉捏制、纸浆拍塑、琉璃、玻璃等造型艺术；剪刻类主要包括剪纸、刻纸、皮影、剪贴画等；雕镂类包括玉雕、木雕、石雕、砖雕等；绘画类主要有农民画、年画、建筑彩画等；编织类以竹编、草编、藤编为代表；扎糊类主要有彩灯、风筝等；表演类包括音乐、舞蹈、戏曲、说唱、杂技、皮影戏、木偶戏、旱船等；其他类主要有瓷器、漆器等。这些传统民间艺术的题材和内容反映了人民群众的审美需求和心理需要，造型饱满粗犷，色彩鲜明浓郁，凝聚着中华民族的性格、精神与对真善美的追求。

践行任务： 在众多民间艺术中，选择与所学专业相关或感兴趣、又或者是家乡特有的一种，深入了解其发展历史、艺术特色、代表作品等，然后试着去传承或传播、创新应用等。

践行记录：

践行感悟：

第七讲 Lecture 7

中华传统服饰
——衣冠古国服章美

文化探知

服饰是人类重要的生活资料之一，也是一种文化符号，更是一种文明的标志。在中华五千年文明发展史上，服饰的发展演变不仅记录了每个历史时期的生产力发展状况与科技发展水平，也在一定程度上反映出当时人们的思想文化、审美情趣和文明传承。

一 传统服饰基本形制与特征

（一）基本形制

中华传统服饰在数千年历史长河中，因社会政治变革、经济发展、风俗变迁等因素衍生出众多样式，但万变不离其宗，其最基本的形制主要有上衣下裳制和衣裳连属制两种。

1. 上衣下裳制

上衣下裳，即把上衣和下裳分开来裁剪制作，上身为衣，下身为裳，相传源于黄帝时代，取法于天地乾坤。《易经·系辞下》就有这样的记载："黄帝、尧、舜垂衣裳而天下治，盖取诸乾坤。"上身的衣，基本形式为交领右衽。交领是指衣领直接连着左、右衣襟，穿着时衣襟在胸前相交叠；右衽是指上衣的左襟压住右襟，然后在右腋下挽结固定。下身的裳，形状类似围裙，在腰间系带，长至脚踝，围合包裹下体。

上衣下裳制是华夏民族最早的服装形式，为了表示尊重传统，后世一直把"衣裳"形制作为最高级别的礼服形式，用于正式场合。这种服制对后世服饰有着深远的影响，古人在相当长时间里都采用上衣下裳的着装形制，如汉代以后流行的上襦下裙、上衣下裤、上袄下裙等，其本质都是属于"上衣下裳"。

2. 衣裳连属制

衣裳连属，是指上衣与下裳连为一体，其典型代表是春秋战国之交出现的深衣。深衣长至脚踝，续衽钩边。"续衽"是指将左衣襟接长，成为一个三角的形状，穿着时将三角的长衣襟绕到背后，裹缠在身上，再用带子系扎，这样就能将身体完全包裹起来，

图 7-1 深衣

使其深藏不露。古人称之为"被体深邃"，深衣之名也由此而来。"钩边"则是指衣襟边缘的装饰，深衣常以不同色彩的锦作为领口、袖口、衣襟和衣裾的边缘。

古人穿的深衣，有一定的尺寸样式，《礼记·深衣》曰："古者深衣，盖有制度，以应规、矩、绳、权、衡……袂圜以应规；曲裾如矩以应方；负绳及踝以应直；下齐如权衡以应平。故规者，行举手以为容；负绳抱方者，以直其政，方其义也。"深衣采用圆形袖口，用以象征圆规，意为举手投足要合乎礼仪；方形的交领如矩，用以象征品行方正；背缝如墨线垂直到脚后跟，用以象征品行正直；下襟与地面齐平如秤，用以象征公平。此外，深衣虽上下连为一体，但却是分开裁剪，这是为了表达对"上衣下裳"古制的遵循。

深衣上衣下裳相连的形式，对后世服饰的影响也十分深远，魏晋的大袖长衫、隋唐的宽袍、宋代的襕衫、元代的长袍，明代的补服，无一不是衣裳相连的深衣制的发展演变。

（二）基本特征

传统服饰经过数千年的历史积淀，在式样、外形、结构、局部、装饰、面料、色彩、图案、审美文化等诸多方面都有着极为鲜明的民族特征。

1. 式样特征

上衣下裳制和衣裳连属制，两种形制在几千年历史长河中交叉使用，相容并蓄。相对而言，女子穿的服装大多为上衣下裳式样，而男子则以上下连属形制的居多，正如现代作家张爱玲在《更衣记》中所指出的那样，"在中国，自古以来女人的代名词是'三绺梳头，两截穿衣'"。

2. 外形特征

我国传统服饰的外形强调纵向感觉，自衣领部位开始自然下垂，不夸张肩部，常用下垂的线条、过手的长袖、筒形的袍裙、纵向的装饰等手法，使着装人体显得修长，特别是使四肢有拔长感。自然修长的服饰可以使东方人较为矮小的身材得到弥补，在感官上产生视错觉，在比例上达到完美、和谐。同时，平顺的服装外形也与东方人脸部较柔和的轮廓线条相称。

3. 结构特征

在结构方面，我国传统服装采用平面直线裁剪法，无论袍、衫、襦、褂，通常只有袖底缝和侧摆相连的一条结构线，无起肩和袖窿部分，整件衣服可以平铺于地，结构简单舒展，表现的是一种二维效果。

4. 局部特征

从局部细节看，传统服装的斜交领、对开V领、直立领、衣服下摆两侧开衩、清代箭袍式的前后左右四开衩，以及衣服的对襟、大襟、一字襟、琵琶襟等，都极具东方特色。

5. 装饰特征

因为传统服装是平面直线裁剪，表现二维效果，所以装饰也以二维效果为主，强调平面装饰。常用装饰手段有镶、嵌、滚、盘、绣几大工艺。这些工艺的巧妙运用，使得

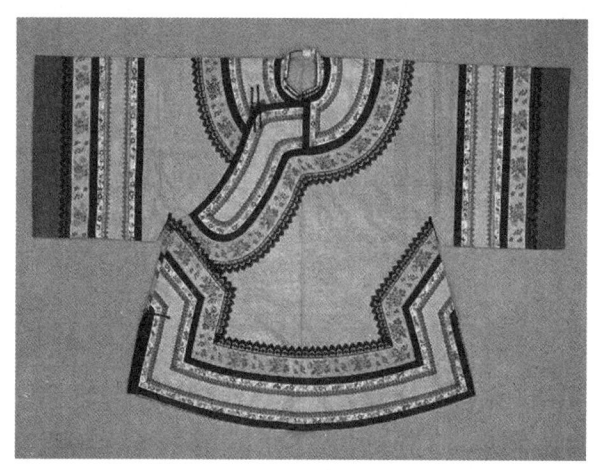

图7-2　清代多重镶滚女衫

传统服装虽造型简练，但纹样丰富、色彩斑斓，美不胜收。刺绣用于服装可谓历史久远，发展到后来甚至"衣必锦绣"。除刺绣外，镶、滚工艺运用得也很多，如清末流行在衣缘处进行镶、滚装饰，以至于女子服饰的衣缘越来越阔，从三镶三滚、五镶五滚，发展到"十八镶滚"。

6. 面料特征

我国传统服饰使用的面料主要有葛布、苎麻布、大麻布、丝绸、棉布等织物。葛布是用葛藤的茎皮纤维加工制成的，苎麻是我国特有的植物，欧洲称之为"中国草"，大麻也被称为"汉麻"。丝绸则是享誉世界的面料，养蚕、缫丝、织绸，是我国先民对世界纺织服装发展作出的杰出贡献。棉布则出现较晚，到元明时才逐渐成为我国人民普遍穿着的衣料。

7. 色彩特征

在配色上，高饱和度、强对比是传统服饰常用的配色方式。但强烈的对比色在金、银、黑、白等中性色的缓冲配合下，又使服装洋溢出富丽堂皇、浑朴大方的气氛。另外，民间对蓝色似有偏爱传统，如蓝印花布、靛蓝蜡染布等。一则蓝色相对耐脏，二则蓝色与黄种人的肤色比较相配，容易协调，可产生柔和的色对比效果。

8. 图案特征

传统服饰的图案纹样丰富多彩，有飞禽走兽、四季花卉、山峦亭阁、几何纹样等，抽象、具象、夸张、写实等风格俱全。图案纹样不仅精美，而且具有吉祥寓意。从古至今，从高贵的绸缎到民间的土布，吉祥纹样的运用可谓极为广泛，如龙凤呈祥、鹤鹿同春、喜鹊登梅、凤穿牡丹、团鹤仙寿、福禄寿喜、连年有余、吉祥八宝等图案，都反映着人民对美满生活的希望。

9. 审美特征

传统服饰强调均衡、对称、统一的服装造型方法，以规矩、平稳为美，不表现人体曲线，宽衣博带、广袖长袍，遮掩人体，表现的是一种庄重、含蓄之美。

（三）政治寓意

《周易·系辞下》有云："黄帝尧舜垂衣裳而天下治。"因此，服饰在古代不是一个简单的穿着问题，而是教化天下的一种礼仪与制度。这集中体现在服饰的材质、式样、颜色、纹样等方面。

1. 材质明贵贱

在棉花传入我国之前，古代服饰所用的材质主要有布、帛、裘皮、褐等种类。用麻、葛等植物纤维材料织成的，称为"布"；用蚕丝织出的绫、罗、绸、缎等，统称为"帛"；裘皮，是经过处理的动物毛皮；褐，则是用粗麻和兽毛混纺织成的布料。一般来说，布、褐，质地粗糙，价格低廉，多为平民百姓穿着；而帛、裘皮，质地精良，价格昂贵，为上层贵族所用。据《礼记》记载，在周代，丝绸只允许王室成员使用。之后的一千多年时间里，穿戴丝绸也一直是皇帝、贵族与官员的专利，而普通百姓即使有钱，也不能购买和穿戴丝织品。直到唐宋时期，随着养蚕缫丝技术的进一步突破，丝绸产量有了极大的提高，才逐渐允许平民阶层使用。当然出于经济原因，普通百姓大多还是穿不起，因此，"布衣""毛褐"就成了平民百姓的代名词，后来读书人在没有入仕之前也称为"布衣"，如诸葛亮在《出师表》中就自称"臣本布衣"，而进士及第后授官就叫作"释褐"。

2. 式样显身份

平民百姓，处在社会的最底层，为了维持生计，终日辛苦劳作，或耕种于田间，或从事体力劳动，因此重视服饰的实用功能，男子多着上衣下裤，女子上衣下裙，基本都呈现出短衣、窄袖、贴身等款式特点。上层贵族为了彰显身份则追求服饰的宽博拖曳，男子早期或上衣下裳、或深衣，后来大多穿长袍、长衫。以至于到了民国时期，鲁迅笔下的孔乙己哪怕再穷困潦倒，也要天天穿着他那件又脏又破的长衫，因为那是他读书人、上等人的身份象征。

3. 颜色分地位

几乎历朝历代都有对服饰颜色的各种规定和禁令，历史上的"白衣""苍头""绯紫""黄袍""皂隶""青衫""乌纱帽"等，就是某种颜色附丽于某种服饰而获得代表某种地位和身份的例子。

据资料记载，早在先秦时期就已经有了用服饰颜色来象征身份地位的做法。如周代以赤色和玄色为贵，故赤、玄二色是贵族才能用的服色，而普通百姓只能穿未经染色的衣服，又由于麻布、葛布的本色接近于白色，于是平民百姓就有了"白丁""白衣"的称谓。此后，随着封建制度的确立，服饰颜色的等差变化进一步细化。到隋唐之后，官服颜色就直接体现了官职品位的高低。唐太宗贞观四年（630年）定文武官员朝服颜色，三品以上服紫，四品五品服绯，六品七品服绿，八品九品服青。宋代官服颜色也是这个格局；元代在承袭宋制的基础上，减为紫、绯、绿三色；明代因皇家姓朱，调整为绯、青、绿三色。

黄色，从唐高宗年间开始逐渐禁止士庶穿着，到赵匡胤陈桥兵变、建立宋朝后，黄袍就正式成为皇权的象征。黑色比较威严，历来也被用于官吏的服饰上，如官员戴的乌纱帽、衙门差役所穿的皂衣，都是一定身份地位的象征。

4. 纹样别等级

传统服饰的等差制度还体现在服装的花纹图案上，其中最具代表性的当属"十二章

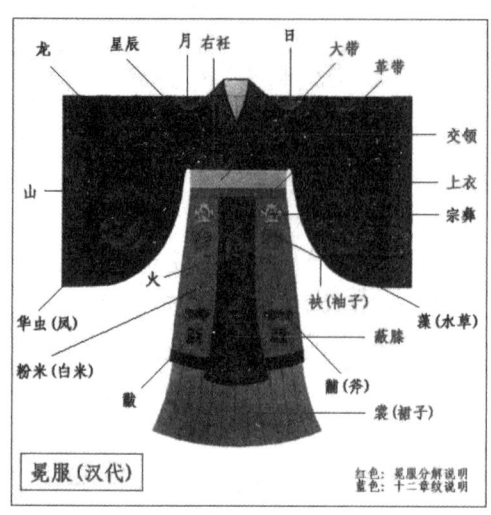

图 7-3 十二章冕服

纹"与明清官服的补子纹样。

十二章纹是古代帝王及高级官员冕服上绘绣的十二种纹饰，分别是日、月、星辰、山、龙、华虫、宗彝、藻、火、粉米、黼和黻。其图案根据穿着者的身份地位从高往低依次递减。周代时规定日、月、星辰三章画于旗帜，不再施于衣裳，因此，帝王在最隆重的祭祀场合也只穿九章之服，其他臣下则相应递减。汉代贾谊曾说："是以天下见其服而知贵贱，望其章而知其势位"（《新书·服疑》）。

十二章纹

文化链接

十二章纹

十二章纹是夏、商、周及之后封建社会时期帝王及高级官员冕服上绘绣的十二种纹饰，分别为日、月、星辰、山、龙、华虫、宗彝、藻、火、粉米、黼和黻，前六种施于上衣，后六种施于下裳。

这十二种图案各有象征意义。日、月、星辰，代表三光照耀，象征帝王皇恩浩荡、普照四方，其中日在左肩，月在右肩，合起来就是"肩挑日月"，星辰位于上衣后背，寓意"背负星辰"；山，代表性格稳重，象征帝王能治理四方水土；龙，是一种神兽，变化多端，象征帝王善于审时度势地处理国家大事和对人民的教诲；华虫，是雉鸡，取其羽毛五色有文丽，表示王者文采昭著；宗彝，是古代一种祭祀礼器，形如一对酒杯，左右各有一虎一蜼（一种长尾猿）图案，象征帝王有忠孝的美德；藻，即水草，象征帝王品行冰清玉洁；火，则象征帝王处理政务光明磊落，火焰向上有率领人民向归上命之意；粉米，就是白米，象征帝王有重视农桑、滋养人民之德；黼，斧形，象征帝王做事干练果敢；黻，两弓相背之形，代表帝王有明辨是非、见善去恶的美德。

因此，十二章纹的形成不仅表明服饰等差制度的形成，而且赋予了等差服饰的象征意义。当帝王穿上十二章服，不仅意味着他是最高等级的君王，同时也用这些纹样告诉他要了解社会、体察民情，以江山社稷为重，要明是非、辨曲直，树立社会正气，做一个贤能、开明、睿智的君王。

补子是明清时期官服上的一种方形或圆形织物，通常缝缀在官服的前胸和后背上，通过不同的禽、兽纹样来区分文官和武官的品级。文官补子以禽鸟为纹样，如一品绣仙鹤、二品绣锦鸡、三品绣孔雀、四品绣云雁等，武官补子则以走兽为纹样，如一品绣麒麟、二品绣狮子、三品绣豹、四品绣虎等。这些禽鸟或高雅圣洁、或吉祥忠诚，走兽则大多威武勇猛，故文官绣禽鸟象征其儒雅娴静，彰显贤德；武官绣走兽象征其勇武彪悍，彰显威仪。

图7-4 清乾隆文官一品鹤纹刺绣补子

二 历代服饰发展

（一）历代服饰发展概况

图7-5 历代服饰沿革简明图

1. 上古服饰

根据现有的出土文物来看，中华服饰的源头可追溯到原始社会的旧石器时代晚期。北京周口店山顶洞人（距今1.9万年左右）遗址中发现1枚骨针和141件钻孔的石、骨、贝、牙装饰品。这表明当时的人们已能利用动物的皮毛、结实的树叶等一类天然材料缝制简单的衣服。而且所发现的小石珠、钻孔兽牙等装饰品上有长期佩戴的磨蚀痕迹，其中有5件在出土时呈半圆形排列，很可能是成串的项饰，另有25件还用赤铁矿粉涂染着色。这反映出山顶洞人在服饰方面已有一些审美情趣。

进入新石器时代以后，随着生产力的发展，纺织工艺出现并不断进步，服饰面料发生很大变化，出现了葛布、麻布、丝织物等，服装功能也有了较大改善。

2. 夏商周服饰

夏商周是我国奴隶社会形成、发展与兴盛时期，也是冠服制度和上衣下裳形制逐步确立并完善的时期。

刚从原始社会过渡到奴隶社会的夏代，虽尚未形成严格规范的冠服制度，但服饰已经与等级制度联系在一起，如贵族阶层可以穿丝、细葛、细麻等织物做的服装，而平民阶层就只能穿粗麻粗葛织物。

商代服饰的主要材料有皮、革、丝、麻、葛，其中丝、麻织物因纺织技术的进步已占重要地位。商代人已经能织造出极薄的绸、提花几何纹的锦、绮和绞织的罗、纱。衣料用色厚重，除使用丹砂等矿物颜料外，许多野生植物如槐花、栀子、栎斗和人工种植的蓝草、茜草、紫草等也已用作染料，这为服饰材料和纹饰提供了空前的物质条件。当时，奴隶主和贵族平时已穿着色彩华美的丝绸衣服，奴隶、平民则穿本色的麻、葛布衣或粗毛布衣。

从河南安阳殷墟妇好墓出土的玉石人雕像可知，商代衣着通常为上衣下裳制，上穿交领窄袖式短衣，衣上织、绣有各种花纹，领缘、袖口常用花边装饰，以宽带束腰，腹前垂一兽头纹样的韦韠，下着裙裳。四川广汉三星堆出土的青铜人像，头上着冠，窄袖长衣，外加短袖开衩齐膝衣。

西周时，等级制度进一步确立，冠服制度也随之逐渐完善，并形成了以"天子冕服"为中心的章服制度。周王朝设"司服""内司服"等官职，掌管王室服饰。王室公卿为表示尊贵威严，在不同礼仪场合，不仅顶冠要冕弁有序，而且穿衣着裳也须采用不同形式、颜色和图案，最著名的就是《尚书·益稷》所记载的十二章服。

从周代出土的人形文物看，服饰装饰虽繁简不同，但上衣下裳已是分明，这表明我国传统服装的基本形制至此已奠定，"衣裳"遂成为服装的通称。

图 7-6　三星堆青铜人像

3. 春秋战国服饰

春秋战国时期，群雄纷争，诸侯国各自为政、富国强兵，纺织服装技艺也有较大发展，服饰材料日益精细，品种名目也日渐繁多。河南襄邑的花锦，山东齐鲁的冰纨、绮、缟、文绣，风行全国，价格也比普通绢帛超出20多倍。南方吴越生产的细麻布，北方燕代生产的毛布、毡裘，西域羌、胡族的细旃花罽（细密毛织物），楚国的大花纹刺绣、通幅大花纹织锦，无不精美绝伦。

各国衣冠服制虽大不相同，但中原地区普遍呈现出上层贵族宽博拖曳、下层平民窄小贴身的款式差异。冠服制度更被纳入"礼治"范围，成了礼仪的表现形式，从此衣冠服制更加详备。在基本样式上，除了上衣下裳，还出现了深衣与胡服。深衣在当时的用途极为广泛，它既是君王、百官及士人的家居便服，也是庶人百姓的礼服。因此，深衣的普及率很高，不分尊卑男女、不论文武职别皆可穿着，其流传时间也最久。胡服，最初为"胡人"服饰，其特征是衣长齐膝，腰束革带，长裤，皮靴，衣身紧窄，便于骑射活动。后引进中原，但由于中原上层贵族将上衣下裳、宽博拖曳视为地位、等级的象征，故当时胡服的主要穿着者为军人、平民劳动者。

图 7-7　胡服

这个时期，政治、经济、思想文化都发生急剧变化，特别是诸子百家学说对衣冠服饰产生了一定影响。如孔子强调文质彬彬、内外一致，主张衣冠服饰要合乎礼仪；墨子则倡导"节用"，主张衣冠服饰只求"尚用"，不必过分豪华，也不必拘泥于烦琐的等级制度；荀子则提倡"冠弁衣裳，黼黻文章，雕琢刻镂，皆有等差"；老庄的观点是崇尚自然、反对修饰。这些观点在以后的两千多年时间里，均程度不同地影响着中华民族的服饰观念。

4. 秦汉服饰

秦代服饰样式基本沿用战国各诸侯国的旧式，除深衣外，又开始流行起上下一体裁剪的袍服。其特点是交领、右衽、衣袖窄小，无收腰、腰间系带、无开衩，衣缘及腰带多用彩织装饰，花纹精致。在秦代，男女日常服饰的形制差别较小，均大襟窄袖，只是男子腰间可系革带、丝带，女子只以丝带系扎。在服装色彩上，因秦始皇深受阴阳五行学说影响，故秦代服色以黑为贵。

汉承秦后，多因其旧。汉初大体上也保留了战国和秦代的遗制。西汉时，深衣依旧流行，只是款式有所变化，衣襟的绕转层数增多，称为曲裾深衣，穿着者腰身大多裹得很紧，并用一根绸带扎系在腰间。从西汉墓出土的男女木俑来看，男式深衣曲裾略向后斜掩，延伸并不长，女式深衣曲裾则延伸较长，可缠绕数层形成一道道花边，显得别致优雅。

汉代袍服依旧流行，但袖子较秦代变大许多，袖口收紧，领子以袒领为主，穿时露出里衣，分曲裾和直裾两种类型。曲裾袍与曲裾深衣相似，流行于西汉；直裾袍是开襟从领向下垂直，又称"襜褕"，东汉时逐渐流行，其功能也由原来的内衣、常服逐渐演变成礼服。汉代袍服之制日益普及，不分男女均可穿着。特别是女子，不唯用作内衣，平常家居也穿着在外。时间一长，袍服便演变成为一种外衣，形制也日益繁复，通常在领、袖、襟、裾等部位饰以缘边。此外，汉代女子还流行穿襦裙，上襦较短，只到腰间，多为窄袖交领；裙子很长，下垂至地，上窄下宽，腰间以绳带系扎，襦在内，裙在外。

图 7-8　西汉墓出土的木俑　　　　　　　　　　　　图 7-9　襜褕

东汉明帝时，汉代冠服制度确立。冠帽、衣裳、佩绶、鞋履等都各有严格的等级差别，其中以冠帽为主要标志。因此，汉代冠帽种类有十几种之多，主要有冕冠、通天冠、长冠、委貌冠、法冠、武冠、进贤冠等。服饰在整体上呈现凝重、典雅的风格。

5. 魏晋南北朝服饰

魏晋南北朝时期，三百余年战乱不息，社会动荡。由于政权更迭频繁、原有礼法制度崩坏、南北各民族大融合等原因，服饰在改易中得到发展，其过程大致可分魏晋和南北朝两个阶段。前段，呈现出"乱世冠巾杂"的现象；后段，多民族服饰交融互渗。

汉末以后，战争频繁，社会财力日显艰困，冠服制度已难维持与发展；此外，夺权篡位、排除异己等政治险恶，使得礼法制度完全崩坏。于是，部分文人在日常举止中故意反叛传统道德，在着装上极力追求宽衫大袖、散发袒胸的散漫随意和离经叛道，"竹林七贤"就是其中的代表。而民间百姓的服饰受此影响也不再受朝廷禁令的限制，因此从朝廷到民间，从上到下，都流行着一种不拘礼法的衣着风气，宽衣博带日渐成为魏晋世俗之时尚。当时男子常穿大袖衫，袖口宽敞不收缩，有交领直襟和对襟两种，对襟式还可开胸而穿，不系衣带。女子服装也以宽博为主，如上穿大袖衫，下着条纹间色裙。女式大袖衫对襟、束腰，衣袖宽大，两腋上收成弧形，下垂过臀。

南北朝时期是多民族文化大碰撞、大交融时期，服饰也出现交融互渗的状态。一方面，北方游牧民族在中原定居后，受到汉族服饰的影响并接受汉族的服饰制度，如北魏孝文帝励精图治，大力推行汉化政策，严令本民族改穿汉服。另一方面，北方游牧民族的袴褶也逐渐成为流行服饰，男女都有穿着。袴褶，由褶衣和缚裤两部分组成，褶衣较紧窄，长至膝盖，多为对襟，有的还把衣服下摆裁成两个斜线，两襟相掩，在中间形成一个小小的燕尾，很是别致；缚裤为大口裤，并在膝盖处系扎丝带。女子的衣裙与魏晋

图 7-10　竹林七贤

相差不大，只是有的再在腰间缠一条围裳，用来束腰。此外，还出现一种叫"杂裾垂髾"的女服，即在衣服上装饰有"襳髾"，襳是从围裳伸出来的飘带，髾是固定在衣服下摆部位的装饰。

6. 隋唐服饰

隋唐时期，我国由分裂而统一，由战乱而稳定，经济文化繁荣，思想开放包容，服饰也相应地呈现出缤纷灿烂的风采。其中，唐代女子服饰是最具代表性的。唐代女服在继承前几个朝代传统特点的基础上，又广泛吸收了同时期其他民族的风格，进而创造出新一代服饰样式，充分展示了隋唐服饰雍容大度的风范，真正体现了隋唐文化多姿多彩的魅力。

图 7-11　袴褶

隋唐最时兴的女子衣着是襦裙。这种从汉代开始流行的女装，发展到隋唐时，短襦不再采用交领形制，而多用对襟直领，后来又索性开成类似现代大 U 领的袒领，这在礼法森严的古代社会是空前绝后的；长裙裙腰渐高，多用绸带系于胸前，有的甚至高及腋下，裙色也很丰富，石榴红、杏黄、深紫、月青、草绿等，还有多色拼接的间色裙。同一时期流行的还有半臂与披帛。半臂形制如同现在的短袖衫，有对襟、套头、翻领等多种样式，但领口一如袒领都很宽大，袖长及肘，身长及腰，用小带子当胸结住。披帛是一种用薄纱罗制作的长巾，中间固定在半臂的胸带上，两端披搭在肩上，再旋绕于手臂上。到了盛唐，豪华奢靡之风日盛，女子衣裙逐渐由窄小转向阔大拖沓，衣袖由窄变宽，有的甚至超过 4 尺；窄身的齐地长裙也变得宽博曳地，出现多达 12 幅

图 7-12　杂裾垂髾

巾帛拼制的多幅裙，最长的拖地4—5寸，更有各种装饰极尽华丽奢侈，以至于朝廷不得不用法令加以限制。另外，唐代女子还喜欢女扮男装，穿男子的戎装，这种穿着被叫做"丈夫服"，也是唐代女服的又一大特色。

图 7-13 唐代间色襦裙

图 7-14 半臂

图 7-15 披帛

图 7-16 盛唐女子衣裙

图 7-17 唐太宗服饰形象

隋唐时期男子的着装特征主要是上层人物穿长袍，下层百姓着短衫，直到五代十国都变化不大。男子官服，一般是头戴乌纱幞头，身穿圆领窄袖袍衫，衣长在膝下踝上，腰系红鞓带，足蹬乌皮六合靴。从皇帝到官员，样式几乎相同，差别只在于材料、颜色和鞓带上的装饰。隋文帝开天子穿黄袍的先河，他当时用的是柘黄色，即杏黄色，而且并不禁止民间用这种黄色。唐袭隋制，天子也穿赤黄色袍衫，唐高祖时期开始禁止臣民穿赤黄色，到唐高宗年间其他相近的黄色也被禁止，至此黄色开始成为帝王的专用服色。同时，隋唐还用服色来区分等级。据《隋书·礼仪》记载，大业六年（610年），隋炀帝下诏书，"五品以上，通着紫袍，六品以下，兼用绯绿，胥吏以青，庶人以白，屠贾以皂，士卒以黄"，品色衣的制度初具雏形。到了唐代，统治者更加重视服色的等级尊卑，服色规定越来越详尽和完善，最终形成了细致严格的品色衣制度。

• 文化链接 •

乌纱帽的起源

乌纱帽，原是民间常见的一种便帽——幞头。幞头最早出现在南北朝时期的北周，因为固定发髻十分方便，且不易散乱，适合经常操练的士兵，因此先在军队中流行。到了隋唐开始广泛流行，从民间到帝王都喜欢戴。

五代十国时，出现了一种硬挺的"漆纱幞头"，后面还有两个几乎与地面平行的硬脚，发展到宋代就演变成了直脚幞头。直脚幞头，两个硬脚平伸，每边长一尺二寸（40厘米），整个幞头有近一米的宽度。除了直脚幞头，宋代还有牛耳幞头和无脚幞头。牛耳幞头的两个硬脚是弯曲的，看起来和牛耳朵相似，为宋代乐伎优伶所戴，无脚幞头则是衙门里差役戴的。

到了明朝，幞头更是帝王百官的必备品，皇帝幞头的两脚向上折起，百官幞头两脚依然平伸，但比宋代短了很多。而且规定，朝会时官员必须戴乌纱帽，而平民则不许再佩戴乌纱帽。由此，乌纱帽就成了官员特有的标志性服饰，在后世演变中还成了官位的代称。这种寓意甚至一直沿用至今。

7. 宋代服饰

宋代服饰大体上沿袭隋唐旧制，但不像唐代那般华丽、张扬。这与其政治、经济、思想文化等状况密切相关。宋代经济空前富庶繁荣，但边患不断，统治者重文轻武，再加上强调秩序、抑制欲望的程朱理学思潮与古典美学思想的影响，这一时期的服饰崇尚简约、淡雅、严谨、内敛。

男子官服样式基本延续唐代，以圆领袍为主，但原本细窄的袖子变得宽大，衣身加长几乎触地，领口处增加一种上圆下方、形似璎珞锁片的饰物，叫作"方心曲领"，用来压贴衣领。服色上也基本沿袭唐制，初期也是三品及以上用紫，四五品用绯，六七品用绿，八九品用青；到宋神宗年间改为四品及以上都用紫色，五六品绯色，七八九品绿色。官帽则由唐代的软脚幞头演变为内衬木骨、外罩漆纱的幞头帽子，皇帝、达官显宦戴展脚幞头，公差、仆役等戴无脚幞头。

女子服饰主要有袄、襦、衫、褙子、裙子、裤等。"褙子"是最具宋代特色的一种服装形制，H型廓形；以直领对襟为主，长度有膝上、齐膝，也有长及脚踝；前襟不施襻钮；左右两侧开衩，或从腰部开至下摆，或从腋下一直开到底。宋代女子通常上身穿窄袖短衣，外面再穿一件褙子；下装则以裙为主，与唐代相比，裙腰又回到了腰间，裙幅变窄，且有细褶，讲究瘦长苗条的视觉效果；在色彩上一改唐代的浓艳华丽，多使用淡雅恬

图7-18 方心曲领

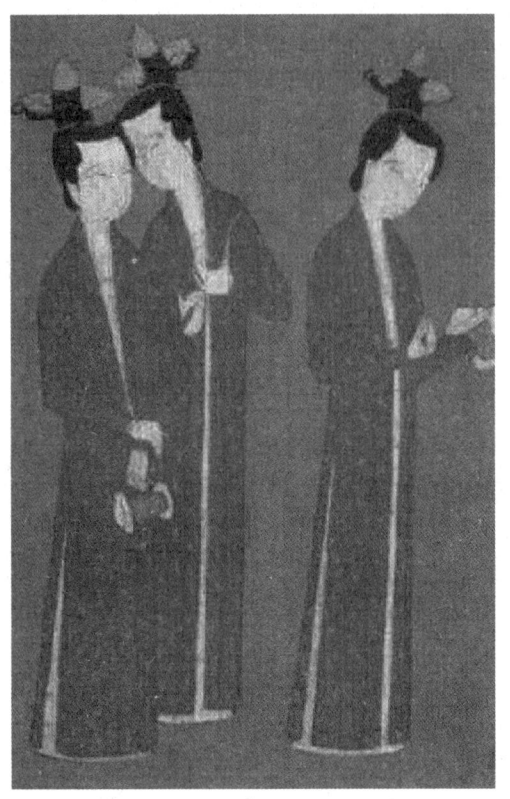

图 7-19 褙子

静之色,但配色大胆,打破唐代以青、碧、红、蓝为主色的习惯;面料上多用缬帛(印花丝绸)、销金(加入金线编织的丝织品),有一种低调的奢华感,所用花纹也突破唐代对称图案的呆板,其中写生式的折枝花图案尤为时尚。

受程朱理学影响,宋代服饰制度等级森严。不但贵族与百官必须遵循朝廷所定的服制,一般百姓也必须按本行本色打扮。如果不照章办事,不但官府要管,社会舆论也要干涉。这甚至成为宋朝一代的社会风气。

8. 辽金元服饰

辽金元时期,游牧民族入主中原,此时汉族服饰与游牧民族服饰平行发展。游牧民族的粗犷豪放与汉族的华丽铺张相互影响,给这一时期的服饰文化注入了新的活力。

辽是契丹政权,契丹人常穿圆领左衽窄袖的紧身袍服,下穿紧腿裤,女子也穿裙,但多穿于长袍之内。金是女真族建立的政权,其服饰具有浓厚的民族特色,典型的有盘领衣和大口裤。盘领衣,为左衽、窄袖、长至小腿,下面有皱褶;大口裤的腰部较宽,裤脚口较小并缝有一条横套带,穿时将套带蹬于足心,起到固定裤腿的作用,类似于二十世纪八九十年代流行的蹬脚裤。这种着装对女真人骑马、上下活动都非常便利。女真族入主中原后,在保留一些本民族特色的基础上,也逐渐与汉服相融合。西夏是党项族政权,由于其特殊的地理位置与历史背景,再加上西夏人也乐于吸收和借鉴中原汉文化,因此相对其他民族,其服饰已在很大程度上汉化。

元代是蒙古族建立的大一统帝国,多

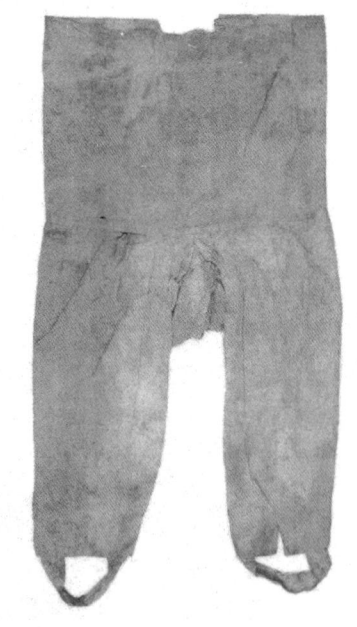

图 7-20 金齐国王墓出土的大口裤吊敦

民族融合，蒙汉制度杂糅，服饰并行发展又相互影响。蒙古族服饰为方便骑射、涉草行走，整体呈现出窄袖、束腰带、穿皮靴、合袴等特征。元代统治者对天子、百官的服饰采用双轨制，既有汉制的衮冕系列，也有蒙古族特有的质孙系列。质孙服原为蒙古族的戎服，便于骑射，后成为元代重要的宫廷礼仪服饰，交领窄袖束腰，上下相连，上衣较紧窄，下裳较短，约在膝盖处，腰部有很多细褶。由于讲究颜色统一，包括帽子、腰带、鞋子等饰品都要清一色，因此，汉人也称其为"一色衣"。质孙服的面料选用元代最具特色的"纳石失"（织金锦），因此虽色彩单一，但仍呈现出金碧辉煌的华丽效果。质孙服由官府专门生产、天子赏赐而得，民间不允许制作，官府制作的质孙服也不允许流入民间。元代贵族女子（多为蒙古人）与男子服饰形制大体相同，通常穿着袍服，后随着蒙汉民族文化的逐步融合，也以宽大为时尚，慢慢形成衣袖宽肥、但袖口紧窄的大袖袍。此外，元代蒙古族普遍佩戴帽冠，男子佩戴圆形钹笠帽或四方瓦楞帽，已婚贵族女子佩戴罟罟冠。汉族平民服饰则基本与之前无甚差别。

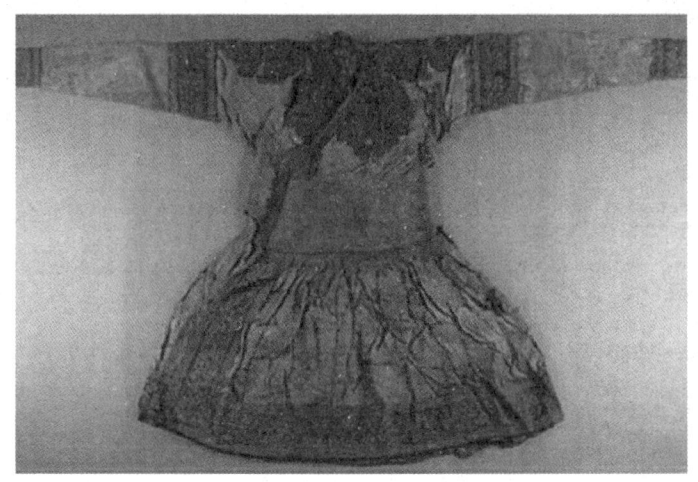

图 7-21　质孙服

图 7-22　蒙古女子的罟罟冠

9. 明代服饰

明代政权建立后，曾力图消除蒙古族服制对汉族的影响。明太祖朱元璋根据汉族传统，"上承周汉，下取唐宋"，于洪武二十六年（1393年）重新制定了服饰制度。明代官员首服主要沿袭宋元幞头而又稍有不同，皇帝戴乌纱折上巾，帽翅自后部向上竖起；官员朝服戴展翅漆纱幞头，常服戴乌纱帽。官服以大红色为贵，基本样式近似唐代圆领服，尺寸宽大，盘领右衽，其中最有特色的是在前胸、后背各缀一块方形补子来区别品级，文官用飞禽纹样，武官用走兽，各分九等。受到诰封的官员妻、母，也有以纹、饰区别等级的红色大袖礼服和各式霞帔。此外，上层社会女子开始穿着高跟鞋，并有里高底和外高底之分。

普通百姓服装基本承袭传统样式，品种丰富，材料也因棉布得到普及而有所改善。

图7-23 明代大衫霞帔

在用色方面,劳动大众只能用褐色,平民女子只能穿紫、绿、桃红等色,不得使用大红、鸦青、黄等,以免与官服正色相混。明朝时还兴起一种叫"比甲"的长背心,样子有点像士兵穿的盔甲,在青年女子中尤为流行。日常帽子除唐宋以来旧样依然流行外,朱元璋又亲自制订两种,颁行全国,士庶通用。一种为方桶状黑漆纱帽,称四方平定巾;另一种是由六片合成的半球形小帽,称六合一统帽,即后来北方广为流行的瓜皮帽,一般用黑色绒、缎等材质制成。

此外,明代服饰最突出的变化就是使用了几千年的带结被纽扣所代替,不仅更加实用,还更加美观。

10. 清代服饰

清王朝取代明朝后推行剃发易服政策,男子必须按照满族习俗统一服饰。顺治九年(1652年),钦定《服色肩舆条例》颁行,从此废除了浓厚汉民族色彩的冠冕衣裳,但同时也吸收了明朝服饰的纹理图案。

清代官服的主要品种为长袍和马褂。长袍,立领直身箭袖,偏大襟,下摆有两开衩、四开衩、无开衩等三种类型;马褂,是外加于袍的短褂,因起源于骑马短衣而得名,特点是身长不过膝、袖宽且短。当胸所钉补子的鸟兽纹样和等级顺序与明代大同小异,只是官员用方补、亲王郡王用圆补,服色则统一用石青。皇帝有时还赏穿黄马褂,以示特别恩宠。影响所及,其他颜色的马褂遂在官员士绅中逐渐流行,成为一般的礼服。官帽则与前代截然不同,凡军士、差役以上军政人员都戴形似斗笠的纬帽,按冬夏季节有暖帽、凉帽之分,视品级高低安上不同颜色、质料的"顶子"。四五品以上官员还需项挂由各种贵重珠宝和香木制成的朝珠。

图7-24 清代云肩

清代普通男子常穿腰身、袖管窄小的高领长衫,外套短褂或坎肩,头戴瓜皮小帽,腰带上挂满刺绣精美的荷包、扇袋、香囊等饰物。这在当时可算是时髦打扮,京城一带尤盛,很多地主、商人常如此装束。

清代女装，主要分汉族、满族两种。汉族女子在清初还保留着明代的穿着打扮，时兴小袖衣和长裙（包括马面裙）；乾隆以后，衣服渐肥渐短，袖口渐宽，流行云肩等装饰，花样翻新非常快；到晚清时，城市女子已开始穿镶花边的裙子或去裙着裤，衣上镶花边、滚牙子，多至十几道，有"七姐妹""十三太保""十八镶绲"诸名，一衣之贵大都花在这上面。满族女子则穿旗装，其外轮廓呈长方形，马鞍形的衣领高可遮挡脸颊，不显腰身，偏襟右衽，用盘扣作装饰，假袖二至三幅，用镶滚工艺装饰，然后外加坎肩或马褂，梳旗髻（俗称两把头），穿"花盆底"旗鞋。

11. 民国服饰

辛亥革命结束了两千多年的封建君主专制，衣冠等级制度随之被废止，而随着西风东渐，服饰也呈现出中西合璧、中外并存的新面貌。

当时的男装样式主要有长袍马褂、中山装、西装等。中山装，是基于日本学生装而加以改革的国产形制，因由孙中山先生倡导而得名。这个时期最有代表性的男子服饰形象是礼帽、长袍、西裤、皮鞋。这是二十世纪三四十年代较为时兴的装束，既不失民族风韵，又增添潇洒英俊之气，文雅中显露精干，是中西结合非常成功的一套服饰。

文化链接

中山装的政治及文化寓意

中山装由于孙中山先生的提倡，也由于它的简便、实用，自辛亥革命起便和西装一起开始流行。1929年民国政府通令将中山装定为礼服，并根据中山装立翻领、对襟、前襟五粒扣、四个贴袋、袖口三粒扣、后片不破缝等造型特征，与传统服饰文化观念以及《周易》等典籍内容赋予以下意义。

其一，前身四个口袋，代表礼、义、廉、耻四大道德标准与行为规范，即有礼节、讲道义、尚廉洁、知羞耻。

其二，门襟五粒纽扣，代表五权分立（行政、立法、司法、考试、监察）。

其三，左右袖口的三粒纽扣，分别表示三民主义（民族、民权、民生）和共和的理念（自由、平等、博爱）。

其四，后片不破缝，表示国家和平统一之大义。

其五，封闭式立翻领，代表严谨治国的理念。

其六，两个上口袋的笔山形袋盖，象征崇文兴教。

其七，口袋上的四粒纽扣代表人民拥有的四权（选举、罢免、创制、复决）。

自诞生以来，中山装已成为我国男子通行的经典正式装。

民国时期的女子服饰变化较大，出现了各式袄裙与不断改进的旗袍。袄的款式有对襟、琵琶襟、一字襟、大襟、直襟、斜襟等；领、袖、襟、摆等处多镶滚花边，或加刺绣纹饰；衣摆有方有圆，宽瘦长短的变化也较多。下裙有长裙、马面裙、百褶裙、绣花裙等。学堂中女学生大多穿着偏大襟上衣，底襟圆摆，齐肘中袖短衫和黑色绸裙。乡间女子的普遍装束为上衫下裤或再外罩一条纻裙（围系式的或长或短的小裙）。旗袍开始成为女子主要常服。旗袍原本是满族女子的长袍，二十世纪二十年代末受西方文化影响而改良，长度明显缩短，腰身收紧，衣领紧扣，曲线鲜明，衬托出端庄、典雅、沉静、含蓄的东方女性芳姿。改良后的旗袍仍在不断变化中，如领子先时兴高领，后变低，再索性将领子取消，继而又高掩双腮；袖子时而长过手腕，时而短至露肘，再后来又去掉袖子；衣身长时可及地，短时至膝间；开衩低时在膝中，高时及胯下。二十世纪三十年代又恰逢烫发传入，于是，烫发、紧腰大开衩旗袍、高跟皮鞋，也成为这一时期中西结合成功的女子服饰形象。自二十世纪三十年代起，旗袍几乎成为中国女性的标准服装，民间女子、学生、工人、达官显贵的太太，无不穿着旗袍，旗袍甚至成为交际场合和外交活动的礼服。除旗袍外，民国期间的女装还有新式衣裙、大衣、西装、披风、马甲、披肩等。

（二）五次重大服饰变革

1. 战国赵武灵王推行胡服

战国是我国古代战争频繁、民族融合迅速的一个时期。当时赵国被齐、中山、燕、林胡、楼烦、东胡、秦、韩、魏等国包围，经常受到游牧三胡（林胡、东胡、楼烦）以及秦国、中山国、齐国的侵扰，形势极为险恶。为抵御外敌、强兵固国，赵武灵王勇敢抛弃中原传统的衣冠制度，提出"吾欲胡服"这一关乎国家命运的服饰变革主张。公元前307年，赵武灵王实行"易胡服习骑射"的军事改革，即把中原宽衣大袖、长裙浅履的传统服饰改为短衣窄袖、长裤革靴的西北游牧民族服饰，以方便操练骑马射箭，组建灵活机动、战斗力强的轻装骑兵。改革后，赵国军队的战斗力大大增强，不仅摆脱了三胡的侵扰，而且还开疆拓土成为战国七雄之一。

赵武灵王推行胡服虽是出于骑射的客观要求，但事实上，胡服不仅能适应作战需要，而且比中原地区的传统服饰更便于人们的生产劳动与其他社会活动，因而在历史上产生了深远的影响。除当时楚、齐两国已有人效法外，至汉代胡服已成为官定武服。魏晋时期，帝王将相百官士庶都穿胡服。北朝以后，文武官员皆着胡服，再后来一般百姓，甚至妇女、儿童也逐渐穿上胡服。胡服的便利性日益被中原人民所接受。

2. 北魏孝文帝汉化融合

东汉末年，军阀割据，三国并立，历史车轮就此进入分裂、动乱的魏晋南北朝时期。在动荡混乱的三百多年间，匈奴、鲜卑、羯、氐、羌等北方游牧民族纷纷崛起，先后建立地方政权，并入主中原，因此这也是我国历史上南北方交流密切的民族大融合时期。民族的融合，必然带来人民生活习惯、习俗的融合，各民族服饰之间的交融也成为一种必然趋势。正是在这一时期，北魏孝文帝开始了"汉化"改革，形成了华夏历史上第二次重大服饰变革。为了巩固政权、统一南北，494年，北魏孝文帝自平城（今山西大同）迁都洛阳，举国移风易俗，全面推行汉化政策，改革鲜卑旧俗。在服饰上，"诏禁士民禁胡服"（《资治通鉴·齐纪五》），改穿汉人服饰，"群臣皆服汉魏衣冠"，尤其是祭祀之服与朝会之服，几乎完全采用汉魏制度。

当北方民族着意于衣装改制而向汉装认同时，中原服饰也波澜不惊地汲取了对方服饰的不少特点，如将衣装裁制得紧身适体，于是袴褶、裲裆等胡服在北齐时成为大范围流行的服装。这一历史趋向在沈括的《梦溪笔谈》中就有记录，"中国衣冠，自北齐以来，乃全用胡服。窄袖绯绿，短衣……长腰靴，皆胡服也。"而《朱子语类》也是将我国服饰跨文化传统的功绩溯源到北魏，"今世之服，大抵皆胡服，如上领衫、靴鞋之类。先王冠服扫地尽矣。中国衣冠之乱，自晋五胡，后来遂相承袭，唐接隋，隋接周，周接元魏，大抵皆胡服。"因此，北魏孝文帝的改制方略给我国各族服饰带来了良性的互动，其对后世服饰的影响不可谓不大。

3. 大唐盛世兼收并蓄

唐代统治者出身北方游牧民族，自北朝起逐渐汉化，故遗传基因中自带开放和兼容并包的特征。这种包容性、吸纳性和开放性，使得唐代政府不断将归顺的异族集中迁入内地，同时又允许异族保留原有的习俗和信仰。特别是都城长安，因世界各地商人、使臣、留学生和艺人等大量异域人士的定居，而呈现出一种多文化的景象。"第七世纪以降之长安，几乎为一国际的都会，各种人民，各种宗教，无不可于长安得之。"（向达《唐代长安与西域文明》）

异族、异域人士的大量定居，使得长安胡化风尚盛极一时。《旧唐书·舆服志》中就有这样的记载，"天宝初，贵族及士民好为胡服胡帽""太常乐尚胡曲，贵人御馔尽供胡食，士女皆竞衣胡服"；诗人元稹也有诗云"自从胡骑起烟尘，毛毳腥膻满咸洛。女为胡妇学胡妆，伎进胡音务胡乐"。在当时，女子以穿胡服、化胡妆为时尚，帝王和百官士庶流行穿西域的窄身小袖长袍，波斯风格的花纹随处可见，女子襦裙中的上襦也学胡装变短变窄……中原与西域各族，中国与中亚、西亚各国，在衣冠服饰上互相影响、互相促进，这是古今中外空前的一次文化大融合，也是中原大规模吸纳异族服饰及其特点的自觉时期。

4. 清王朝强制剃发易服

第四次服饰大变革发生在清代，这是满族统治者用武力强制实行的一次服饰变革。1645年，清政府为强化统治，下达了剃发易服令，要求明代遗民必须剃满人发式，改穿满人服饰，否则必治重罪，甚至杀无赦。由于剃发令严重触犯汉民族"身体发肤，受之父母，不敢毁伤，孝之始也"（《孝经注疏》卷一）的观念与感情，激起了汉族人民广泛而激烈的反抗，于是，统治者不得不做出一些让步与妥协，采取某些变通的措施，即民间俗称的"十从十不从"。汉族人民对于剃发易服的反抗延续了很长一段时间，但始终受到严厉镇压，最终在"留发不留头，留头不留发"的高压政策下，无奈地改换了发式和服装。经过这次服饰变革，满族的服饰形式成了华夏服饰的主流，长辫、马褂、凉帽也就成为大多数西方人眼中代表性的中华服饰。而"十从十不从"措施中那一点有限的让步，也终于使汉族明代服饰得以部分保留。

其实，清朝统治者也并非全盘否定与排斥汉文化，相反他们很早就意识到汉文化的重要性并主动学习，如清太宗皇太极不仅自己批阅汉文史书，而且要求贵族子弟都要研习汉书，以及吸纳汉民族冠服制度并推行等。只是清太宗对汉文化远不如北魏孝文帝那般亲近与信赖，而是始终带着几分提防。他认为从北魏到辽、金、元，凡衣冠汉化的，后来国势都逐渐变弱，因此教谕后世"不得废祖宗时冠服，轻循汉人之俗"（《清史稿·舆服志》）。当然，随着时间的推移，满人与汉人的接触日益增多，服饰上的相互影响也在所难免，旗装与汉装在经历了剧烈冲突、长期磨合后，也终于逐渐走向融合。

> **文化链接**
>
> ### 十从十不从
>
> 十从十不从，是清代统治者在"剃发易服"政策基础上，为缓和民族矛盾而实行的措施，具体内容包括：男从女不从，生从死不从，阳从阴不从，官从隶不从，老从少不从，儒从而释道不从，娼从而优伶不从，仕宦从而婚姻不从，国号从而官号不从，役役从而言语文字不从。
>
> 男从女不从，是指男子必须剃头梳辫子、穿满人服装，女子则可以梳原来的发髻、穿汉人服饰。生从死不从，指汉族男子生前必须穿满人衣装，死后则可以穿汉人衣服入殓。阳从阴不从，与"生从死不从"类似，即一个人在阳间接受清廷管制须剃发易服，死后，超度、祭礼、出殡等祭祀活动，都可以采用汉人习俗制度进行。官从隶不从，汉人当官的须穿清代官服，但普通隶役属于编制外人员，人数多、难统一，因此依旧保持明朝打扮。老从少不从，成年人（包括老人）都要执行"剃发易服"法令，孩子年少，不必禁忌，但一旦成年就必须按满人规矩办。儒从而释道不从，所有读书人都要剃发易服，但佛、道出家人可以不用遵守"剃发易服"的法令。娼从而优伶不从，即娼妓要穿满人服装，演员则不受限制。仕宦从而婚姻不从，官吏管理按清朝典制，婚姻礼仪可保持汉人旧制。国号从而官号不从，国号由明改成清，但官号沿用明代的六部九卿、总督巡抚等。役役从而言语文字不从，差役税捐悉从满制，但文字语言不改，满人用满语、汉人用汉语。

5. 民国时期西风东渐

1911年，辛亥革命推翻满清政府的统治，结束了中国两千多年的封建帝制，同时也废除了统摄中国数千年的"别等级、明贵贱"的冠服制度，迎来了"西风东渐"的第五次服饰大变革。

民国政府成立后，很快就确立了以西式服装为主、传统中式服装为辅的民国礼服制度。此后，西方的服饰形态与服饰文化开始深刻影响华夏服饰，并由此带来服饰审美、着装观念，以及服饰设计理念的变革。在这场变革过程中，把准时代脉搏的宁波"红帮裁缝"应运而生，他们顺应时代潮流，突破传统观念与技艺，致力西服研制，为我国近现代服装的形成与发展作出杰出贡献。因此在民国时期，长袍马褂、对襟袄裙不再是国人的单一服饰样式，西服逐渐成为受过西方教育的男性的标志性服饰，连衣裙、披肩等西式女服也受到时髦女性的青睐，而源于满族的旗人之袍经过西式改造后，则演变成了中华女性的国服——旗袍。毋庸置疑，这是我国服装史上影响非常深远的一次变革，影响至今。

> **文化链接**
>
> **红帮裁缝**
>
> "红帮裁缝"发轫于清末民初，是宁波奉化江两岸裁缝发展而成的一个服装流派。十九世纪末，开埠后的上海黄浦江外轮游船甚多，一些宁波的拎包中式裁缝到船上为洋人缝补衣服，在拆补中借助国外的西服样本，逐渐掌握缝制西服的技术，因当时民间称西洋人为"红毛人"，于是就把为西洋人制装的宁波裁缝叫作"红帮裁缝"。
>
> 红帮裁缝对我国近现代服装有着极为深远的影响。他们制作了中国第一套西装，开办了中国第一家西服店，在孙中山先生的关切下制作了第一套适合国人穿着的中山装，还在上海开办了中国第一家西服工艺学校，出版了第一部西服理论专著，还形成了"敢为人先、精于技艺、诚信重诺、勤奋敬业"的红帮精神。

红帮裁缝

纵观历史，中华服饰文化并不是封闭保守的，而是以不同方式、不同程度吸收融汇外来文化，用不同民族、不同国家的服饰来丰富和完善华夏汉服文化。

文化悦游指南

1. 中国丝绸博物馆：杭州市西湖区玉皇山路73-1号，09:00—17:00（周一 12:00—17:00，节假日照常），0571-87062575，免费开放。

2. 宁波服装博物馆：宁波市鄞州中心区下应街道湾底村天工路蓝海巷80号，周二至周日 08:30—16:30，0574-87521276，免费开放。

3. 经纬廉洁文化馆：宁波市镇海区风华路495号，浙江纺织服装职业技术学院时尚大楼2楼大厅西侧，工作日09:30—10:15、14:30—15:15，免费开放（校外人员需预约）。

文化悦赏指南

1. 华梅：《灵动衣裙——华梅眼中的服饰文化》，天津古籍出版社，2007年。
2. 高春明：《中国服饰浅话》，人民出版社，2017年。
3. 江冰：《中华服饰文化》，广东人民出版社，2009年。
4. 陈元綵：《古人的日常生活·服饰》，北京理工大学出版社，2022年。
5. 冯盈之、胡玉珍：《宁波传统服饰文化》，浙江大学出版社，2021年。
6. 冯盈之：《红帮文化简明读本》，浙江大学出版社，2020年。
7. 纪录片《穿在身上的中国》，央视网。
8. 纪录片《中国服饰文化》，央视网。
9. 纪录片《布衣中国》，央视网。
10. 服饰文化节目《衣尚中国》，央视网。

文化小测

1. 我国古代最具代表性的一种服饰形制是（　　）。
   A. 衣裳制　　　　　B. 深衣制　　　　　C. 袍服制　　　　　D. 襦裙制
2. 黄色从（　　）代开始成为皇室的专用服色。
   A. 秦朝　　　　　　B. 汉朝　　　　　　C. 唐朝　　　　　　D. 宋朝
3. 强调文质彬彬、内外一致，主张衣冠服饰要合乎礼仪，是（　　）的服饰观。
   A. 墨子　　　　　　B. 孔子　　　　　　C. 老子　　　　　　D. 庄子
4. 战国时期，将"胡服骑射"作为国策推行的国君是（　　）
   A. 秦昭襄王　　　　B. 齐愍王　　　　　C. 楚怀王　　　　　D. 赵武灵王
5. "乌纱帽"原是民间常见的一种便帽，但从（　　）开始成了官员特有的标志性服饰。
   A. 南北朝　　　　　B. 唐朝　　　　　　C. 宋朝　　　　　　D. 明朝

6. "十二章纹"中象征帝王品行冰清玉洁的是（　　）。
A. 宗彝　　　　　B. 藻　　　　　C. 粉米　　　　　D. 黼

7. （　　）是最具宋代特色的一种服装。
A. 半臂　　　　　B. 披帛　　　　C. 褙子　　　　　D. 比甲

8. 使用了几千年的带结，在（　　）时被既实用又美观的纽扣所代替。
A. 元代　　　　　B. 明代　　　　C. 清代　　　　　D. 民国

9. 特别流行在衣缘处进行镶、滚装饰的是（　　），以至于当时女子衣缘越来越阔，最多的甚至能镶滚十几道。
A. 唐朝　　　　　B. 宋朝　　　　C. 明朝　　　　　D. 清朝

10. 下列关于中山装政治及文化寓意描述错误的一项是（　　）。
A. 前身四个口袋代表人民拥有的选举权、罢免权、创制权和复决权
B. 门襟五粒纽扣代表行政、立法、司法、考试、监察五权分立
C. 后片不破缝，表示国家和平统一之大义
D. 两个上口袋的笔山形袋盖，象征崇文兴教

参考答案

秀出华夏服

育人内涵：在中华文化中，"衣"排在"衣食住行"的首位，因为它不仅是人们生活的基本需求，也是人类文明、礼仪、文化和心理需求的体现，同时还承载着丰富的历史、文化信息，是社会制度的重要组成部分。传统服饰作为华夏民族历史的活化石，反映了我国几千年来的政治、经济、文化变迁，体现了中华民族的审美情趣和生活哲学，也成为我们民族精神及认同感的重要标志。

近年来，随着国风国潮的兴起，传统服饰也逐渐由小众走向流行，成为当代青年建立生活仪式感、塑造自身个性形象、表达文化身份与自信的新选择。与此同时，马面裙、云肩、褙子、仙鹤纹等传统服饰元素，在国际T台秀场上也频频亮相、大放异彩。

践行任务：结合兴趣爱好或所学专业，多途径展现传统服饰之美。汉服爱好者可在

相应场合或相关活动中穿着传统服饰；设计专业学生可提炼、创新相关传统服饰元素，融入各类现代设计，或将传统服饰进行时尚创新设计，使其焕发出新的活力与魅力；还可运用自媒体对传统服饰文化进行宣传介绍……

践行记录：

践行感悟：

第八讲 Lecture 8

中华传统饮食
——色香味意显智慧

人类的饮食生活，是一定历史阶段文明水平与文化风貌的综合反映。中华地大物博、历史悠久，饮食文化精彩纷呈，享誉世界。

一 传统饮食发展概况与特征

（一）发展概况

中华饮食文化源远流长，其发展历程大致可分为六个阶段。

1. 萌芽阶段：原始社会时期

"民以食为天"，自人类出现伊始就开启了饮食的历史，但华夏早期原始人茹毛饮血，只是满足最基本的果腹、生存需要，还谈不上具有饮食文化。

到了旧石器时代中期，华夏先民懂得了钻木取火，进而掌握了炮（用火直接烤）、煲（用泥裹后烤）、炙（切割成小片串起来用火烤）、烙（用烧红的石子烫）、焙（放在烧热的石片上烘烤）等多种烹饪方法，从此进入石烹熟食时代。这是中华饮食史上的第一次飞跃。

新石器时代早期，人们又学会了织网捕鱼、驯养牲畜，开始获得更多食材。到新石器时代中期，则进入了"耕而陶"时代，开始发展农业、制作陶器并用作炊具与餐具，中华饮食以农产品为主、肉类为辅的杂食性饮食结构就此奠定基础，利用炊具蒸煮食物的烹饪方式也由此形成。同时，第一次用烹饪方法来区别食品，"蒸谷为饭，烹谷为粥"。之后，又发明了煮海水为盐，从此人们不仅懂得了烹，还懂得了调，这是中华饮食史上的又一次飞跃。

在就餐方式上，由于原始社会生产力水平低下，食物采用分配制，人们分到食物后便各自食用，这也是后世"分食制"的源头。

2. 成形阶段：先秦时期

从夏、商、周到春秋、战国，经过近两千年的发展，中华饮食文化的样貌已基本成形。

夏、商、周时期，谷物种类已相当齐备，稻、黍（黄米）、稷（小米）、麦（大麦）、菽（豆）、麻（麻籽）等粮食作物已成为日常饮食的主要来源。到春秋战国时期，虽然畜牧业日益发达，但当时的肉食品牛、羊、猪、狗肉主要用于祭祀活动，还不是大众餐桌上的常见之物。此时，食物的制作趋向精细化，口味也逐渐丰富，不仅发明了用肉类、鱼类发酵而成的酱类调味品，还形成了"五味调和"的烹调思想与"五谷为养"主副食搭配的平衡膳食理念。统治者们则进一步注重饮食的保健功能，为此还设立了专门的机构与官员，如周朝就有专门的食医来掌管宫廷饮食的寒温、滋味与营养的调和搭配，中华饮食的食疗传统即滥觞于此。

这个时期的食器也逐渐丰富，除陶制品外，又出现了各种青铜炊具、餐具与酒器，且样式与花纹都越来越精美，如青铜鼎不仅具有烹煮、盛装食物的功能，更因形制庄重、纹饰精美而成为商周贵族在祭祀和宴会场合使用的一种礼器。而作为中华饮食文化重要标志之一的筷子，也在此时开始被使用。

图8-1　商代早期兽面纹青铜簋

筷子里的文化

> **文化链接**
>
> ### 筷子
>
> 筷子，古时叫"箸"，在春秋战国时期也被称为"梜"，最初是一种专门用来捞取羹中菜、肉的工具，需与刀、叉、匕等其他餐具一起配合使用。《礼记·曲礼上》说"羹之有菜者用梜，其无菜者不用梜"，又说"饭黍毋以箸"，由此可知，当时的筷子只是用来夹取羹里面的固体内容物，而不能用于饭以及其他食物，也不能用它把食物送进嘴里。后来，随着食物制作越来越精细，简便的筷子就逐渐取代了刀叉，成为几乎无所不能的进餐工具。
>
> 到了明朝，箸开始被一些人称为"快子"。时人陆容在其所著《菽园杂记》中写道："民间俗讳，各处有之，而吴中为甚。如舟行讳'住'，讳'翻'，以'箸'为'快儿'，'幡布'为'抹布'。"意思是说，江浙一带的船家忌讳"箸"与"住"谐音，故反其道而用之，将"箸"唤作"快"，希望行船畅快无阻。久而久之，"快子"这个名称就在民间流传开了。到清康熙之后，"快子"才正式写作"筷子"，并在全国确立它的地位，而"箸"这个叫法只在部分南方方言中还有保留。

进入阶级社会，饮食就与政治观念、等级制度融合在一起，及至周代礼制的推行，饮食更是在礼仪方面有了严格规定。一人一案、各自分食的就餐习俗，不仅是历史的延续，也是当时礼制思想的体现。

3. 发展阶段：秦汉时期

中华饮食在秦汉时期迎来前所未有的大发展，食材得到极大丰富，食物再加工水平提升，烹饪方式增多，一些饮食习俗影响至今。

秦汉时期生产力水平不断提高，粮食蔬果品种与数量较之前增多，鸡鸭鹅、牛羊猪等禽畜肉类食品也较之前普及。而"丝绸之路"的开通，更为中华饮食的发展提供了许多新的原料，如胡瓜（黄瓜）、胡葱、胡蒜（大蒜）、胡荽（香菜）、胡麻（芝麻）、胡椒、胡桃等一大批"胡"字食材，以及葡萄、石榴等水果，也通过"丝绸之路"从西域传入我国。

与此同时，许多新的食物加工方式也在此时被发明、应用。大豆被加工成豆腐，再做成各种菜肴；麦子被加工成面饼，再做成各种汤饼（面条）、蒸饼。还有植物油，以及类似现在酱油、醋的调味品也都发明于这个时期。

食器也在材质、种类、形状等方面有了很大改进。汉代以来，随着冶铁技术的成熟，出现了以铁釜为代表的铁制炊具，并很快取代了青铜炊具，此外还出现了轻巧锋利的铁锻厨刀，铁釜也逐渐由厚重趋向轻薄。这些烹饪器具的出现与鼎新，孕育了一种新型烹饪方式——炒，并由此引发中华烹饪技艺的蓬勃发展。到了东汉，瓷器已成为最普遍的餐具，而且制作也越来越精良。

在饮食习惯上，汉代一改之前的"两餐制"，开始出现"三食"，即一日三餐，而上层贵族们还会在"三食"基础上再增加一餐"宵夜"，当然一些贫苦人家就只能维持一日两餐的习俗。同时，儒家讲究营养、注重卫生的饮食思想逐渐备受推崇，其以饮食来涵养、完善人格的饮食观也开始对中华饮食文化产生深远的影响。

4. 交融阶段：魏晋南北朝时期

魏晋南北朝是中国历史上第二次大分裂时期。持续三百多年的动荡虽严重破坏了社会经济，但"五胡内迁""晋室南迁"也直接促进了农耕文化与游牧文化、中原文化与江南文化的大交融。

这种交融在饮食文化方面也是显而易见的，魏晋时广为流行的一些菜肴就是明证。比如胡羹、胡炮肉这两道羊肉烹成的美味，仅从菜名即可推断其来源；而鱼鲜的独特腌制方法与生食吃法，无疑是江南水乡孕育的文化。除了菜肴的烹制方法，西北游牧民族常围坐在一起就餐的饮食习惯也随之传入中原，打破了汉族一直以来的分食制度，开启了中华饮食由"分食制"向"合食制"过渡的序幕。

此外，这个阶段还出现了专门记载或介绍饮食的书籍，如南朝的《食珍录》、北魏的《食经》。而《南州异物志》《南方草木状》《齐民要术》《荆楚岁时记》与《广州记》等著作，也或多或少地记录了当时人的饮食情况，《齐民要术》中就有炒菜过程的详细记录，这是有关"炒"这一烹饪方法的最早文字记载。

5. 成熟阶段：唐宋时期

唐宋时期，国家强盛富庶，社会相对安定，饮食文化出现新的发展势头，并逐渐走向成熟与繁荣。

唐、宋两代与周边国家的贸易往来、文化交流都比较频繁，因此，饮食原材料进一步增多，莴苣、菠菜、丝瓜、西瓜、绿豆等就是在这个时期传入；食品加工技术也因交流学习而更加成熟，唐太宗曾派使臣去印度摩揭陀国学习蔗糖熬制技术，之后制出的蔗糖在颜色、味道方面都超过了摩揭陀国。

铁制炊具在隋唐以后又有了明显改进，再加上燃料与引火技术的进步，"炒"的技艺日趋成熟，同时当时的人们还意识到了火候和调味的重要性，烹饪水平进一步提升，及至宋代炒菜已十分流行。

宋代商品经济空前繁荣，大小商业市镇不断兴起。城市人口众多，商家云集，买卖昼夜不绝，酒楼、茶坊、食店随处可见。发达的城市餐饮业，促使厨事分工更专更细，烹饪技法更加多变，食品种类丰富，色、香、味、形也更佳。

图 8-2 《清明上河图》中的酒楼

唐宋时期还十分盛行饮酒、饮茶。尤其是茶，在唐代成为纯粹的饮品普及后，经宋代进一步发展演化出来的茶艺、茶道，对后世的饮食生活产生了重大而深远的影响。

同时，随着经济水平的提高，健康养生也受到更多关注，开始全面系统地研究食、药之间的关系，并出现了多本与食疗相关的著作，如《千金食治》《千金翼方》《食疗本草》《食医心鉴》等。

在就餐方式上，这个阶段完成了"分食制"到"合食制"的转变。唐代，分食、合食同时并存，甚至很多时候两者是交杂在一起的，即虽围坐就餐但各吃各的，或围坐就餐时部分食物大家合食、部分食物则分食。中唐之后，合食逐渐占据主流，到宋代则因大桌高椅的普及而基本定型。

6. 鼎盛阶段：明清时期

明清时期是中华饮食文化的鼎盛阶段。

其一，大规模引进外来食材，使饮食原料比以往更加丰富。番瓜（南瓜）、番茄、番麦（玉米）、番薯（甘薯）、番豆（花生）、番椒（辣椒）等"番"字食材与洋芋（马铃薯）、洋葱、洋白菜（卷心菜）等"洋"字食材，分别在明代与清代传入我国，并被大规模种植。这些食材的出现与普及，丰富了原有的菜式、菜系，如辣椒对于川菜、湘菜的形成至关重要。

其二，烹饪技法到了登峰造极的地步，不仅有水煮、油煎、炙烤、酱烹、油炸、糟制、爆炒等上百种方法之多，而且食点做工精细、富有营养，成品的色、香、味、形、器诸美兼备。清代的满汉全席就是这方面最高水平的代表。

> **文化链接**
>
> ### 满汉全席
>
> 满汉全席为清代宫廷盛宴，规模庞大，用料考究，制作精美，集满、汉菜点之精华于一席，并以其规格之高、菜式之丰、排场之大、礼仪之重，堪称中国宴席的巅峰之作。
>
> 全席菜品一般至少108道，包含冷热菜肴、点心、茶食、果品等，分早、中、晚三餐进行，或延长至2—3日，取材广泛，山珍海味无所不包。口味丰富，既有烧烤、火锅等满族菜肴的特殊风味，也有用汉族各地出色的炒、炸、扒、熘等技法烹制的菜式。使用的餐具是规格齐全的套装精品，还要讲究与菜点造型相称、色彩协调。席间还有名师奏古乐伴宴，极尽隆重典雅。
>
> 根据不同用途，满汉全席在清代分为蒙古亲藩宴、廷臣宴、万寿宴、千叟宴、九白宴、节令宴六种。蒙古亲藩宴，用于款待与皇室联姻的蒙古族王爷；廷臣宴，用于恩赐有才或有功之臣；万寿宴，用于庆祝皇帝寿辰；千叟宴，用于宴请老人、弘扬孝德；九白宴，用于款待前来进贡的蒙古部落使臣；节令宴，则用于各个节令时期。

其三，食品的制作工艺已相对稳定并形成传统，出现了以味道来区分做菜的行帮，如清代初期，粤菜、川菜、鲁菜、苏菜开始成为最有影响的四大地方菜，到清末，又分化形成湘菜、闽菜、徽菜、浙菜新四大地方菜系，共同构成了中华八大地方菜肴体系。

其四，有关饮食的研究也达到新的高度，涌现出《酒史》《食宪鸿秘》《养小录》《随园食单》《调鼎集》《中馈录》《随息居饮食谱》《素食说略》等一大批高水平的饮食著作，内容涉及酒文化、烹饪方法、菜品摆设、食疗养生、素食菜点等各个方面，标志着中华古代饮食学体系的形成。

其五，"合食制"已成为习以为常的就餐方式。明清时期，由于商品经济的繁荣、社会物质的丰富，很多宴饮活动除了满足饮食需求外，其中更存在交际需要与娱乐需要，而围桌合食的氛围显然比分食更加和谐、欢愉。

（二）基本特征

1. 重美

中华饮食向来注重美。这种美，是以味美为中心，包括色、香、形、器等诸多要素，以及这五者有机统一所表现出来的整体意境美。它是中华饮食的魅力所在，贯穿于饮食活动过程的每一个环节，也体现在饮食内容的各个方面。不论是传统菜肴、糕点，还是茶、酒，无不体现出这一基本特征。

2. 重时

我国古人特别强调饮食要与自然节律相协调。孔子就曾说过"不时不食"，意为不吃非时令的东西，即饮食要按季节、应时令。所谓"冬鲫夏鲤，秋鲈霜蟹"说的也是这个道理。这四种食材虽然一年四季都有、也都可食用，但它们却有各自最佳的食用时节，其他食材也是如此。"顺时而食"，是华夏饮食文化所独有的理念，是我国古人智慧的体现，也是古代"天人合一"思想在饮食上的反映。

3. 重情

很多传统饮食活动，并不只是吃吃喝喝那么简单，而是人们某种情感的寄托。古代在新收获农产品或其他应季鲜货之时，常会举行"尝新"活动，但在"尝新"之前必会"献新"，即用时鲜的食品祭献天地神灵以及祖先，以表达感恩与追思之情。正月十五吃元宵、八月十五吃月饼，其中就蕴含着对月神的崇拜、对收成的希冀、对亲友团圆的盼之情。直至今日，聚餐依然是人们逢年过节、迎来送往时最常用的方式，大家围坐在一起表达感情、交流感情。

4. 重礼

中国是礼仪之邦，"礼"字无处不在，而古人又认为，礼最初是起源于饮食的，"夫礼之初，始诸饮食"（《礼记·礼运》），因此，古人在饮食活动中极为讲究礼仪。从座次到布菜，到进食，礼仪贯穿饮食活动的全过程。而且，不论是帝王将相的豪华盛宴还是百姓人家的日常三餐，无一例外都浸润着礼仪。比如不能把多余的饭放回锅中，不能因喜欢吃某道菜便独取那一味，不能发出很响的咀嚼声，不能当众剔牙……这些传统饮食礼仪一直流传至今。

5. 重养

中华饮食在追求色、香、味俱佳的同时，也十分注重养生。早在数千年前古人就懂得了"医食同源""药膳同功"，利用食材的药用价值，做成各种美味佳肴，来达到防治某些疾病的作用。古代"医圣"张仲景在为人治病时也经常使用食物，相传饺子就是他为防治百姓耳朵被冻伤而发明的。而如今常听说的"冬吃萝卜夏吃姜""一天三枣，长生不老"等谚语，也都是代代相传的食疗养生经验。

二 传统烹饪技法与菜系

（一）传统烹饪技法

在历代人民的创造发展下，中华饮食已形成极为丰富的烹饪技法，其中常用的热烹技法就有几十种。根据传热介质的不同，这些技法大致可分为五类，烹制出来的食物口感也各具特色。

1. 以水为传热介质

以水为传热介质的热烹技法主要有煮、烧、烩、汆、涮、焖、炖、煨等，用这类方法制作的菜肴常口感鲜嫩或软烂。口感鲜嫩的一般加热时间较短，如煮、烧、烩、汆、涮等，其中，汆、涮的时间最短，只需将食材放入沸水中稍微一煮即可捞出，煮、烧、烩，都是先用大火煮沸，然后改中火煮熟，用时一般不超过十来分钟。而焖、炖、煨等则在大火煮沸后，要用中小火或微火加热较长时间。相对而言，焖的时间稍短，但讲究中途不开盖，炖次之，煨的时间最长，两三个小时的微火加热可使一些质地老韧的食材变得软烂酥松。

2. 以油为传热介质

以油为传热介质的烹饪技法主要有炒、爆、熘、炸、煎、贴等。炒、爆、熘，都属于旺火快速烹饪，炒，是在热锅热油中下入已切小、切薄的食材，快速翻炒断生即可，菜肴口感偏脆、嫩；爆，是将食材先过下热油，再下入热锅热油中加调味汁快速翻炒几下即可出锅；熘，与爆的操作基本相同，只是最后多了一步勾芡，菜肴成品多香脆嫩滑。炸，是将较多量的油加热到适宜温度，然后投入食材并适时翻动，一般炸至食材浮起并呈金黄色即可捞出，口感香脆或外酥里嫩。煎和贴，则用油较少，常将食材码入平底锅中，全程中小火加热至底面呈金黄或焦黄色泽，其中煎需要将食材翻面，贴不用翻面。

3. 以水蒸气为传热介质

以水蒸气为传热介质的烹饪技法是蒸。通常先把蒸锅里的水加热至沸腾，然后把处理好的食材放入蒸笼，加热至熟。蒸制出来的菜肴通常口感鲜嫩、松软，不仅能保持食材的原汁、原味与原形，而且营养流失也较少。

4. 以空气为传热介质

以空气为传热介质的烹饪技法主要是烤。作为最古老的烹饪方法，烤有明火烤和暗火烤两种，其典型代表分别是烧烤和烘烤。经热空气烤制出来的食物，表面色泽呈棕红或焦黄，口感大多外层酥香、内里鲜嫩，而较小较薄的食材，在烤制后则会形成酥松香脆的口感。

5. 以固体为传热介质

以固体为传热介质的烹饪技法，主要有盐焗、泥煨、铁烤、石烹等。盐焗，是将处理好的食材用锡纸包裹后，或直接埋入提前烧至灼热的食盐中进行加热。泥煨，是先用荷叶把食材包扎好，再裹上一层湿度适中的泥，然后埋入烧红的炭火灰中缓慢加热成熟。铁烤，一般用铁锅或铁板，铁锅烤是将食材放入锅中、盖上锅盖直接加热成熟，期间不加任何水、油等其他介质；铁板烤的做法则类似烧烤，不同之处在于食材是放在烧热的铁板上烤熟的。石烹，主要有石板烹与石块烹，石板烹与铁板烤的技法相同，石块烹通常是把鹅卵石作为传热介质，即先将鹅卵石加热至滚烫，再与处理好的食材一同放入盛器中，加盖片刻即可成熟。

在上述热烹技法之外，冷菜和甜菜也有多种烹饪方法，常用的有腌、拌、炝和拔丝、挂霜、蜜汁等。这些丰富多彩、变化多端的烹饪技法形成了中华传统菜肴各式各样的风味特色。

（二）传统菜系

由于地理位置、气候物产以及风俗习惯的差异，中华传统菜肴在不同地域逐渐形成了各具特色的风味流派，到清朝末年，鲁菜、苏菜、粤菜、川菜、浙菜、闽菜、湘菜、徽菜，已先后成为具有一定影响力的八大地方菜系。

1. 鲁菜

鲁菜源于春秋战国时期，发展至唐宋已成为北方菜的代表，明清时进入皇宫达到其发展的鼎盛阶段。鲁菜，居"八大菜系"之首，食材多山珍海味，常用烹饪技法有炒、熘、爆、扒、烧等三十余种，喜用大葱增香提味，充分体现中华饮食注重精细、中和、健康的特点。

经过长期的发展、演变，鲁菜逐渐形成济南菜、胶东菜、孔府菜三大风味流派。济南菜以清香、鲜嫩、味纯著称，特别讲究汤的调制，清汤要色清味鲜，奶汤要色白味醇，经典名菜有清汤什锦、奶汤蒲菜、汤爆双脆、糖醋黄河鲤鱼、德州扒鸡、九转大肠等。胶东菜长于海鲜制作，刀工精细，口味清淡鲜嫩，保持菜肴的原汁原味，经典名菜有葱烧海参、蟹黄鱼翅、红烧海螺、炸蛎黄、芙蓉干贝等。孔府菜是清代乾隆年间的官府菜，在掌握火候、调味、成型等方面难度较大，其用料精广，上至山珍海味，下至瓜果豆菜，皆可入馔；做工精细，讲究造型完整、不伤皮折骨；口味以鲜咸为主，火候偏重软烂柔滑；经典名菜有一品豆腐、寿字鸭羹、翡翠虾环、燕窝四件、御笔猴头等。

2. 苏菜

苏菜源于两千多年前，南宋时与浙菜同为"南食"的两大台柱，明清时期发展迅速，逐渐流行于全国。苏菜注重选料，刀工精细，擅长炖、焖、蒸、炒，口味清鲜平和，菜品风格

图 8-3 奶汤蒲菜

图 8-4 羊方藏鱼

雅丽。

苏菜主要有金陵菜、淮扬菜、苏锡菜三大风味流派,其中,淮扬菜与鲁菜中的孔府菜一样常被用作国宴用菜。金陵菜口味醇和、南北皆宜,擅长烹制鸭菜,素有"金陵鸭馔甲天下"之美称,经典名菜有盐水鸭、金陵烤鸭、鸭血粉丝汤、美人肝、凤尾虾等。淮扬菜选料讲究时令,民谚中就有"醉蟹不看灯、风鸡不过灯、刀鱼不过清明、鲟鱼不过端午"的说法,其刀工尤为精湛,食雕技艺更是一绝,菜品滋味清鲜可口,追求食材本味,曾被毛泽东亲点为开国大典国宴用菜而享有"共和国第一菜"的美誉,著名菜肴有羊方藏鱼、蟹粉狮子头、大煮干丝、三套鸭、水晶肴肉等。苏锡菜擅长烹制江河湖鲜与蔬菜,口味较清淡,红烧类菜肴则加糖较多,口味上偏甜,其中无锡尤甚,经典菜肴有碧螺虾仁、松鼠鳜鱼、樱桃肉、无锡排骨、梁溪脆鳝等。

3. 粤菜

粤菜源于距今两千多年的汉初,在宋室南渡后进入快速发展阶段,到清代初期粤菜的技艺和特点日臻成熟,逐渐有了"食在广州"之说。粤菜用料广博珍奇,山珍海味、鸟兽蛇虫无一不可入馔;选材考究,注重食材的最佳肥美期与最佳部位;技法丰富,讲究火候,尤重"镬气"和现炒现吃;口味上追求本味、鲜嫩,而且随季节时令的不同而变化,夏秋季力求清淡,冬春季偏重浓郁。

粤菜主要包括广州菜、潮州菜(潮汕菜)、东江菜(客家菜)等。广州菜源自中原,兼容百家之长,是粤菜的代表,擅长蒸、炒、烩、烤,口味清鲜嫩香,讲究健康养生,代表菜肴有白切鸡、烧鹅、烤乳猪、白灼虾、龙虎斗等,另外老火靓汤也尤为出名。潮州菜与广州菜同为粤菜的代表,并在海内外享有盛名。潮州菜精于烹制海鲜,注重原汁原味,吃时辅以各式相应调料,其常用酱碟有鱼露、橘油、梅膏、三渗酱、辣椒酱、沙茶酱、虾料、椒盐、蒜泥醋、浙醋、白醋、姜米醋、辣椒醋、芥辣等等,品种繁多,蔚为大观,有"食在广州、味在潮州"的说法。特色菜肴主要有红炖鱼翅、明炉烧响螺、油泡鱿鱼、清炖乌耳鳗等。东江菜用料则以肉类为主,以盐定味,以汤提鲜,注重火功,力求酥烂香浓,以北方常见的煮、炖、熬、酿、焖等技法见长,颇有中原遗风,代表菜肴有盐焗鸡、酿豆腐、梅菜扣肉等。

图 8-5 油泡鱿鱼

4. 川菜

川菜源于春秋战国时期,发展至汉晋已呈现出"尚滋味""好辛香"的特点,到北宋时已在全国有一定影响力,明末清初随着辣椒的传入与应用,川菜得到了进一步发展,最终在清代定型,成为当时四大地方风味菜系之一。

川菜选料广博,注重调味,享有"食在中国,味在四川"的美誉。川菜擅长小炒、干煸、干烧、泡、烩等烹调法,善用辣椒、花椒、胡椒、豆瓣酱等做主要调味料,能调出麻辣、椒麻、酸辣、鱼香、红油、怪味、家常、姜汁、蒜泥等二十余种口味,将家常食材做出"一菜一格,百菜百味"。经典代表菜品有麻婆豆腐、辣子鸡、鱼香肉丝、水煮牛肉、酸菜鱼等。此外,川菜还有一大特色品种——川味火锅。川味火锅以麻辣鲜香为特点,主要使用辣椒和花椒调制火锅底料,其中,四川火锅辣味浓烈,重庆火锅则更强调麻味,所用食材种类多样,另外还备有十几种乃至几十种不同的味碟可供随意调配。

图 8-6　鱼香肉丝

川菜不仅善于博采众家之长,还会根据气候、食者口味等因素灵活调整。如今,麻辣鲜香的川菜流行甚广,在全国各地几乎随处可见。

5. 浙菜

浙菜有悠久的历史,其源头可远溯至新石器时代的河姆渡文化,后经五代十国与南宋时期的两次发展、繁荣,开始在"南食"中占据主要地位,并逐渐立于全国菜系之列。浙菜取材广泛,选料刻求细、特、鲜、嫩;烹饪技法丰富,注重因料施技;口味清、鲜、脆、嫩,追求食材的本色与真味;菜品形态精巧细腻,清秀雅丽。

浙菜由杭州、宁波、绍兴、温州四大地方风味组成。杭帮菜以鱼、虾、禽、畜、时令蔬菜为主要食材,重视原料的鲜、活、嫩,擅长爆、炒、烩、炸等烹饪技法,讲究刀工,制作精细,口味清鲜,突出本味,菜品淡雅典丽,并多以风景名胜来命名。经典名菜有龙井虾仁、西湖醋鱼、东坡肉、油焖春笋、叫花鸡、宋嫂鱼羹等。宁波地处沿海,故甬帮菜以烹制海鲜见长,技法以蒸、烧、炒、炖、腌制为主,口味咸鲜合一,讲究鲜、嫩、软、滑,注重大汤大水,保持原汁原味。著名菜肴有雪菜大汤黄鱼、苔菜小方烤、腐皮包黄鱼、冰糖甲鱼、锅烧河鳗、红膏炝蟹等,另外还有一些用鱼丁烹调的菜肴也别具一格。绍兴菜以淡水鱼虾及家禽、豆类、笋类为烹调主料,多用绍兴黄酒做配料,讲究原汤原汁,轻油忌辣,菜品香、绵、酥、糯,汤浓味醇,富有水乡古城之淳朴风格。其中最为有名的菜品当属绍三鲜、梅干菜焖肉、油炸臭豆腐、绍兴醉鸡、绍兴卤鸭等。瓯菜也多以海鲜及江河小水产类入馔,擅长

图 8-7　苔菜小方烤

鲜炒、清汤、凉拌、卤味，烹调讲究"二轻一重"，即轻油、轻芡、重刀工，菜品口味清鲜，淡而不薄。代表名菜有三丝敲鱼、爆墨鱼花、双味蝤蛑、橘络鱼脑、蒜子鱼皮等。

6. 闽菜

闽菜源于福建当地的古闽越文化，两晋南北朝后不断与北方移民带来的中原汉族饮食相交融，唐宋之后又因泉州对外通商而受到海外烹饪技术的影响，历经千百年发展演变而逐渐定型。闽菜原料丰富，尤以烹制山珍海味而著称；注重刀功，有"片薄如纸、切丝如发、剞花如荔"之美称；讲究制汤，擅用红糟、糖、醋调味，具有鲜、香、烂、淡，并稍带甜、酸、辣的独特风味。

图8-8 佛跳墙

闽菜主要由福州、闽南、闽西三种不同风味的地方菜组合而成。福州菜是闽菜风味的主体，不仅流行于闽台地区，也是海外唐人街随处可见的闽菜代表，有"福州菜飘香四海，食文化千古流传"之称。福州菜选料精细，刀工严谨；讲究火候，注重调汤，有"一汤十变"之说；长于用红糟和糖、醋调味，口味清鲜、淡爽，偏于甜酸。经典名菜有佛跳墙、鸡汤氽海蚌、鸡茸鱼唇、淡糟香螺片、荔枝肉、红糟鸡等。闽南菜，盛行于厦门、漳州、泉州一带及台湾地区，注重食材新鲜，讲究应季搭配，善用花生酱、沙茶酱等调味，口味鲜醇、香嫩、清淡。代表菜肴有桂花蛤肉、红焖通心河鳗、东璧龙珠、油焗红鲟、清蒸加力鱼等。闽西菜，则盛行于长汀、宁化一带客家人聚居地区，以烹制山珍野味见长，浓香醇厚，偏重咸辣，如白斩河田鸡、爆炒地猴、油焖石鳞、炒鲜花菇、蜂窝莲子等菜肴，均体现出鲜明的山区风味。

7. 湘菜

湘菜历史悠久，烹调技艺成熟较早，在战国时期已形成酸、咸、甜、苦为主的南方风味，到秦汉两代已形成从用料、烹调方法到风味风格都比较完整的体系。唐、宋之后，尤其在明、清之际，其发展更趋完善，逐步成为八大菜系中的一支。湘菜厚汁重味、油重色浓，多将辣椒当主菜食用，不仅有北方的咸，也有南方的甜，更有本地特色的辣与酸。

湘菜主要由湘江流域、洞庭湖区和湘西山区三大风味流派组成。湘江流域菜肴以长沙、衡阳、湘潭为中心，是湘菜的主要代表。它制作精细，用料广泛，品种丰富，口味多注重酸辣、香鲜、软嫩，烹饪技巧以炖、煨、腊、蒸、炒诸法见长；尤以煨菜和腊菜著称。代表菜品有组庵豆腐、红煨鱼翅、剁椒鱼头、辣椒炒肉、腊味合蒸、走油豆豉扣肉、衡阳鱼粉等。洞庭湖区以烹制河鲜和家禽、家畜见长，芡大油厚、咸辣香软，擅长炖、烧、蒸、腊等技法，其中炖菜和烧菜尤为出名。代表菜品有洞庭金龟、网油叉烧洞庭鳜鱼、蝴蝶飘海、冰糖湘莲、岳阳姜辣蛇等。湘西山区菜则擅长制作山珍野味、烟熏腊肉和各种腌肉、风鸡，口味侧重咸香酸辣，有浓厚的山乡特色。代表菜品有红烧寒菌、湘西外婆菜、板栗烧菜心、湘西酸肉、炒血鸭等，驰名湘西。

图 8-9　剁椒鱼头

8. 徽菜

徽菜源于南宋时期的古徽州，原是这一带的传统民间菜肴。明清时期随着徽商势力的崛起和向外拓展，徽菜也日渐名声远扬，并发展成为雅俗共赏、南北皆宜、自成一体的著名菜系。徽菜以鲜美、醇厚、甘甜、清香而著称，讲究就地取材，以鲜制胜，长于烧炖，火功独到，突出本味。

徽菜主要由皖南、沿江、沿淮三大风味组成。皖南风味是徽菜的主流，也是徽菜的渊源，它包括黄山、歙县、屯溪等地方风味菜肴，喜欢用火腿佐味、冰糖提鲜，注重保持原汁原味，口感以咸、鲜、香为主，擅长炖、烧，讲究火功，不少菜肴都是用木炭小火炖、煨而成，汤清味醇，原锅上席，香气四溢。经典代表菜肴有腌鲜鳜鱼（臭鳜鱼）、问政山笋、徽州毛豆腐、火腿炖甲鱼、黄山炖鸽、双脆锅巴、徽州圆子、蛏干烧肉等。沿江风味以芜湖、铜陵、安庆等地方菜为代表，擅长烹调河鲜、家禽，讲究刀工，注意色、形，以红烧、清蒸和烟熏技艺见长，善用糖调味，口感酥嫩、鲜醇、清爽、浓香。代表菜品有清香砂焐鸡、生熏仔鸡、八大锤、毛峰熏鲥鱼、火烘鱼、蟹黄虾盅等。江淮风味主要由蚌埠、宿州、淮北、阜阳等地方菜肴构成，菜品咸中带辣，汤汁味重色浓，习惯用香菜配色与调味。代表性菜肴有麒麟鳜鱼、明珠酥鲍、五彩虾松、鲜奶干贝、葡萄鱼、鱼咬羊等。

图 8-10　问政山笋

三　传统茶文化

人类发现并利用茶的历史已有四五千年。茶作为世界三大天然饮料之一，早已融入人们生活的方方面面，成为不可或缺的一部分。相关考古研究显示，世界上的茶树原产地可能并不止一个，但中国是世界上最早种茶、制茶、饮茶的国家，中国茶文化对世界的影响也是最为深广。而在中华大地，茶更是举国之饮，"开门七件事，柴米油盐酱醋茶"，茶是普通百姓的日常生活必需品；而对文人雅士而言，"琴棋书画诗酒茶"，茶还代表着一种高雅的生活情趣，也是一种清静、静心的精神象征。

（一）发展概况

茶在古代有很多名称，如荼、槚、蔎、荈、茗等。到唐玄宗时期，《开元文字音义》一书将"荼"字减去一笔，定为"茶"字。刚开始时"茶"字与"荼"字通用，但自茶圣陆羽撰写《茶经》之后，就一律都用"茶"字。

1. 萌芽阶段：史前至秦汉

关于茶的起源，流传最广的莫过于三皇五帝时期神农氏尝百草发现茶的传说，"神农尝百草，日遇七十二毒，得荼而解之"（《神农本草经》）。这里的"荼"就是"茶"的古字。茶圣陆羽也认为，我国饮茶始于史前时期，他在《茶经》中说"茶之为饮，发乎神农氏"。虽然神农得茶只是个被后人神化的传说，但有相关考古证明，我国野生茶树的发源地就在西南地区，即神农所在部落的生活区域。这足以说明，上古时期我国西南地区的先民们已经在生活实践中发现了野生茶叶以及它的药用价值。

到了西周初年，巴蜀之地已经开始人工种植茶树，并把所产之茶作为贡品献给周天子。《华阳国志·巴志》记述："周武王伐纣，实得巴蜀之师……桑、蚕、麻纻、鱼、盐、铜、铁、丹漆、茶、蜜……皆纳贡之。"在周朝，茶除了供皇室口腹之用，还是丧礼上必不可少的祭品，并因此设"掌荼"一职。

之后，随着强秦吞并战国诸雄、建立起大一统的秦王朝，巴蜀之地的植茶技术也开始向外传播。但及至西汉，饮茶之风主要还是在巴蜀之地流行，西汉文学家中曾在作品里写到茶的司马相如、扬雄、王褒都是巴蜀人士。王褒有一篇《僮约》，里面提到要求小童"烹茶尽具""武阳买茶"。这说明在当时的四川不仅出现了烹茶的专用器皿，茶叶也已经商品化了。《僮约》可能是我国也是全世界关于茶叶买卖的最早记载。

2. 形成阶段：魏晋南北朝

经过两汉四百多年，饮茶风尚也逐渐在各地传播开来。《三国志·吴书·韦曜传》里说，孙皓因韦曜酒量小而"密赐茶荈以当酒"，可见三国时江东一带饮茶已较普遍。而成书于三国曹魏时期的《广雅》则记录了当时制茶、饮茶的方式，"荆、巴间采叶作饼，叶老者饼成以米膏出之。欲煮茗饮，先炙令赤色，捣末置瓷器中，以汤浇覆之，用葱、姜、橘子芼之。其饮醒酒，令人不眠。"与前代用鲜叶直接烹煮不同，三国时把采摘来的茶叶先添加米糊制成茶饼晒干，这种制饼晒干的过程应该就是我国制茶工艺的萌芽。饮用时，则先将茶饼炙烤成红色，然后捣成粉末置于瓷器中，再加入热水，再加葱、姜、橘子等调料同煮。这种掺和调料将茶煮成粥状、饮时连同佐料一起吃掉的方式一直延续到唐代。

魏晋时期，玄学盛行，崇尚清谈，茶又逐渐成为玄学家、清谈家的日常饮品，同时也开始成为文人笔下的常客，如西晋左思的《娇女诗》、张载的《登成都白菟楼》、孙楚的《山歌》等都写到了茶。杜育的《荈赋》，则堪称中国历史上第一篇以茶为主题的文学作品，较为完整地呈现了茶的产地、生长、采摘、择水、择器、煎煮等场景，以及作者在品饮时的审美感悟，并赋予了饮茶活动以审美的视角与风雅的韵味。自此，中华茶文化初现端倪。东晋时，专门经营茶水的摊贩也开始出现，《广陵耆老传》讲的就是一个关于卖茶水的故事。"晋元帝时，有老姥每旦独提一器茗，往市鬻之。市人竞买，自旦至夕，其器不减。所得钱散给路旁孤贫乞人，人或异之。州法曹絷之狱中。至夜，老姥执所鬻茗器，从狱牖中飞出。"这应该就是我国茶水摊的雏形了。南北朝时期，江淮一带的茶叶种植技术进一步发展，"西阳（今湖北黄冈）、武昌、晋陵（今江苏常州）皆出好茗"（《太平御览》引《桐君录》），南方地区的饮茶之风日盛，茶叶也开始陆续输出到东南亚邻国及亚洲其他地区。

3. 成熟阶段：唐代

唐代初年，饮茶风尚主要还是集中在南方，到唐玄宗开元年间，才逐渐普及到北方。封演在他的《封氏闻见记》中曾这样说，"南人好饮之，北人初不多饮。开元中泰山灵岩寺有降魔师大兴禅教，学禅务于不寝，又不夕食，皆许其饮茶。自怀挟，到处煮饮。从此转相仿效，遂成风俗。"之后，茶铺也陆续在城市中出现，"自邹、齐、沧、棣，渐至京邑，城市多开店铺，煮茶卖之，不问道俗，投钱取饮"（《封氏闻见记》）。到中唐时期，茶在人们的生活中已然和米、盐相提并论了，"茶为食物，无异米盐，于人所资，远近同俗。即祛竭乏，难舍斯须，田间之际，嗜好尤切"（《旧唐书·李珏传》）。在当时，茶不仅是一种生活必备品，也成为人们送礼馈赠的佳品，在宫廷之中更是以赐茶表示皇帝对臣子的恩宠。

唐代的制茶工艺与饮茶方式较之前代均有改进。在加工制作上，增加蒸青环节，"晴，采之，蒸之，捣之，拍之，焙之，穿之，封之"（陆羽《茶经》），蒸青工艺的好处在于可以去除茶叶的草青气味，有些高档茶饼还会在制作过程中添加龙脑等香料。制茶技术的进步，自然带来了饮茶方式的改变。没了草青味后，唐人开始提倡清饮，即煮茶时不再加入葱、姜、橘皮等，只加少许盐进行调味。而口味的改善，又使茶饮进一步得到推广，再加上交通的发达、南北经济文化的交流，以及整个社会欣欣向荣的基调，唐代茶业发展迅速，不仅茶叶产地众多，还出现了大型茶园，形成了大型茶叶贸易集散地，贸易范围也从中原地区扩展到西北边疆，并远达日本、韩国、波斯。

茶的进一步普及必然促进茶文化的蓬勃发展。唐代出现了我国第一部关于茶的著作——陆羽的《茶经》。该书分上、中、下三卷，共7 000多字，全面阐述了有关茶的

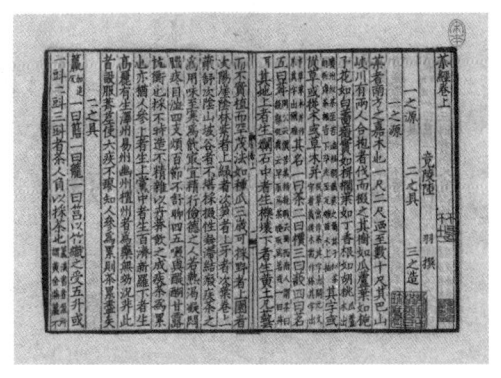

图8-11 陆羽《茶经》

栽培、产地、功效、采制、煎煮、饮用等知识，被誉为"茶业百科全书"。而被后人尊称为"茶圣"的陆羽，不仅是研究茶学的专家，也是品茶、煎茶的高手，更倡导了一种艺术性的饮茶，将饮茶从日常物质生活提高到精神品鉴的层面。此后又有大量茶书、茶诗出现，如《茶述》《煎茶水记》《采茶记》《十六汤品》等，与此同时，茶文化还与佛教、道教、儒教等各种文化相互融合，形成了强调自我修养、修身养性的茶道文化，如刘贞亮在《茶十德》中提到"以茶利礼仁，以茶表敬意""以茶可行道，以茶可雅志"。

日渐成熟的茶文化还得到了通过丝绸之路进行贸易的外国商队的喜爱，并在西南和西北地区发展出了专门以茶叶和马匹为交易内容的"茶马古道"，逐渐将茶文化带往亚欧各国。日本就深受我国唐代茶文化的影响，它将唐代茶文化与其自身风俗习惯相结合，形成了"日本茶道"。

4. 兴盛阶段：宋代

到了宋代，饮茶更是蔚然成风，上至皇帝，下至布衣，全民皆爱饮茶。那时茶坊、茶肆也大为流行，据《东京梦华录》《都城纪胜》《梦粱录》等记载，宋代茶楼、茶坊、茶肆，遍布乡野城郭，尤其是南宋临安，可谓茶肆云集。为了招揽顾客，这些茶肆不仅会按照季节调整经营品种，还会用弹曲唱歌来聚拢人气，之后又开始为各行各业、各色人等提供聚会方便。因此，与唐代茶铺相比，宋代茶肆除了可供品茗解渴外，还衍生出了交际功能。另外，茶坊中还出现了专门烧茶、烹茗的人，这些人因精于烹茶技艺而被尊称为"茶博士"。

宋代的茶叶制作承袭唐代蒸青制饼加工技术，但工艺更为精细，出现了精致的龙凤团茶。在饮茶方式上，宋代时兴"点茶法"，不再把茶放入水中煮饮，而是将炙烤、研细、过筛后的茶末放入温热的茶碗中，注入少量热水调成膏状后，再多次注水，同时用茶筅不停地回环搅动茶汤，直至白色的汤花（茶沫）覆盖水面，形成粥面，即可饮用。在点茶基础上，宋代还盛行"斗茶""分茶"游戏。斗茶，一斗汤色，茶汤色泽纯白者为胜；二斗汤花，汤花均匀细腻、咬盏时间长、久聚于盏边不散者为胜。斗茶对茶的品质、水质、茶具都很有讲究。因为茶色以白为妙，所以宋人爱用建窑小黑盏来凸显其洁白，且建盏胎厚、古朴，看似笨重，但耐高温、导热慢，非常适合点茶用。分茶，也称茶百

图 8-12 刘松年《茗园赌市图》局部

图 8-13 茶百戏

戏、水丹青，它是一种采用"下汤运匕"即汤瓶注汤或用茶匙加水的方法，用清水使茶汤幻变出图案的独特技艺。到了南宋，点茶由杭州径山寺的日本僧人传到日本和朝鲜，演绎成了抹茶道和高丽茶礼。

> **文化链接**
>
> ### 宋代点茶
>
> "点茶"始于五代，宋时风行于世，与焚香、挂画、插花一起成为宋代文人的四大雅事。
>
> 据相关文献记载，宋代点茶通常可分为炙茶、碾茶、罗茶、候汤、熁盏、注水击拂等六个基本步骤，过程中会用到茶碾、茶罗、汤瓶、茶盏、茶筅等很多器具，其中汤瓶、茶盏、茶筅是点茶专用的重要茶具。
>
> **炙茶**
>
> 茶在存储运输过程中难免受潮，为获得更好口感和茶沫的形成，要先将茶饼放在烘茶炉中炙烤，以烘干水分，用火逼出茶的香味。
>
> **碾茶**
>
> 首先用茶臼捣碎炙烤冷却后的茶饼，然后放入茶碾中碾成粉末，宋代后期则放入茶磨中磨出更为细腻的粉末。
>
> **罗茶**
>
> 用筛网细密紧致的茶罗筛取更为细、匀的茶末。
>
> **候汤**
>
> 等待汤瓶中的水煮沸。汤"未熟则末浮，过熟则茶沉"。
>
> **熁盏**
>
> 用沸水浇淋茶盏，使之温热，"冷则茶不浮"。
>
> **注水击拂**
>
> 宋徽宗赵佶的《大观茶论》记载了七汤点茶法：点茶有七汤，汤瓶注水，茶筅击拂，茶汤逐渐形成"疏星皎月""珠玑磊落""粟文蟹眼""轻云渐生""浚霭凝雪""乳点勃然"，最后"乳雾汹涌，溢盏而起"，形成美丽的沫饽，尽显茶汤之美。

宋代点茶

宋代是茶叶生产的飞跃发展时期，茶的种植面积和区域都有所扩大，产量大有增加，贸易日益兴盛，开始出现固定市场"茶市"，而从事茶叶贸易的茶商则需向政府缴纳"茶榷"（即茶税），获得政府批准的"茶引"，方可进行贩茶。

宋代有关茶的专门著述也很多。相关材料显示，可知的宋代茶书大致有三十种之多，流传至今的有十余种，如丁谓的《北苑茶录》、周绛的《补茶经》、蔡襄的《茶录》、沈立的《茶法易览》、赵佶的《大观茶论》、宋子安的《东溪试茶录》、黄儒的《品茶要录》

等。还有王安石、范仲淹、欧阳修、苏东坡、黄庭坚等人也都留有与茶相关的诗篇和故事。在宋代，宫廷设立茶事机关，皇帝嗜茶、精通茶事，官员、文人自发结成"汤社"；至于下层社会，茶文化更是生机活泼，邻里迁徙要"献茶"，对客人要敬"元宝茶"，订婚时要"下茶"，结婚时要"定茶"，同房时要"合茶"……

5. 普及阶段：元明清时期

元代开始流行南宋末年出现的散茶，即未压制成片、团的茶叶。在当时，龙凤团茶等饼茶主要供皇室宫廷用，民间则以散茶为主，制茶工艺也由蒸青团茶向蒸青散茶发展，这些都为明代散茶的兴起奠定了基础。此外，由于政治、经济、文化的变迁，元代茶人已无心再以茶事表现闲情逸致、风流倜傥，转而通过饮茶来表达情操、磨砺意志，这就促使茶艺从繁复、精致、奢华转变为简约、返璞归真。

到了明代，因团茶制作过于烦琐、劳民伤财，明太祖朱元璋下诏废团茶，改贡散茶，于是散茶、芽茶和叶茶得到快速发展。炒青、烘青等工艺的出现，又使茶叶的制作加工水平达到一个前所未有的高度，黑茶、花茶、红茶、黄茶等茶类相继出现。各地名茶也纷纷涌现，其中天池茶、松萝茶、龙井茶、虎丘茶、阳羡茶、六安茶名盛天下。在饮茶方式上不再采用繁复的点茶法，改用沸水直接冲泡茶叶，明人觉得这种品饮方法不仅简单便捷，而且最得茶的天然本色和真味。为了更好地衬托茶色，明代改用白瓷和青瓷盛茶，中叶后又兴起用宜兴紫砂壶泡茶。茶艺也表现为简约化，主张茶文化精神与自然契合。

图 8-14　文徵明《品茶图》局部

明代茶文化非常繁盛，仅茶书就有 50 余部，其中朱权的《茶谱》、许次纾的《茶疏》、张源的《茶录》、罗廪的《茶解》、田艺蘅的《煮泉小品》等尤为著名。还有不少文人雅士留下的茶画、茶诗，如唐伯虎的《烹茶画卷》《品事茗图》、文徵明的《惠山茶会记》《品茶图》《茶具十咏》、陈继儒的《试茶》、于若瀛的《龙井茶歌》等，体现了文人茶道虚静空灵、天人合一以及本真自然、闲适清逸的艺术精神。

随着郑和七下西洋，茶和茶文化也传播到了东南亚、阿拉伯半岛和非洲东岸。在此期间，西欧各国商人先后东来，从这些地区转运茶叶回去，并在上层社会推广饮茶。之后，荷兰海船还直接到我国澳门贩茶，茶叶很快就成为荷兰人最时髦的饮料，并迅速风靡英、法等国。在当时，茶叶在欧洲各国被视为贡品和奢侈品，荷兰许多富裕家庭都设有专门的"茶室"，在英国用中国茶和中国茶具来招待客人则成为主人炫耀的方式。

清代废除茶禁，使茶叶种植面积和产量有了大幅度的提高，工艺上还是以烘青和炒青为主，除原有种类外又出现了青茶（乌龙茶）和白茶，奠定了我国茶叶结构的基本种类。出现了盖碗茶具与工夫茶泡法，并逐渐流行开来。茶叶贸易更加活跃，专卖茶叶的茶庄、茶行、茶号纷纷出现，茶叶出口更是在世界上居于垄断地位。

茶馆也在清代迎来鼎盛，不仅遍布城乡各地，也逐渐成为百姓市井消歇、娱乐、饮食、会友、洽谈生意、闻听消息，乃至调解纷争的重要场所。清代茶馆除了各式茶饮外，也供应瓜果、糕点、馄饨等小食，还有说书、评弹等说唱艺人的临场表演。据说最喜欢微服私访的乾隆皇帝就曾多次光临这样的茶馆，并留下了许多茶事逸闻，其中现代社交礼仪活动中仍然流行的"叩手礼"就出自他的故事。

当茶从烦琐的制作和饮用方式中解放出来，不仅茶叶生产呈现出千姿百态的繁荣局面，而且饮茶习俗也更加深入普及到整个社会的各个层面，逐渐与社会生活、民情风俗、人生礼仪结合起来，构成丰富的茶文化内涵，并产生深远的影响。

文化链接

中国六大茶类

中国茶叶按照茶的色泽与加工方法分类，可分为红茶、绿茶、青茶、黄茶、黑茶、白茶六大类。

红茶：全发酵，因干茶和茶汤都以红色为主调而得名，以祁门红茶最为著名。

绿茶：不发酵，其制成品和茶汤较多地保留了鲜茶叶的绿色格调，是我国最普遍饮用的茶，主要有西湖龙井、洞庭碧螺春、黄山毛峰、信阳毛尖、庐山云雾、六安瓜片、太平猴魁等品种。科学研究成果表明，绿茶还具有其他茶类所不及的减缓衰老、防癌抗癌、杀菌消炎等特殊功效。

青茶：半发酵，综合了红、绿茶初制的工艺特点，既有绿茶的鲜爽，又有红茶的浓醇，俗称"乌龙茶"，由宋代贡茶龙团、凤饼演变而来，代表品种有安溪铁观音、武夷岩茶大红袍、东方美人、冻顶乌龙等。

黄茶：轻发酵，按鲜叶老嫩和芽叶大小分为黄芽茶（如君山银针、蒙顶黄芽）、黄大茶（如大叶青）和黄小茶（如沩山毛尖、平阳黄汤）。我国黄茶产量不高，消费人群也相对局限。

黑茶：后发酵，因成品茶的外观呈黑色而得名，最为著名的品种当属云南普洱茶。普洱茶以陈为贵，可分为自然发酵而成的生茶和人工辅助发酵而成的熟茶。

白茶：轻发酵，因其成品茶多为芽头，满披白毫，如银似雪而得名，汤色黄绿清澈，滋味清淡回甘。

（二）茶道文化

茶道始于唐代，是一种艺术、哲学、礼仪与日常生活结合的精神文化，涉及茶艺、茶礼、茶韵、茶境、茶禅、茶德等多个方面。它通过泡茶、赏茶、闻茶、品茶一系列过程，使人学习礼仪、提升审美、修炼身心，最终达到清俭、廉洁和求真的高雅精神。

1. 茶礼

"以茶为礼"是中华传统文化的重要表现之一。"茶礼"更是一个人礼貌、修养的重要体现。

"叩手礼"便是茶礼的一个典型代表。相传，乾隆有次微服私访时带着几个随从来到江南名城苏州，进入一家颇有气派的茶馆歇脚。其时正值夏天，茶馆生意火爆，茶楼里坐满了客人，伙计们忙得招呼不过来。乾隆与随从坐在桌边，久等不见伙计前来倒茶，就拿起茶壶，为自己和随从倒起茶来。随从们看到乾隆做出如此举动，大为惊恐，想依照平日的做法跪下谢恩，又怕暴露皇上的身份，不跪则又违反了宫中礼节，犯了不敬君王之罪。慌乱之中，一名随从急中生智，迅速伸出右手，将中指和食指弯曲放在桌面之上，形成双膝跪下的姿势，朝乾隆轻叩了几下，其他人看到此举纷纷效仿，以示谢恩。乾隆见随从举动既不失礼节，又顾及了当时的场面，而且意趣十足，不觉龙颜大悦。过后，做出此举的随从都得到了乾隆的嘉奖。后来，这种礼节逐渐传入民间，每当主人给客人斟茶时，客人便以此表达对主人的感谢。当然，关于"叩手礼"的使用还有很多讲究，比如当晚辈向长辈敬茶时，长辈只需用食指或中指敲击一下桌面即可，代表点头致意，若长辈连敲了三下，则说明长辈很欣赏晚辈；当平辈之间敬茶时，食指和中指并拢并敲击桌面三下，代表三作揖；当长辈给晚辈敬茶时，晚辈应五指并拳、拳心朝下敲击桌面三下，再双手接过茶碗，代表五体投地，为倒茶之人行叩拜之礼。

俗话说："茶要大半酒要满"，替人斟酒要倒满杯，而替人斟茶切记只倒七分满，否则就会"茶满欺人"。"茶倒七分满"不仅体现出茶需品饮的珍贵，也彰显了主人避免客

图 8-15 叩手礼 1

图 8-16 叩手礼 2

图 8-17 叩手礼 3

人被烫伤的周到待客之礼。

分茶时主人应以右手持公道杯为宾客倒茶，并按照自左到右顺时针的顺序，这样公道口是倒退着为宾客分茶，不然公道口不断向前冲就有一种侵略意味。当然，如习惯左手持壶，则可逆时针。另外，分茶时还需控制好茶水水量，做到各杯基本一致，以示茶道公正平等，无厚此薄彼之意。放置茶壶时，壶嘴不能正对他人，因为这表示请人赶快离开。

品茶过程中，若有新客来访，应换上新茶，重新沏泡，以示敬意。在为客人倒茶时，也要先给予这位新来的客人，请其品尝。

2. 茶境

明代才子徐渭在《秘集致品》中谈到"茶宜精舍、宜云林，宜瓷瓶，宜竹灶，宜幽人雅士，宜衲子仙朋，宜永昼清谈，宜寒宵兀坐，宜松月下，宜花鸟间，宜清流白石，宜绿藓苍苔，宜素手汲泉，宜红妆扫雪，宜船头吹火，宜竹里飘烟"，说明清幽的环境对于饮茶是十分重要的。为了得到更好的饮茶体验，人们有时会刻意寻找或营造与茶道活动相一致的环境。茶道环境一般有三类：一是自然环境，如松间竹下、泉边溪侧；二是人造环境，如亭台楼阁、书房客厅；三是特设环境，如专门用来从事茶道活动的茶室，室外庭院常栽有青松、翠竹等，室内则往往有挂画、盆景、古玩。总之，茶境一定要清新幽静，使人能在宁静的氛围中更细致地品味茶汤，洞察大千世界，洗涤净化心灵，达到"天人合一"的境界。

3. 茶艺

一杯好茶除了要好茶叶、好水、好茶具之外，茶艺的好坏也对其口感有着一定的影响。不同时期的饮茶方式不同，不同茶叶的冲泡方式也不同，因此茶艺随着历史的发展也在不断丰富演变。茶艺萌发于唐，成熟于宋，改革于明，极盛于清，可谓历史悠远，自成体系。

唐代盛行煮茶，茶圣陆羽认为"三沸"为宜。当水煮到有鱼眼一样的小水泡上浮时为第一沸，此时按水量放适量的盐调味；当锅边有水泡像连珠般地往上冒时为第二沸，此时先舀出一瓢水，再用"竹筴"在沸水中转圈搇动，用"则"量取茶末从旋涡中心倒下；过一会儿，水波翻腾、有水沫飞溅时为第三沸，此时要把刚才舀出的水掺入，使水不再沸腾，以保养浮在上面的沫饽。

到了宋代，煮茶演化成点茶，宋徽宗赵佶提出"七汤法"，即七次注汤击拂。第一汤要"量茶受汤，调如融胶"，就是要将茶膏调到完全不见颗粒为止；第二汤要注意快速和用力，"急注急上""击指既力"才能打出大小泡沫"珠玑磊落"；第三汤要多注些汤，击拂"渐贵轻匀"，力度减轻并匀速回环往复，至茶面汤花细腻如"粟文蟹眼"；第四汤讲究汤少速缓，打到茶面微白、云雾渐生；第五汤又可稍多注水，但击拂一定要"轻匀而透达"，此时茶面如凝冰雪，茶色尽显；第六汤要注意看茶面状态，如果乳点突出凝结，则只需缓慢环绕拂动即可；第七汤要注意分辨茶汤的轻重清浊，观察茶汤稀稠适宜、符合喜好即止，再击打至茶面沫饽如云雾汹涌、充满茶盏且凝结于茶盏边沿不动。

明清时期，泡茶逐渐盛行并流传至今，一般有温杯、投茶、醒茶、冲泡、出汤、分茶等步骤。其中较为典型的茶艺有"凤凰三点头""关公巡城与韩信点兵"。

"凤凰三点头"被誉为茶艺魁首，需要较高的茶技，也有很强的观赏性。高提水壶，让水直泻而下，接着利用手腕的力量，上下提拉注水三次，让茶叶随着水流翻动，可谓水声三响三轻、水线三粗三细、水流三高三低、壶流三起三落。"凤凰三点头"不仅能更好地激发茶性，其连贯优美的动作也蕴涵着主人对客人的尊敬。

"关公巡城与韩信点兵"是工夫茶的代表性茶艺。在冲泡工夫茶的时候，茶杯紧靠在一起，茶壶沿着茶杯打转将茶水注入，这个巡回的动作，目的是均匀地把茶水的分量和香味分配给每个杯子，以免厚此薄彼，因茶壶似巡城之关羽而得名。数番"关公巡城"后茶汤将尽，这时剩余的茶汤醇厚浓香，是茶汤之精华，为了尽显公道，需要一滴一滴均匀地斟到每一盏中，这种手法被称为"韩信点兵"。

品茶，是一种高雅的艺术享受，既讲究泡茶、饮茶的技艺，又注重茶道情趣，追求天然野趣。茶带给人的是心灵的纯净与山水的融合，回归自然，修养身心。

（三）茶俗茶趣

1. 茶俗

茶作为人们日常生活中的必需品，在人际交往、婚丧嫁娶、生产生活、衣食住行中承载着传统礼仪之风，折射着中华淳厚民风。

以茶待客，是中国数千年来最普及的日常生活礼仪，以表对来客的敬意，为其接风洗尘。

茶事活动中的敬茶，以老为尊，长幼有序。古时大家庭有清早子女向长辈敬茶请安的习俗。

茶在民间婚礼中也扮演着重要角色。自唐代起，茶叶便作为高贵的礼品伴随女子出嫁；宋代又有以"茶"订婚的风俗；明代以后，"吃茶"几乎成为男女双方缔结秦晋之好的别称。明人许次纾《茶疏》说："茶不移本，植必子生。古人结婚，必以茶为礼，取其不移植之意也。今人犹名其礼为下茶，亦曰吃茶。"因古人认为茶树不能移植，只能以种子萌芽成株，所以在古代婚俗中，茶便成为坚贞不移和婚后多子的象征，婚娶聘物必定有茶。男方向女方求婚，要以茶为礼，称为"下茶""定茶"，女方如果"受茶""吃茶"就意味着许婚。江浙一带旧时就将整个婚姻礼仪总称为"三茶六礼"，其中的"三茶"就是订婚时的"下茶"、结婚时的"定茶"、洞房时的"合茶"。

旧时南方还有喝"新娘茶"的习俗。成婚后的第二天清晨，新娘洗漱穿戴后要先去堂上向公婆、家中长辈敬茶，然后再由婆婆领着去给亲戚中的长辈们敬茶，长辈接过茶后将红包放入茶盘，新娘行万福礼道谢。这其实是以茶为礼，安排新娘与夫家长辈们的第一次正式见面。"新娘茶"的习俗一直流传至今，只是现在新娘不再盖红盖头，这个仪式也会在婚礼当天进行。

2. 茶趣

自古文人雅士都喜茶，不仅写下了许多吟咏茶道的诗文，还留下了不少煮茶品茗的趣事逸闻。

"茶墨俱香"的故事便与苏轼、司马光有关。据说有一次，司马光举行茶宴，特意约了十几位名士斗茶取乐。当天赴约的人都带上了最好的茶叶和茶具，苏轼也不例外，但由于他还专门带了最适宜泡茶的洁净雪水，最后因茶味芬芳郁洌拔得头筹。司马光问他："茶越白越好，墨越黑越好；茶越重越好，墨越轻越好；茶越新越好，墨越陈越好。你怎么会同时爱上这两样东西呢？"苏轼答道："奇茶妙墨俱香，是其德同也；皆坚，是其性同也。譬如贤人君子妍丑黔晰之不同，其德操韫藏实无以异。"茶有茶香，墨有墨香，虽然颜色轻重有异，但都是香气沁人。与贤人相同，虽外貌有妍媸之分，但操行却都有君子之风。就如同苏轼、司马光、王安石这三人，虽政见不同，但都是坦坦荡荡的正人君子。

还是苏轼。苏轼一生极为爱茶，还与佛家结下了深厚茶缘。相传他在杭州做官时，常向灵隐寺的老僧讨茶喝，多次后不好意思再去要，就叫仆人头戴草帽、脚蹬木屐到老僧那里去借东西，但又不告诉仆人要借什么。仆人来到老僧处，只说主人叫他来借东西，却不知要借什么东西。老僧看了看仆人的装束，笑了，回屋拿了一包茶叶递给仆人。原来，草头、人、木三个字，正好组合成一个"茶"字。果然，爱茶之人都懂"人在草木间，不如吃茶去"。

宋朝斗茶之风盛行，词人李清照也爱上了这种茶文化，并发明了一种新的斗茶方式——行茶令，时常与丈夫赵明诚切磋。它与行酒令相似，在喝茶时选一位令官，在座的饮茶之人都要听令官的指令，令官出难题让人解答，题目大都与吟诗作词有关，答不出来的人就要接受惩罚。李清照夫妇在饭后之余，回到堂上煮茶品茗，指着桌上堆积的书籍，考考彼此某一典故是在哪本书中的哪一卷、哪一页、哪一行，谁答对了谁获得优先饮茶权。结果，李清照答对时举杯将饮，却因太过开心而大笑不止，又把茶洒了一身。这对才子佳人的饮茶趣事，把读书与饮茶结合得最为兴味盎然，成了中国茶史上千古流传的风流佳话。"赌书消得泼茶香，当时只道是寻常"，便也成了李清照晚年最温暖的回忆。

文化悦游指南

1. 宁波菜博物馆：浙江省宁波市海曙区南门街道船埠巷 138 号（南塘老街牌楼边），0574-87257979，周一至周日 10:30—16:00，免费开放。

2. 中国杭帮菜博物馆：浙江省杭州市虎玉路 9 号（江洋畈生态公园内），0571-87921117，周二至周日 10:00—17:00，免费开放。

3. 中国茶叶博物馆：浙江省杭州市西湖区龙井乡双峰村龙井路 88 号（双峰馆区）、西湖区西湖街道翁家山 268 号（龙井馆区），0571-87964221，09:00—16:30（周二闭馆，节假日照常开放），免费开放。

4. 中国黄酒博物馆：浙江省绍兴市越城区下大路 557 号，0575-85397288，周一至周日 08:30—17:00，免费开放。

文化悦赏指南

1. 许鸿琴：《千古食趣：说说吃的那些事儿》，中国华侨出版社，2013 年。
2. 吴云粒：《古人的日常生活·膳食》，北京理工大学出版社，2022 年。
3. 柴隆：《宁波老味道》，宁波出版社，2016 年。
4. 周娴华、周达章：《宁波饮食文化》，宁波出版社，2021 年。
5. 陈可伟：《甬上乡味》，宁波出版社，2022 年。
6. 施袁喜：《古人的日常生活·茶饮》，北京理工大学出版社，2022 年。
7. 木空：《酒杯里的中国》，凤凰出版社，2013 年。
8. 陈晓卿等：纪录片《舌尖上的中国》，央视网。
9. 王冬等：纪录片《美食中国》，央视网。

文化小测

1. 作为中华饮食文化重要标志之一的筷子，是在（　　）时期开始被使用。
   A. 原始社会　　　　　　　　　　B. 先秦
   C. 秦汉　　　　　　　　　　　　D. 魏晋南北朝

2. 我国（　　）时的"食医"是见于文字记载的人类历史上最早的营养师。
   A. 周朝　　　B. 秦朝　　　C. 汉朝　　　D. 唐朝

3. 到春秋战国时期，食物的制作趋向精细化，形成了"五味调和"的烹调思想与"五谷为养"主副食搭配的平衡膳食理念。其中，"五谷"是指（　　）。
   A. 稻、黍、稷、麦、麻　　　　　B. 稻、稷、麦、菽、麻
   C. 稻、黍、麦、菽、麻　　　　　D. 稻、黍、稷、麦、菽

4. 在中国饮食蓬勃发展时期，炊具的新突破主要表现在使用（   ）。
A. 青铜炊具　　　　B. 铁制炊具　　　　C. 陶制炊具　　　　D. 瓷质炊具

5. 我们现在的一日三餐最早起源于（   ）。
A. 秦朝　　　　　　B. 汉朝　　　　　　C. 唐朝　　　　　　D. 宋朝

6. 在饮食民俗方面，新粮登场和瓜果上市时，要请长辈或老人先吃，这叫（   ）。
A. "尝鲜"　　　　　B. "品鲜"　　　　　C. "献新"　　　　　D. "尝新"

7. "开门七件事"中不包括（   ）。
A. 酱　　　　　　　B. 醋　　　　　　　C. 茶　　　　　　　D. 酒

8. 将下列宋代点茶的基本步骤按照先后顺序排列，正确的一项是（   ）。
①罗茶　　②炙茶　　③碾茶　　④熁盏　　⑤候汤　　⑥注水击拂
A. ①③②④⑤⑥　　　　　　　　　　B. ②③①⑤④⑥
C. ①②③④⑤⑥　　　　　　　　　　D. ②③①④⑤⑥

9. 下列选项属于绿茶制作工艺过程的是（   ）。
A. 杀青—揉捻—干燥　　　　　　　　B. 发酵—揉捻—干燥
C. 杀青—发酵—干燥　　　　　　　　D. 杀青—干燥—压缩

10. 以下茶道文化中，属于茶礼范畴的有（   ）。
① 叩手礼　　　　　　　　　　　　② "关公巡城与韩信点兵"
③ "凤凰三点头"　　　　　　　　　④ "茶要倒七分满"
⑤ "品茶，一人得神，二人得趣，三人得味，七八人是名施茶"
A. ①②③　　　　　B. ①③④　　　　　C. ①④　　　　　　D. ①⑤

参考答案

文化践行

学做古早味

育人内涵： 中国人自古以来重视饮食，有"民以食为天"的说法。在中华传统文化中，饮食不仅仅是为了满足口腹之欲，也是我们中国人表达感情的独特方式之一，其中也蕴含着深刻的伦理思想和人生哲理，特别是一些与传统节日、节气有关的饮食，还具有许多寓意和讲究。因此,热爱美食的我们不仅要会吃,还要学会做,更要知道它们的由来和寓意。

践行任务: 了解家乡的一些特色传统饮食,探究其蕴含的文化内涵,传承其做法,并进行推介。

践行记录:

践行感悟:

第九讲 Lecture 9
中华传统建筑
——重楼飞檐皆匠心

文化探知

中华传统建筑历史悠久，成就斐然，与欧洲建筑、伊斯兰建筑一起被公认为最有影响的世界三大建筑体系。

中华传统建筑，经过数千年历史发展，从材料结构到布置装饰、从单体形式到群体组合乃至城市布局，早已形成并始终继承和发展着自己独特的做法制度、技术特点、艺术风格和建筑文化，在世界建筑史上独树一帜，成为中华优秀传统文化的一个有机组成部分。

一 传统建筑发展概况与特征

（一）发展概况

1. 生成时期：原始社会—汉代

从原始社会晚期（约五万年前）开始，随着原始氏族公社的不断繁荣与发展，我国黄河中游的氏族部落开始在黄土层为壁体的土穴上，用木架和草泥建造起了简单的穴居和浅穴居。之后，在此基础上又逐步掌握和积累了营造地面房屋的技术，奠定了传统木构架建筑的发展雏形。

到夏、商、周及春秋等奴隶社会阶段，随着青铜工具的普及和生产力的提高，传统建筑技术也随之发展。商代已有了较成熟的夯土技术，后期建造了宫室、宗庙、陵墓及规模相当大的灌溉工程与防御工程，并已能建造规模较大的木构架建筑，还出现了前所未有的院落群体组合。西周出现了瓦。春秋时期营建了很多以宫室为中心的城市，城壁用夯土筑造，宫室建在夯土台上，而木构架已成为我国传统建筑的主要结构方式。同时，城市和建筑有了严格的等级制度，城市的规模、道路的宽度以及建筑物必须按等级来定。相传著名的木匠公输般，即鲁班，就是春秋时期出现的匠师。

到战国时期，我国的封建制度已逐步确立，铁工具的应用较为普遍，城市规模日益扩大，高台建筑更为发达，并建造出了多层的木构架房屋，砖、彩画出现，建筑制度开始确立。到了秦朝，更是修建了规模空前的宫殿（阿房宫）、陵墓（秦始皇陵）、军事防御工程（万里长城）、军事通道（直道）及水利工程（灵渠）等，这些建筑工程对后世的影响都极为深远。

两汉时期则先后建成了规模宏伟的首都长安和洛阳。东汉末期，曹操还营建了规制整齐的邺城。汉代的建筑事业非常活跃，使用大量成组的斗拱，木构楼阁也逐步代替了高台建筑，同时出现了砖券结构，并开始使用各种瓦、下水管，以及墓葬中使用大块的空心砖等。传统建筑的三种主要大木构架体系——抬梁式、穿斗式和井干式，在这个阶段都已出现并趋于成熟，而与之相适应的各种平面布局和外部造型亦基本完备，建筑组合和结构处理日臻完善。中华传统建筑作为一个独特的体系在汉代已基本形成，这也直接影响了我国两千年来民族建筑的发展。

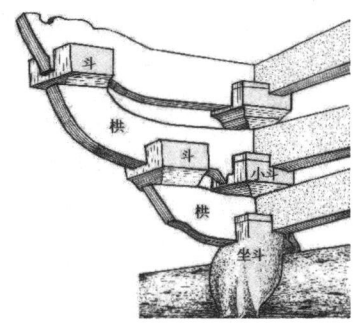

图9-1 斗拱

文化链接

斗拱

斗拱是我国古代木结构建筑上特有的构件，它位于较大建筑物的立柱与屋顶之间，其功用在于承受上部支出的屋檐，把整个屋顶的重量均匀地托住，然后过渡转移到立柱上，因此斗拱是屋顶重力传递的中介。

斗拱的种类很多，其结构也各不相同，但不管哪种结构，都是"斗"和"拱"的巧妙结合。"斗"是斗形的木垫块，"拱"是弓形的短木。拱架在斗上，向外挑出，拱端之上再安斗，这样逐层纵横交错叠加，就形成了上大下小的托架。这种构件既有支承荷载梁架的作用，又有装饰作用。

有着"斗拱博物馆"之称的山西应县木塔，建于辽代，塔高67.31米，是我国现存最古老、最高的一座木构塔式建筑。全塔共使用了59种不同形式的斗拱，犹如朵朵盛开的莲花装点于塔身各处，正如古籍所言"远看擎天柱，近似百尺莲"。这些斗拱既替立柱分担了重量，又对地震等外来力量起到了缓冲和分散的作用。因此，在近千年岁月中，应县木塔经受了多次强烈地震的袭击，仅烈度在五级以上的地震就有十几次，地震多次把应县夷为平地，唯木塔屹立千年不倒，这在我国木结构建筑发展史上，写下了最为辉煌的篇章。

图9-2 应县木塔

2. 发展时期：魏晋南北朝

魏晋南北朝时期的中国处于大分裂、大动荡的时代，社会生产力发展比较缓慢，建筑上不及两汉期间有那样多生动的创造与革新。但在局势较稳定的长江流域，生产和文化水平不断提升,都城规划布局有了进一步的发展。而邺城自曹魏建都后,因布局规整、结构严谨、建筑对称、气势雄伟,开创了古代城市中轴对称布局的先河,这对以后的隋唐长安城、明清北京城等布局都产生了很大影响。

这一阶段,砖瓦的产量、质量及木构架技术都有所提高,最突出的建筑类型是佛寺、佛塔和石窟。因统治阶级的大力提倡,佛教在南北朝时特别兴盛,所以佛教建筑也日益繁荣发展,大量宏伟华丽的寺、塔、石窟和精美的佛像雕塑得以营建。敦煌石窟、龙门石窟、云冈石窟、麦积山石窟等四大石窟,都开凿于此时。

另外,魏晋南北朝时期也是我国古代园林史上的一个重要转折时期,因这时期的文人雅士厌烦无休止的战争,崇尚谈玄玩世,多寄情山水,以风雅自居,许多豪富纷纷建造私家园林,把自然式风景山水缩写于自己的私家园林中,如西晋石崇的"金谷园",就是当时著名的私家园林。这个时期的园林建筑为后来唐宋明清时期园林艺术的大发展打下了深厚基础。

3. 成熟时期:隋唐

隋朝上承六朝,下启唐宋,时间虽短,但在建筑上颇有作为,是我国传统建筑趋向成熟的一个时期。在建筑材料方面,砖的应用逐步增多,琉璃的烧制技术也比南北朝有所进步,使用范围也更为广泛。隋朝的建筑技术发展快速,同时,建筑与雕刻装饰也有了进一步的融合、提高,创造出了统一和谐的风格,为唐朝成熟的建筑体系奠定了基础。

隋朝建筑有不少标志性的工程,比如修建的京杭大运河。大运河南起余杭(今杭州),北到涿郡(今北京),贯通了海河、黄河、淮河、长江、钱塘江等五大水系,途经河北、天津、山东、江苏等地,将古代中国南北地区更加紧密地联系在一起,是世界上最长的人工运河。隋朝还兴建了两座举世闻名的历史名城——大兴城(唐代改名为长安城)与洛阳城,这两座城市规划完整、规模宏伟、分区明确、街道整齐,特别是大兴城的设计与布局思想,是我国古代城市建设规划高超水平的标志,堪称"世界第一城",对后世的都市建设以及日本、朝鲜的都市建设都有着深刻影响。隋朝还广设仓库,其粮食储量之大,令人惊叹。此外,隋朝还建有不少驰道,极大改善了北方的交通状况,对沿途经济的繁荣也起到不小的促进作用,而经济的繁荣又反过来促使交通的发展,彼此互为影响,相得益彰。

唐朝是我国古代最繁华的朝代之一,其建筑达到了我国封建社会前期的最高峰,也使中华建筑发展进入了完全成熟的阶段。唐朝建筑相较于前后朝代都独树一帜。在继承前朝历代建筑成就的基础上,唐朝建筑又吸收、融合了外来建筑的影响,不仅形成了一个由都市建筑、宫殿建筑、佛教建筑等多方面组成的完整的建筑体系,而且建筑等级更为详密,建筑艺术造诣和设计风格也都十分辉煌瞩目。

唐时期的陵墓、木构殿堂、石窟、塔、桥及城市宫殿等,布局、造型均气魄雄伟,形体俊美,庄重大方,整齐而不呆板,华美而不纤巧,舒展而不张扬,古朴却富有活力。唐朝皇宫——大明宫,位于长安城最北部,曾经是世界上最大的砖木结构宫殿群。自唐高宗起，先后有十七位唐朝皇帝在此处理朝政，历时长达200余年。大明宫的面积相当于三个凡尔赛宫、四个紫禁城、十三个卢浮宫、十五个白金汉宫，被称为"千宫之宫"，可见唐之大气恢宏。

4. 大转变时期：宋朝

宋朝是我国传统建筑发生较大转变的时期。这一时期市民阶层不断壮大，宋朝建筑也一改唐朝雄浑的特点，变得纤巧秀丽、注重装饰且富于变化。宋朝不仅出现了大跨度的木构拱桥（虹桥）和各种形式复杂的殿阁楼台，而且以殿堂、寺塔和墓室建筑为主要代表，流行起仿木构建筑形式的砖石塔和墓葬，创造了许多华丽精美的作品。在建筑技巧娴熟的基础上，宋朝将建筑与装饰作了有机结合，采用彩绘、雕刻及琉璃砖瓦等对建筑进行艺术加工，一梁一柱都着力作细致处理，比如格子门的一条门框可以有七八种断面形式，毯文窗格的棱条表面要加上凸起的线脚；又比如雕一朵花，花瓣造型极尽变化，生动活泼，彩画中花朵的每一个花瓣都要经过由浅到深、四层晕染才算完成，这些都直接影响了元、明、清三朝的建筑风格。

宋朝木构架建筑的设计与施工已达到一定程度的规格化，其装修、彩画基本定型，并制订为以"材"为标准的模数制，十二世纪初李诫编写的《营造法式》一书就是总结宋朝时期这些建筑经验的杰作。宋朝也是我国古代社会科技水平发展较高的一个朝代，同样宋朝的建筑也体现了其高超的技术水平，对后世乃至当今的建筑都具有一定的指导意义。

5. 交融及高峰时期：元明清

元朝时经济、文化发展较为缓慢，建筑发展也基本处于凋敝状态。大部分建筑简单粗糙，木构多用原木作梁，外观粗放，多用白色琉璃瓦（因蒙古族喜欢白色），是这一时期的特色。由于元朝统治者对宗教采取兼容并蓄的态度，因此，这一时期的宗教建筑相当发达，喇嘛教、伊斯兰教及中亚各族工艺美术杂糅融通，大量藏传佛教寺庙及伊斯兰教礼拜寺得以兴建，藏传佛教和伊斯兰教的建筑艺术也由此影响到全国。

明朝在建筑、水利、造园等方面涌现出了不少优秀的专门匠师和学术著作。制砖手工业也得到进一步发展，砖和琉璃瓦的数量及质量都超过之前任何朝代，建筑风格严谨、工丽、清秀、典雅，具有江南艺术的风范。明清两代，封建专制制度更为严密，等级制度更为森严，官家建筑已完全标准化、定型化，建筑装饰琐碎繁缛，民间建筑类型与数量增多，质量也明显提高。相较于明朝，清朝的建筑更为雍容大度、严谨典丽、机理清晰，城市格局方整、开敞，街市面貌生动活泼。

明清两代在建筑形式、构造方式、建筑材料、工艺技术上因袭相承，变化较少，因此有很多共同或相似之处，形成了统一的风格。清雍正十二年（1734年）颁发了《工程做法则例》，它是清朝官式建筑通行的标准设计规范，也是继宋代《营造法式》之后官方颁布的又一部较为系统全面的建筑工程专书。

明清时期是中华传统建筑体系的最后一个发展阶段。这一时期，中华传统建筑在群体组合、空间氛围的创造上，取得了显著的成就。保存至今的明清宫殿（北京故宫、沈阳故宫）成为中华文化的无价之宝，明朝的江南私家园林和清朝的北方皇家园林是古代最具艺术性园林建筑的代表，北京的四合院和江浙一带的民居则是中国民居最成功的典范，明清两代祭祀天地社稷和帝王祖先的天坛，其沟通天地的建筑设计和神妙艺术至今仍打动人心……可以说，明清时期是中华传统建筑到达的最后一个高峰。

（二）基本特征

1. 巧夺天工的木构架

与西方建筑喜好使用砖石不同，中华传统建筑的原料以木材为主。不管是庞大巍峨的皇家宫殿，还是小巧精致的亭台楼阁，木材都是搭建主体结构的主要原料，而砖石只是处于辅助地位。因此，木构架是我国传统建筑的主要结构方式。这种结构方式主要由木制立柱、横梁、顺檩等构件组成，各个构件之间使用榫卯连接，由此构成富有弹性的框架。这种建筑构架的特点是，屋顶与房檐的重量通过梁架传递到立柱上，墙壁只起到围护和分隔的作用，不承受荷载，因此有"墙倒屋不塌"之妙。在2008年汶川大地震中，很多古建筑如都江堰旁的二王庙仍然屹立在废墟之上，正是得益于这种结构。

图9-3 榫卯

榫卯工艺

文化链接

榫卯——传统建筑的灵魂

榫卯，是指在两个木构件上采用木头凹凸拼接的连接方式。凸出部分叫榫（或榫头）；凹进部分叫卯（或榫眼、榫槽），榫和卯相互咬合，起到连接作用。这是中国古代建筑、家具及其他木制器械的主要结构方式。1973年，距离宁波市区约20公里的余姚市河姆渡镇发现了距今六七千年的新石器文化遗址，人们称之为河姆渡遗址，在遗址人们发现了大量榫卯结构的木质构件。

榫卯工艺是榫和卯的结合，是木件之间不用一根铁钉或任何黏合剂就可以将木材拼起来，可有效地限制木件向各个方向的扭动，并且十分稳固和牢靠，甚至对强烈地震都有较高的耐受力。我国各地许多古老的木结构建筑历经多次地震后依然安然无恙，能使用几百年甚至上千年，其中榫卯就起了关键性作用。榫卯，这种传统的民族制作工艺，在人类轻工制造史上堪称奇迹。

木构架按不同的组合方式可分为抬梁式、穿斗式和井干式三种。抬梁式，又称叠梁式，是在立柱上架梁、梁上安短柱、短柱上再放短梁，层层叠放直至屋脊。这种结构的特点是建筑内部立柱少，空间面积大，同时还能产生宏伟的气势，但由于梁柱的承载力较大，因此用料要粗，一般常用于宫殿、坛庙、寺院等大型壮观建筑物中。穿斗式构架，沿房屋的进深方向按檩数立一排柱，每柱上架一檩，檩上布椽，屋面荷载直接由檩传至柱，不用梁。每排柱子靠穿透柱身的穿枋横向贯穿成一榀构架，榀与榀之间再使用斗枋等连接起来。相比之下，穿斗式构架用料尺寸较小，但立柱密集，室内不能形成连通的大空间，故多用于民居和较小的建筑物。井干式是一种不用立柱和大梁、只用木料交叉堆叠构成墙壁来直接承重的房屋结构，因其所围成的空间似井而得名。这种结构较为简单，容易建造，不过对木材消耗量大，因此应用较少，一般只应用于森林资源丰富地区，如东北、西南等林区。而在实际应用中，还有很多传统建筑是综合使用了抬梁式和穿斗式这两种结构，即中间使用抬梁式、两头靠山墙处用穿斗式，这样既增加了室内的使用空间，又不必全部使用大尺寸木料。

图9-4 抬梁式

图9-5 穿斗式

图9-6 井干式

由于木构架的适应性非常强，因此，木柱、木梁的部件间可以通过卯榫结构相互连接，既可以左右相连，也可以前后相接，还可以上下相叠，总之可以错落组合，若再加以变通则可以组成八角、六角、圆形、扇形或其他形状的部件，因此，建筑造型不拘一格，灵动多变。且以"间"为单位构成的单座建筑，又可以多重组合形成庭院，进而以庭院为单元，再组成各种形式的组群。因此，木构架可以说是传统建筑在建筑结构上最重要的一个特征，其营造技艺一直传承至今，既体现了建筑在构造技术与艺术形象上的统一，又创造出了砖石结构所不及的复杂、精美的空间艺术美。2009年，联合国教科文组织将我国传统建筑的这种框架式结构列入人类非物质文化遗产名录。当然，木结构也存在缺点，它不如砖石结构坚固持久，怕火、怕潮湿、易腐朽等。这也是历史悠久的中国古建筑能够保存下来的数量并不多的原因。

2. 灵动恢宏的建筑空间

中华传统建筑的空间具有功能上的灵动性和可变性。由于传统建筑的结构是以"柱"为主要承重构件的，支撑屋顶和楼层的木构架和分隔空间的墙体在结构上是分开的，墙体只起隔断作用，不承担荷重功能。这就使得我国传统建筑在空间应用上很灵活，以不变的"单位"，组合形成"变化"的居住空间，去适应不同地区的气候及各种变化中的生活环境，如在寒冷、风大的地方，可以用夯土或者砖石砌上厚墙；在炎热的地方，则可以用木板或竹板打造薄墙，甚至可以把墙拆了，成为四面通风的亭榭、长廊。

同时，传统建筑空间又是流通的，只营造空间而不定义功能。在传统的室内居住空间里，各房间只有空间位置上的差异，没有功能上的明确分工，因此，每个房间均可以适应多样功能，即使是同一空间，也可以设置隔扇、屏风、碧沙橱、帐幔、罩、博古架和其他陈设来进行分隔，造成空间若断若续、若分若合、若开若闭的层次和丰富的变化，既让人感觉到空间的分割，又仿佛是一个完整的空间，相邻空间之间是相互沟通，又彼此隔离，成为一个互相渗透的有机体，使得建筑空间具有较强的流通性。特别是古典园林建筑，通过对门洞、漏窗、景墙、月门、空窗的精心设计，创造出"穿插错落、步移景异、合中有开、实中有虚、虚中有实"的小空间大境界，从而达到空间之间的交流与沟通。

中华传统建筑空间的恢宏特征，则是体现在建筑的群体结构上。沿纵深方向排列的一连串院落，通过隔屏、楼梯、天桥、挑廊、台阶、陈设等布局，形成动态的连续空间，无论是住宅还是宫殿、庙宇，大体都是如此。"笙歌归院落，灯火下楼台""庭院深深深几许"等古诗句，就反映了这种情况。位于北京市中心中轴线上的故宫，即明清时期的"紫禁城"，就是恢宏特征的典型代表，从大清门、天安门、端门、午门、太和门到太和殿，这个空间序列是十分壮观的。它巨大的建筑规模和体量，有等差、有节奏的空间安

图 9-7　故宫

排，中轴对称的院落式布局，以及黄瓦、红墙、白色台基等庄重色调，无不体现着封建宗法礼制精神，象征着封建帝王至高无上的地位和权威。从天安门的高大辉煌，到午门的巍峨雄壮；从太和殿广场的雍容尊贵，到太和殿的庄重稳定，故宫无论是在建筑技术上，还是在建筑艺术上，都是一部凝固的历史巨著，它代表了中华传统建筑的最高水平，也是我国古代宫城发展史上现存的唯一实例和最高典范，是中华传统建筑史中最为辉煌的篇章。

3. 精妙绝伦的装饰艺术

（1）"飞檐翘角"

有别于其他国家传统建筑的直线坡屋顶或向上隆起的穹隆顶，我国传统建筑的坡屋顶采用了独一无二的向下凹曲方式。大屋顶、举折、翼角起翘、屋顶装饰，是我国传统建筑屋顶造型的主要特征。其中，举折与起翘最为特别，这两者结合使屋顶呈现出柔和优美的曲线，迥异于其他的建筑体系。

我国传统建筑的屋顶样式非常丰富，而又变化多端，但究其根本主要有五种基本样式：悬山式、硬山式、庑殿式、歇山式和攒尖式。悬山顶有五脊二坡，屋檐悬伸在山墙以外，有利于防雨。硬山顶也有五脊二坡，但其山墙与屋顶齐平，有些还高出屋面，这对阻止火势的蔓延非常有利。这两种屋顶样式被普遍应用于南北方的民宅建筑中。庑殿顶有五脊四坡，其四面斜坡都是略有凹形弧度的曲面，屋檐四角均向上微翘。歇山顶由一条正脊、四条垂脊和四条戗脊组成，其特点是把庑殿式屋顶两侧的上半部突然直立起来，形成一个悬山式的墙面。这两种屋顶样式多应用于宫殿、庙宇等大型壮观的建筑物。攒尖顶没有正脊，只有垂脊（除圆形攒尖顶外），其屋面在顶部交会为一点，形成宝顶，可分为角式攒尖和圆形攒尖，多应用于面积不大的楼、阁、亭、塔等景观建筑。其中，庑殿顶、歇山顶和攒尖顶还有重檐设计，以增添屋顶的层次感，体现建筑的韵律美，同时也更显雄伟庄严。在上述五种基本样式的基础上，古人还变化出了卷棚顶、扇面顶、万字顶、盝顶、勾连搭顶、十字顶、穹隆顶、圆券顶、平顶、单坡顶、灰背顶等很多特殊形式。

图 9-8　悬山顶

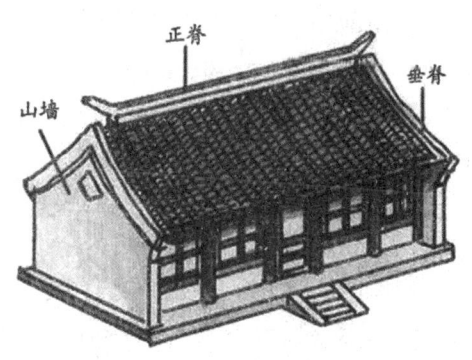

图 9-9　硬山顶

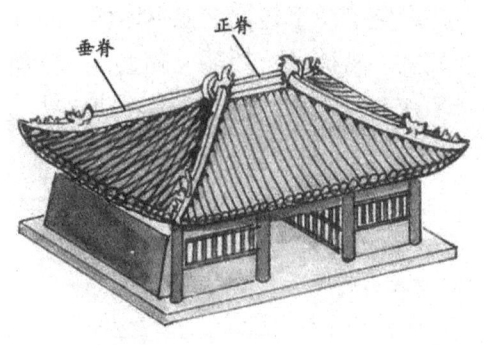

图 9-10　庑殿顶

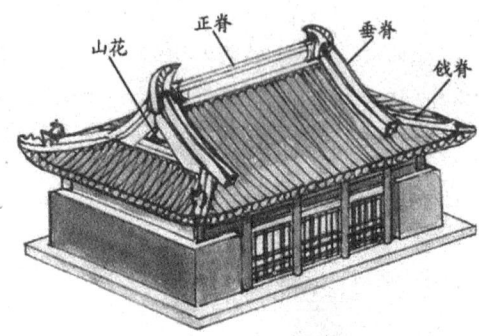

图 9-11　歇山顶

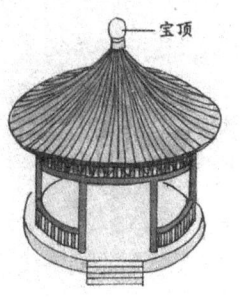

图 9-12　攒尖顶

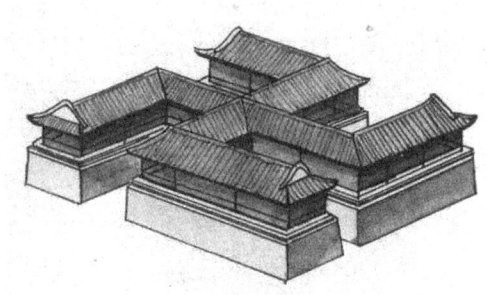

图 9-13　万字顶

图 9-14　盔顶

"飞檐翘角"主要出现在屋顶相邻两坡屋檐之间，常用在亭、台、楼、阁、塔、宫殿、庙宇等建筑物上，其实用功能是为了扩大建筑的采光面，也有利于排泄雨水。同时，因其四角翘伸、呈飞举之势的造型，也增添了建筑物向上的动感，营造出我国古建筑特有的轻盈活泼、飞动轻快的韵味。这种既具有实用价值又具备装饰功能的建筑手法，不仅体现了我国古代人民的智慧和审美，而且也将我国古代建筑的富丽堂皇和恢宏气势体现得淋漓尽致。

此外，富有创造性的古代匠师还会把大型建筑屋脊上的一些构件加工成各种有趣的"脊兽"。这些脊兽的形象都非凡间可见，因此也被称为"神兽"。古人把这些神兽安在屋脊上，使得建筑在更加雄伟壮观、富丽堂皇的基础上，更增添一道活泼、灵动、可爱的风景。

图 9-15　飞檐翘角

图 9-16　吞脊兽

图 9-17　仙人走兽

文化链接

脊兽——古建筑屋脊上的精灵

脊兽是我国传统建筑物屋脊上所安放的特有部件，按类别可分为吞脊兽、垂兽、戗兽和跑兽。

吞脊兽位于正脊的两端，头朝里作张嘴吞脊状。此兽龙首卷尾，是古代神话传说中龙的第九子鸱吻，它口阔好吞火，喜欢在险要处东张西望。由于古代建筑大多是木结构，最怕火，因此人们将它置于正脊上既是装饰又有兴雨防火的寓意。

垂兽与戗兽，一个位于垂脊端头，一个位于戗脊端头，它们是传说中龙的第三个儿子嘲风，据说它平生好险又好望，可辟邪安宅。

跑兽是一排蹲坐着的小兽，前后顺序依次为：龙、凤、狮子、天马、海马、狻猊、狎鱼、獬豸、斗牛、行什共十个，外加领头的一个骑凤仙人，合称"仙人走兽"。它们都具有化凶为吉、灭火压邪的寓意，同时也有标志建筑物等级的作用。

脊兽

（2）"雕梁画栋"

"雕梁画栋"也是我国传统建筑的重要标志和装饰手法之一。"雕"是雕刻，"画"是彩绘，当然所雕之处不只是"梁"，所画之处也不限于"栋"。

由于柱子是形成建筑层身最重要的构件，所谓"立木顶千斤"，因此在作为主要承重结构的立柱上很少用雕饰，即使使用也只是浅浮雕而已。梁枋是连接立柱间的构件，除具有相应的支撑作用外，也是建筑构件艺术化的重要部位，只是雕刻得也较浅。墙体因为不起承重作用，所以门窗、格扇、罩和挂落等围护构件上所施用的雕刻手法就极为多样，线雕、浮雕、透雕、圆雕等，可谓极尽古代匠人之所能。雕饰的题材内容也十分丰富，有龙凤、麒麟、鱼、狮、猴、蝙蝠、花鸟等动植物花纹，还有几何图案、人物形象、戏剧场面、历史传说故事等等。当然，除了木雕，还有镶嵌在门罩、窗楣、照壁上的砖雕，和台基石、栏杆等处的石雕，都极富装饰效果。

图 9-18　雕梁

图 9-19　雕花的挂落和罩

图 9-20　砖雕

图 9-21　石雕

彩绘这个装饰特点和木结构体系密切相关。因为木料易腐易蛀，所以古代匠师很早就采用在木材上涂漆和桐油的办法，来保护木质和加固木构件用榫卯结合的关接点，同时也增加美观。久而久之，后来就发展出用丹红装饰柱子、梁架或在斗拱、梁、枋等处绘制彩画。彩画多出现于内外檐的梁、枋、斗拱及室内天花、藻井和柱头上，构图与构件形状密切结合，绘制精巧，色彩丰富且配色讲究。例如在北方的宫殿、官衙建筑中，檐下阴影掩映部分，主要用色多为"冷色"，如青蓝碧绿，略加金、红作点缀；而柱子、门窗和墙壁等能照到阳光的部分，则以丹赤为主色，这样的对比更强调了阳光的温暖和阴影的阴凉，同时对比中的调和又使得色彩的过渡柔和而不突兀。

此外，"雕梁画栋"也因地域差异呈现出不同风貌。相对而言，南方建筑偏重"雕梁"，北方则侧重于"画栋"。在雕刻风格上，北方大气传神，南方细腻精致；在描画色彩上，北方工笔重彩，尤其是皇家建筑，色彩浓丽，富丽辉煌，南方则是水墨写意，以园林寺观为代表，色彩淡雅，平和淡泊，即便用了彩画，颜色一般也比北方彩画淡雅，纹式纤细。

图 9-22　檐下彩绘

二　传统建筑主要类型

中华传统建筑在漫长的历史发展过程中逐步形成了多种多样的建筑形式，其主要类型有宫殿、民居、园林、陵墓、庙宇、桥梁、塔、楼等。此处仅对宫殿、民居、园林、桥梁作简要介绍。

（一）宫殿

宫殿是我国传统建筑中规制最高、规模最大、艺术价值最高的建筑。

我国由于经历了漫长的封建社会，历代帝王为了维护其统治的威严和满足其生活的奢华，往往大兴土木营建各种宫室殿堂。秦始皇统一中国后兴建的阿房宫，就已达到惊人的规模。西汉初年修建的未央宫，就连汉高祖刘邦也因其奢华而责怪主持营建的萧何，然而萧何却说"天子以四海为家，非壮丽无以重威"（司马光等《资治通鉴》），刘邦听后转怒为喜。这说明统治阶级已经认识到，规模宏大的宫殿建筑也可以作为其巩固政权的一种工具。于是，之后历代帝王都更加重视宫殿建筑。据史料记载，唐代的"大明宫"就是当时全世界最辉煌壮丽的宫殿群之一，其建筑形制影响了当时东亚地区多个国家的宫殿建设。而保存至今、规模最大、最完整、也是最精美的宫殿建筑，当属明清时期的"紫禁城"，也就是今天的北京故宫。

整个故宫规模宏大，极为壮观。仅以宫殿的核心部分紫禁城为例，它南北长 961

米，东西宽753米，占地72万平方米，其中建筑面积约占15万平方米。整个故宫是一个由12米高的城墙围合成的封闭性建筑，城墙外还有一条宽52米、长3 800米的护城河环绕。

故宫是严格中轴对称的庞大建筑群，在它的中轴线上从前到后依次坐落着午门、太和门、太和殿、中和殿、保和殿、乾清门、乾清宫、交泰殿、坤宁宫、御花园、神武门。所有建筑以乾清门为界，分为外朝和内廷两大区域。外朝以"三大殿"——太和殿、中和殿、保和殿为主，前有太和门，两侧有文华殿和武英殿东西向对称；内廷以"后三宫"——乾清宫、交泰殿、坤宁宫为主，两侧则是东、西六宫相对称。

其中，太和殿是故宫的正殿，它不仅是故宫中最大的一座殿宇，同时也是我国现存古建筑中最大的一座木结构大殿，是中华古代建筑的代表作，充分体现了中国宫殿建筑磅礴大气、庄重威严的风格。太和殿长64米，宽37米，殿内面积2 377平方米，有将近6个篮球场大小；连同底部的三层汉白玉石台基，通高35.5米，相当于12层楼高。大殿殿顶由72根名贵的楠木巨柱支撑，其中的顶梁大柱高达12.7米，直径达1米。太和殿前面的广场面积有2.5公顷，三层汉白玉石台基上每层都有汉白玉石刻的栏杆围绕，并有三层石雕"御路"，使得太和殿显得更加威严无比。

图9-23　太和殿

▶ 文化链接

华表——中国传统文化精神的图腾

华表是一种中国古代传统建筑形式，是设在宫殿、城垣、桥梁、陵墓等大型建筑物前面做标志和装饰用的巨大石柱。相传华表是部落时代的一种图腾标志，古称桓表，远古的华表皆为木制，矗立于交通要道，供人书写谏言，针砭时弊。东汉时期开始使用石柱作华表，只是上面不再刻以谏言，而为象征皇权的云龙纹所代替，成为皇家建筑的一种特殊标志。华表通常由汉白玉雕成，其底座常呈方形，为莲花座或须弥座，上面雕刻有龙的图案，蟠龙柱上雕刻一条蟠龙盘于柱上，并饰有流云纹；上端横插一云板，称为诽谤木；石柱顶上有一承露盘，呈圆形，以对应天圆地方，上面的蹲兽为传说中的神兽朝天犼。

图9-24　华表

北京天安门前后各有一对汉白玉的华表，石犼蹲立，下面横插云板，柱身雕刻云龙，该华表与天安门同建于明永乐年间，迄今已有500多年历史。这一对华表间距为96米，显得端庄秀丽、庄严肃穆，是少有的精美艺术品。由于天安门门前那对华表上的石犼，面向宫外，后面的那对华表上的石犼，面向宫内，故在古老的传说中，人们把宫前的石犼叫"望君归"，意为盼望皇帝外出游玩不要久久不归，应快回宫料理国事；面向宫内的石犼叫"望君出"，劝诫皇帝不要总在宫内寻欢作乐，应常到宫外去了解百姓的苦难。每根华表由须弥座柱础、柱身和承露盘组成，通高为9.57米，其直径为98厘米，重约20 000公斤。

（二）民居

民居是所有建筑门类中数量最多、出现最早、分布最广泛的一类。我国国土辽阔、民族众多，各地的地理环境、气候、资源和习俗存在很大差别，这就决定了民居住宅的多样性，而不同的民居样式也生动反映了人与自然的相处关系。

1. 地穴式民居

地穴式民居是我国北方一种特别的民居，这是一种很古老的居住方式，由原始人的穴居发展而来。地穴具有冬暖夏凉、防火抗震、隔音降噪等优点，主要分布在陕西、山西、河南、甘肃、青海等黄土层较厚的地区。例如，我国北方黄土高原上的窑洞就是这种民居类型的遗留。窑洞一般高3米多，宽3米左右，最深的可达20米，洞口朝阳，这样便于阳光照射。最简便的窑洞就是直接在天然土壁上水平向里凿土挖洞形成的靠山窑，这种窑洞可数孔并列，相互贯通，也可像楼房一样，层层挖建。另一种平地窑的建造则相对复杂一些，先要在平地上按所需要的面积垂直向下挖出深坑，形成院子，再从坑壁向里挖掘窑洞。

2. 干栏式民居

干栏式建筑历史悠久，这种类型的民居主要分布在云南、贵州、广东、广西等地区，是壮族、景颇族、傣族等居住形式，但也分布在四川、浙江、湖北等地区。在浙江、湖北、云南等地的新石器文化遗址中，均发现早在新石器时代，就有属于干栏式建筑的柱

图 9-25　云南傣族竹楼

洞遗迹或木桩遗物。浙江余姚河姆渡新石器文化遗址，就有成行排列的数千个木桩、木梁及地板等干栏式建筑遗存，这些建筑均是在原始巢居的基础上发展起来的。

干栏式建筑具有防卫功能，在古代，干栏式建筑完全是为了保护人们安全的需要，这种建筑可以防止野兽对人与家畜的袭击。南方由于地气湿热，人们为了躲避潮湿地面对人体的伤害，发明了干栏式建筑，其最大特点是隔离接触，从而减少疾病的发生。干栏式住宅建筑内涵丰富，顺应气候季节、顺借地利，顺其自然，富含"天人合一"的理念。它一般在底部竖起若干木桩，在木桩上铺地板，然后再在上面竖木柱支撑房顶。住宅上层供人居住，下层无墙，用于饲养牲畜和堆放杂物。整个建筑完全由竹、木建成，房屋内部用木板自由分隔空间。这种住宅因为底部架空，不仅防潮，而且利于通风。云南傣族竹楼就是典型的干栏式民居。

3. 庭院式民居

庭院式建筑是最普遍、分布最广的一种民居形式。这种民居形式，"宅"是基础，"院"是"宅"在空间上的拓展。其规整、对称的布局，开放分进式的空间组织，颇具匠心的雕饰，都洋溢着浓厚的传统文化气息。具有代表性的庭院式民居有北京四合院；晋、陕等地区的窄院，如乔家大院；皖南天井式庭院，如徽州民居；云南"一颗印"等。

四合院是我国典型的民居样式，所谓四合，"四"指东、西、南、北四个方向，"合"即四面房屋围在一起，其格局为一个院子四面建有房屋，通常由正房、东西厢房和倒座房组成，从四面将庭院合围在中间，形成一个"口"字形的结构。四合院一般坐北朝南，大门开辟在东南角，与东厢房的南部山墙相对。大门之内的西侧是庭院。其中，正房位于庭院的北部，坐北朝南。倒座位于庭院的南部，坐南朝北。东西两侧是厢房。围墙用来填补建筑之间的空隙。中间是天井，整体由廊子贯通。在四合院中，正房居于首位，一般是三间，中间称明间，两侧称次间。明间设有祖堂与佛堂，主人与家人也在这里聚会。次间一般作为主人的卧室与

图 9-26　云南"一颗印"

个人活动场所。东西两侧的厢房则是子孙们的住房,也常是三间。正房的背后是后罩房,长度与正房基本相等。但是进深狭窄,在间数上也不与正房保持一致。后罩房一般用来堆放杂物,或者用作女仆的住所。倒座与正房南北相望,倒座的门窗向北开辟。倒座的间数与正房不保持一致,但是倒座的柱子不能与正房的宅门相对。倒座可以用作客厅,也可以居住男仆。正房前的院落是四合院的主院,是室内空间的延续,是主人与家人的休憩场所,也是举行重大活动的地方。

文化链接

徽州民居

徽州地区炎热多雨且潮湿,多山地丘陵,人稠地窄,因此民居布局密集且多楼房,普遍采用天井民居。天井,位于住宅的中央,狭长的天井既是采光口又是主要的通风口,高深的天井能产生较强的吸力,将热空气向上拔,在住宅内部形成空气流通的循环。而且四周各屋的排水都流向天井,这在风水学中称之为"四水归堂",有财不外流的寓意。

徽州民居以三合院为基本形式。大门设在住宅的正中,正前方为一狭长的天井,地势通常比厅堂低一些。正房与大门相对,一般为三间两层,中部的下层为开敞式厅堂,作为日常起居之所。左右两间厢房为卧室,光线幽暗。

徽州民居外部的典型特征就是高高的马头墙。马头墙,其实就是山墙的墙顶部分。徽州民居采用的屋顶样式是硬山顶,且两侧的封火墙高出屋面形成高高的墙垣,形状酷似马头,因此被称为"马头墙"。马头墙高低错落,沿着屋顶的坡度呈阶梯形叠落而下,一般为两叠式或三叠式,最多可达五叠,俗称"五岳朝天"。马头墙顶部通常饰以青砖小瓦,黑白相映的粉墙黛瓦,与错落有致的墙体形成一种明朗素雅而又层次分明的韵律,使徽州民居具有鲜明的个性和外观特征。

徽州民居的雕刻装饰也十分精美,砖、木、石"三雕"刀法娴熟流畅,丰满华丽而不烦琐。色彩上,徽州民居崇尚淡雅,屋顶铺小青瓦,木构件常用本色表现,不外加彩绘。

4. 防御性合围式民居

防御性合围式民居,是一种规模和面积都相对较大、为方便家族群居而建造的有防御功能的封闭院落,外形一般有圆形、方形和马蹄形等,其中以圆形最为多见。圆形为首尾相接围成一圈,地基中心留出一块宽敞的圆形空地,用作族群的议事场所,如福建客家土楼。

客家土楼一般为三至四层,最高为六层,土楼内部按照竖直方向,均等切割成一个个单元,各门各户平均分配房间。一个单元的底层到顶层房间住一户人家:第一层有客

图 9-27 福建客家土楼

厅、厨房；第二、第三层有储藏间、卧室，顶层还设有用于供奉祖先的房间。除去每个单元里自己上楼的小楼梯，整个土楼还有公共楼梯，和可以环绕整层的通廊。中心庭院可以饲养家畜，还有公用的水井。土楼外墙厚达一到两米，厚实的墙壁不仅抗攻击，还可以保证楼内冬暖夏凉。下层的房间常没有窗户，或者只有一条窄缝儿，从外部完全看不到楼里面的景象。整座楼如堡垒一般，既可以抵御野兽或盗贼的攻击，还能防火抗震。几十人到几百人聚居的整栋楼，除唯一的大门外，再无其他出口。一旦遇外敌攻击，土楼关闭，储备的物资可以维持整个宗族几百号人数月之久的生活必需。这种防卫性很强的住宅，是客家人为保护自己生存而创造的独特建筑形式，至今仍在使用。

5. 水乡式民居

江浙一带，人们往往依水而居，形成前门通巷，后门临水，家家有码头的水乡民居，它是自由式住宅的典型代表。河道两边为驳岸，以桥相连，临河的建筑主要是以单体阁楼为主，沿着河岸自由铺开而不讲究建筑的组合。江南民居大多白墙黑瓦，色彩单一，不施鲜艳彩绘，风格平易清淡，富有诗意。

> **文化链接**
>
> **江南民居——粉墙黛瓦、小桥流水人家**
>
> 江南，大体上是指浙江、上海、安徽、江西和江苏长江以南地区，江南地区因为温暖的环境、充沛的降水、地势平坦、河汊纵横，江河湖泊星罗棋布，历来是中国最富足的鱼米之乡，因此江南民居也形成了不同于北方民居的风韵：粉墙黛瓦、小桥流水人家。
>
> 江南民居以水为轴，以廊、桥跨河建宅，通过街巷、民居和河道的不同组合

形成"街巷—民居—河道""民居—河道—民居"或者"民居—街巷—河道"等布局，充满了江南水乡独有的诗意。

江南地下水位高，地质以黏土层为主，江南民居的屋顶结构比北方住宅薄。结构多为穿斗式木构架，不用梁，而以柱直接承檩，加少量精致的雕刻，涂栗、褐、灰等色，不施彩绘；墙底部常砌片石，室内地面也铺石板，以起到防潮的作用。江南缺煤，因此对砖的使用比较珍惜，为了减轻建筑物自身重量，同时节省材料，江南民居的外墙多砌成一砖厚的空斗墙，常用石灰抹面，墙体呈白色，于是自然而然地形成了"粉墙黛瓦"的建筑外观，既能反射阳光，也与南方一年四季花红柳绿的自然环境相融，整个建筑物色调素雅明净，形成粉墙黛瓦、景色如画的水乡风貌。

6. 碉房式民居

此类建筑是青藏高原上的一种住宅形式，在当地并没有给这类建筑起名，是外地人根据房屋用土和石砌筑，造型像碉堡，而将其称为"碉房"。在四川一带也有碉房式建筑，如汶川、理县等地，藏族、羌族多采用这种建筑形式。碉房一般建有二至三层高，底层用于养牲畜，上层用于居住，平面是外部一大间，内套两小间，层高较低。结构是一间一根柱，俗称"一把伞"。外墙下宽上窄，实墙都是材料本色，外观朴素协调。朝南卧室的窗户较大，有利于通风和采光。大型碉房也有建四到五层高，房内还设有小天井。另外，还有一种为了储存贵重物品或守卫瞭望所用的高碉房，可高达二三十米。四川丹巴的碉楼保存最完好，有寨碉、烽火碉等不同建筑形式。

图 9-28　碉房

在我国传统建筑哲理思想的影响下，"天人合一、适应环境、因地制宜、就地取材"成为传统民居设计的主要原则，同时把崇山、秀水、峻石、绿树、竹林、洞桥、小路与建筑融合起来成为一个整体，使民居与大自然融为一体，塑造了极为丰富多彩的艺术造型及审美情趣。

（三）园林

古典园林是我国传统建筑中独树一帜、且有重大成就的建筑类型，是举世公认的世界园林之母、世界艺术之奇观、人类文明的重要遗产。其造园手法已被西方国家所推崇和模仿，在西方国家掀起了一股"中国园林热"。

园林在我国产生甚早，早在商周时期我们的先人就已经开始造园活动了。园林最初的形式为囿，只供帝王和贵族们狩猎和享乐之用。随着历史的发展，园林也在不断改善和进步。春秋战国时期的园林中已经有了成组的风景，既有土山，又有池沼或台。园林的组成要素到这个时期已经基本具备，和最初的园囿有所区别。魏晋南北朝时期是我国园林发展的转折点。佛教的传入及老庄哲学的流行，使园林转向崇尚自然的风貌。之后，在唐宋时期达到了成熟阶段，官僚及文人墨客自建园林或参与造园工作，将诗与画融入了园林的布局和造景中，使园林建筑不再仅仅是工匠的杰作，更是文人的杰作，让园林的人文风景突显了出来。明代及清代初期，园林建筑达到了辉煌的全盛时期，具备了功能全、形式多、艺术化三个显著特点。

中华古典园林可分为皇家园林、私家园林、寺庙园林等三类。

皇家园林基本建在北方，是专供帝王休憩享乐的园林，其特点是规模宏大，真山真水较多，园中建筑色彩富丽，体型高大。皇家园林不仅是庞大的艺术创作，同时也是一项耗资巨大的土木工程，现存著名皇家园林有北京的颐和园、北海公园和河北承德的避暑山庄。

私家园林大多建于江南，一般都是王公、贵族、地主、富商、士大夫等私人所有的园林，作为一种夸耀身份和财富的手段，用于游憩、宴乐、会友、读书的场所。私家园林的特点是规模较小，常用假山假水，建筑小巧玲珑，表现其淡雅素净的色彩，古籍里面常称作"园、园亭、园墅、池馆、山池、山庄、别业、草堂"等。现代保存下来的私家园林大多属于明清时代，如北京的恭王府，苏州的拙政园、留园、网狮园，上海的豫园等。这些园林充分表现了古代传统园林建筑的独特风格和高超的造园艺术。

寺庙园林则是以寺庙为中心的园林，它们一般包括庭院、花园、湖泊和山丘。这些园林通常是为了纪念宗教事件或神仙而建造的。例如，北京的戒台寺、杭州的灵隐寺和苏州的寒山寺都是著名的寺庙园林。

中华古典园林构景手法独特，讲求自然美、艺术美和人与自然的结合美。古典园林通常由筑山、理池、植物、动物、建筑物以及匾额、楹联、刻石等要素构成。首先，筑山是造园的最重要因素之一。秦汉的上林苑，用太液池所挖之土堆成岛，象征东海神山，开创了人为造山的先例。现存的苏州拙政园、常熟的燕园、上海的豫园,都是明清时代园林建山的佳作。其次,理池也是造园最主要因素之一,"无水不活",古代园林理水之法为掩、隔、破三种,再附加植物和动物,增加园林的景深、空间层次和生机活力。其三,建筑物有亭、榭、廊、阁、轩、楼、台、舫、厅堂等,所有建筑的形与神都与天空、大地等自然环境吻合,同时又使园内各部分相接,以使园林体现出"虽由人作,宛自天开"的艺术特色。最后,古典园林中常见的匾额、楹联或刻石,则进一步体现了园林建筑的诗情画意和人文底蕴,成为园林不可或缺的部分。

(四)桥梁

我国自古就有"桥的国度"之称。几千年来,勤劳智慧的中国人民因地制宜,就地取材,用土、木、石、藤、铁等材料,建造了数以百万计类型众多、构造新颖的桥梁。我国古桥不论在建桥理论、构造处理方面,还是平面布局、施工方法上,都有不少独特的创举,在十二世纪前一直处于世界领先地位,为世界工程界所重视。

从桥梁的历史来看,我国最先建造的是梁桥。时至今日,许多简单的小型梁桥,仍然普遍存在于乡村和山区。接着,受攀藤而渡的启发,古人创建了索桥。然后,又受乘船过河的启发,创建了较为耐久的浮桥。最后,人们把建造城门用的拱券结构用于建桥,拱桥也因此而诞生。于是,我国古代四种基本桥型就齐备了。

梁桥外形平直,古时称为平桥。把木头或石梁架设在沟谷的两岸,就成了梁桥。梁桥的构造最简单,出现也最早。早在原始社会时,我国就有了独木桥和数根圆木排拼而成的木梁桥。战国时期,木、石梁桥已普遍在黄河流域及其他地区建造。其后梁桥不断演进,不仅在用材方面以石替代竹、木,在结构方面也逐步发展创新,出现了辅助吊杆梁桥、八字撑架梁桥和伸臂梁桥等结构形式,并由单孔梁桥发展到多孔梁桥。据史料记载,秦始皇建造的木梁桥"广六丈,南北三百八十步,六十八间、七百五十柱,一百二十梁"(郦道元《水经注》),堪称当时的杰作。我国古代梁桥中素负盛名的有西安灞桥,泉州洛阳桥、安平桥,杭州西湖的九曲桥,苏州的曲桥等。

索桥主要是用藤、竹制成的绳索以及铁链等架设而成,又称吊桥、悬索桥。国外不少桥梁专家认为索

图9-29 泉州安平桥

桥是首创于我国的，目前已查证的最早索桥是四川益州（今成都）的笮桥，它约建于公元前251年，用竹索编成，距今2 200余年。我国的铁索桥最晚是在隋唐时出现的，而西方在十六世纪才开始建造铁链吊桥，比我们要晚近十个世纪。古代索桥中最为著名的是建于东汉时期的兰津桥，又名霁虹桥。它建在云南的澜沧江上，这里两岸峭壁直入云霄，浪高水急，用铁索横贯两岸的巨岩为桥。此外，有名的索桥还有四川泸定桥、都江堰的安澜竹索桥、沘江青云桥等。

浮桥是用舟船来代替桥墩，由于架设简便，成桥迅速，因此浮桥常被应用在军事上。我国建造浮桥的历史十分悠久，《诗经》中曾记述周文王"亲迎于渭，造舟为梁"，这是关于建造浮桥最早的记录。汉唐时期，我国浮桥的运用已日益普遍，千百年中建过的浮桥难以统计。历史上著名的浮桥有潮州广济桥、赣州古浮桥等。浙江宁波三江口的灵桥与江厦桥也都曾经是浮桥。

我国古代拱桥始建于东汉中后期，已有1 800多年的历史，它是由伸臂木石梁桥、撑架桥等逐步发展而成的。我国建造拱桥的历史虽然比古罗马晚好几百年，但我国的拱桥却独具一格。形式之多，造型之美，世界少有，如有驼峰突起的陡拱，有宛如皎月的坦拱，也有平坦的纤道多孔拱桥；拱肩上有敞开的和不敞开的；拱形有半圆、圆弧、椭圆、抛物线、蛋形、马蹄形和尖拱形，可谓应有尽有。著名的拱桥有河北赵州桥、北京卢沟桥、玉带桥、十七孔桥等。

图9-30　北京玉带桥

> **文化链接**
>
> ### 赵州桥——世界现存最古老最雄伟的石拱桥
>
> 赵州桥原名安济桥，位于河北赵县洨河上，建于隋代，是目前世界上最古老、单孔跨度最大、保存最完好的敞肩坦弧石拱桥。

自重为 2 800 吨的赵州桥，根基只是由五层石条砌成高 1.55 米的桥台，直接建在自然砂石上。它只用单孔石拱跨越洨河，石拱的跨度达 37 米，采取这样巨型的跨度，这在当时是一个空前的创举，直到 1958 年它仍是我国石拱桥中跨度最大的。拱肩加拱，这一世界桥梁首创的"敞肩拱"法运用，是赵州桥最为独特之处，在世界历史上保持了相当长时间独一无二的纪录。在欧洲，直到 1883 年才揭开建造真正大跨度敞肩拱桥的序幕，比赵州桥晚了近 1 300 年。这是一个了不起的创造，既减轻了流水对桥身的冲击力，又减轻了桥身的自重，节省了石料。敞肩、坦拱、采用天然地基上浅基础，这些都充分体现了以李春为代表的古代工匠的全局设计理念。因此，英国李约瑟教授认为，"弓形拱是从中国传到欧洲去的发明之一"，"李春的敞肩拱桥的建造是许多钢筋混凝土桥的祖先"。

除了以上四种基本桥型外，还有将不同桥型进行组合运用，如浮桥和梁桥结合、梁桥与拱桥结合。而我们现在常见的立交桥在古代也有，如河北满城的通济桥，清康熙十三年（1674 年）重修，桥上桥下都可通"车舆"，还有秦汉时建造的阁道、复道，也堪称我国古代的天桥。

文化悦游指南

1. 余姚河姆渡遗址：浙江省宁波市余姚市河姆渡镇，0574-6296373，08:30—16:30（周一闭馆），免费开放（刷身份证入内）。

2. 保国寺：浙江省宁波市江北区洪塘街道，0574-87586317，08:30—16:30，门票 20 元。

3. 天一阁：浙江省宁波市海曙区天一街 10 号，0574-87293856，08:30—17:30（夏令）、08:30—17:00（冬令），每周一上午闭馆（法定节假日除外），门票 30 元。

4. 六和塔：浙江省杭州市西湖区之江路 16 号，0571-87977767，07:00—17:30（夏令）、07:00—16:55（冬令），门票 20 元，登塔 10 元。

文化悦赏指南

1. 包世轩等:《文化密码：传统建筑》,中国旅游出版社,2015年。
2. 杨龙山:《古人的日常生活·家居》,北京理工大学出版社,2022年。
3. 北京尚达德国际文化发展中心、史芳:《中国建筑浅话》,中国人民出版社,2017年。
4. 宋文:《中国传统建筑图鉴》,东方出版社,2010年。
5. 姜晓萍:《中国传统建筑艺术》,西南师范大学出版社,1998年。
6. 郁蕾:《建筑园林文化趣味读本》,中国原子能出版社,2020年。
7. 纪录片《中国传统建筑的智慧》,央视网。
8. 纪录片《故宫》,央视网。
9. 纪录片《园林》,央视网。

文化小测

1. 下列哪一项不是我国传统建筑的三种木构架组合方式（　　）。
   A. 抬梁式　　　　　B. 穿斗式　　　　　C. 井干式　　　　　D. 干栏式
2. 恢宏大气的（　　），曾经是世界上最大的砖木结构宫殿群,被称为"千宫之宫"。
   A. 阿房宫　　　　　B. 未央宫　　　　　C. 大明宫　　　　　D. 紫禁城
3. （　　）是我国古代由官方颁布的关于建筑标准仅有的两部古籍,被建筑学家梁思成称为"中国建筑的两部文法课本"。
   A.《营造法式》与《工程做法则例》　　　B.《营造法式》与《木经》
   C.《天工开物》与《工程做法则例》　　　D.《天工开物》与《木经》
4. "墙倒屋不塌"这句古语形容了我国古代建筑的哪一特点？（　　）
   A. 建筑高度高　　　　　　　　　　　B. 建筑结构精巧
   C. 抗震性好　　　　　　　　　　　　D. 建筑强度高
5. 我国传统建筑中较少应用井干式构架的原因是（　　）。
   A. 木材尺寸要大　　　　　　　　　　B. 木材消耗量大
   C. 柱子太多　　　　　　　　　　　　D. 不够美观

6. 传统古建筑屋顶样式丰富，其中被普遍应用于民居的屋顶样式是（　　）。
A. 庑殿顶　　　　　B. 歇山顶　　　　　C. 攒尖顶　　　　　D. 硬山顶

7. 下列关于我国传统建筑装饰艺术特征描述错误的是（　　）。
A. 传统建筑的坡屋顶采用了独一无二的向下凹曲方式
B. "飞檐翘角"的设计可以增添建筑物向上的动感，营造出古建筑特有的轻盈活泼、飞动轻快的韵味
C. 立柱是建筑构件艺术化的重要部位，使用的雕刻手法极为多样，有线雕、浮雕、透雕、圆雕等
D. 古代建筑彩绘常在阴影掩映部分用冷色调，在能照到阳光的部分用暖色调

8. 古代设在宫殿、城垣、桥梁、陵墓前，作为标志和装饰用的大柱是（　　）。
A. 石狮　　　　　　B. 华表　　　　　　C. 日晷　　　　　　D. 嘉量

9. 云南"一颗印"属于（　　）。
A. 围合式民居　　　　　　　　　　　B. 干栏式民居
C. 水乡式民居　　　　　　　　　　　D. 庭院式民居

10. 我国古代桥梁中出现时间最早的是（　　）。
A. 梁桥　　　　　　B. 索桥　　　　　　C. 拱桥　　　　　　D. 浮桥

参考答案

探访古建筑

育人内涵：传统建筑是岁月的印记，它们历经风雨，见证了无数时代的更迭。从宏伟的宫殿到精致的园林，从庄严的寺庙到朴素的民居，每一砖一瓦都承载着深厚的历史与文化，每一梁一柱都蕴含着古代工匠的智慧与匠心。这些建筑不仅在结构与材料上展现了当时的科技水平，也在装饰与布局上反映了民族的审美趣味和文化理念。但随着时间的流逝，一些传统建筑会不可避免地逐渐颓坏，最终湮灭在岁月的风霜中。那么，趁现在，让我们走出去亲眼看见它们的风采，感受它们的魅力。

践行任务：通过资料查阅与实地观察相结合的方式，去探访家乡或学校所在地某个

富有特色的古建筑,深入了解其历史变迁、建筑特色,深刻感受传统建筑工艺的精巧、古代匠人精益求精的工匠精神。

践行记录:

践行感悟:

第十讲 Lecture 10

中华传统节日
——四时八节总关情

在中华民族漫长的文明发展史上,自发形成过许多很有意义的节日。这些节日是中华民族历史和文化传统的积淀与再现。探索这些传统节日,就犹如推开一扇中华五千年文明历史之窗,从中可以窥见前人的生活情趣。

一 传统节日起源与特点

(一)传统节日的起源

传统节日是中华民族悠久历史文化的重要组成部分,内容丰富,形式多样,涵盖了原始信仰、祭祀礼仪、天文历法等内容,有着深邃的文化内涵。这些传统节日的形成,是华夏民族历史文化长期积淀凝聚的结果,随着历史的进展而潜移默化到社会生活的各个方面。

分析回溯这些传统节日的起源,我们不难发现,传统节日主要与岁时活动、敬神谢祖、农事节点、时令节气等有关,蕴含了中华民族礼俗文化,承载了中华民族的原始信仰和思想智慧,反映了中华民族敬畏自然、天人合一、慎终追远的人文精神。

1. 岁时活动 崇神敬祖

中国是礼仪之邦,自古敬重神灵先祖,很多古代节日最初均有祭祀性质。因此,传统节日的形成多与原始信仰、祭神谢祖等有关。一些歌舞、祭祀、庆典等岁时活动自远古流传下来,慢慢成了固定时间的节日。

原始社会时期,人类的力量是弱小的,以天为被、以地为席,生产力水平低下,人们靠群居抱团在自然界中求生存、抵灾难。由于对自然认知不足,面对日月星辰、昼夜更替、四季轮换、风雪雷暴、山洪地震等自然现象,他们无法理解,不知其因,便将自然现象神化,认为有神灵主宰自然,对山川河流、草木禽兽、日月星辰等产生崇拜,对天地神灵产生敬畏,于是原始宗教信仰产生,之后又衍生出祖先崇拜。

为了表示对自然、神灵和祖先的敬重和崇拜,人们择日拜神祭祖,举行各种崇拜祭祀庆典活动,通过各类仪式来诠释,并祈求安居乐业,于是便有了各种定期节日,同时也渐渐形成约定俗成的节日庆祝方式,即节日民俗。《周礼》曰:"俗者习也,上所化者曰风,下所习者曰俗。"节日民俗的形成因生产生活的需要,从不自觉到自觉、从不定期到定期,逐步发展和不断补充,最终稳定下来。如《夏小正》记载:"初岁祭耒",便是夏代春耕前祭祀农具之神的记载,至周代发展成为立春日举行的春祈典礼,这实际上就是我国传统春节的雏形。

岁时祭祀，多由民间自发产生、世代相传，有些经过加工、整理、升华成官方认可并遵循的节日。在先秦文献中不乏立春节气迎春礼的记载，如《吕氏春秋·孟春纪》《逸周书·月令解》《礼记·月令》等。《礼记·月令》就有记载："立春之日，天子亲率三公、九卿、诸侯、大夫以迎春于东郊。"到了汉代，我国主要传统节日已基本定型。至唐代，节日原始祭祀的神秘色彩已相对减弱，娱乐、礼仪和欢庆特色逐渐增强，日渐成为真正的佳节。

2. 历史人事 神话传说

传统节日的源起也与历史事件、神话传说等相关，很多节日里包含着历史渊源、美丽传说，积淀着博大精深的历史文化内涵，是中华民族历史文化长期积淀的产物。

例如，传说元宵节是汉文帝时为纪念"平吕"而设。为了庆祝周勃等人在正月十五戡平"诸吕之乱"，汉文帝就把这一日定为与民同乐日，此后每年这天晚上都会张灯结彩、出宫游玩、与民同乐。寒食节则与春秋时期的晋文公、介子推有关。当年晋国公子重耳流亡在外十多年，介子推曾割股煮肉救助饿晕的重耳，后来重耳继位成了晋文公，介子推携母隐居山林不肯出山，重耳想放火烧山来逼出介子推，却不料把他烧死在山里，晋文公深感愧疚，不仅立庙祭祀，并定下以后这天禁忌烟火，只吃冷食。而端午节的来历除了纪念屈原之外，还与伍子胥、曹娥有关。当年吴越争霸，吴王夫差罔顾伍子胥谏言，还听信奸臣挑唆赐其自杀，并将其尸体投入江中，这日凑巧也是五月初五。伍子胥死后三年，吴国果然被越所灭，夫差掩面自杀。之后，江浙一带百姓每逢端午就会在江边举行仪式来纪念伍子胥。而曹娥的父亲正是在祭奠伍子胥时不幸溺江，当时年仅十四岁的曹娥昼夜沿江号哭，因未见父亲尸首也投江，五日后曹娥的尸体抱父尸浮出水面，乡人感其孝而祭之。

除了历史人物与事件，也有一些节日的起源与神话传说有关。比如人们常把春节说成"过年"，就是与一个传说有关。据说有一种凶猛的野兽"年"每逢除夕就出来吃人，后来人们发现它怕红色、怕响声和怕火光，于是便在白天贴上红纸、晚上敲锣打鼓、燃放鞭炮、彻夜点灯来驱赶它。还有七夕节关于牛郎织女的爱情故事在南北朝《述异记》中有如下记载："大河之东，有美女丽人，乃天帝之子，机杼女工，年年劳役，织成云雾绢缣之衣，辛苦殊无欢悦，容貌不暇整理，天帝怜其独处，嫁与河西牵牛为妻，自此即废织纴之功，贪欢不归。帝怒，责归河东，一年一度相会。"经过后世的不断加工发展，牛郎织女每年七月初七鹊桥相会之日便成了象征爱情的七夕节。

3. 时令节气 农事节点

我国是世界上最早步入农业文明的古国之一，传统节日自然也植根于农业社会的土壤，因农事而定，是农业文明的缩影，是先人追求天人和谐的产物。农人靠天吃饭，古代人们在长期的生活生产实践中，逐渐认识到自然环境的变化规律，认识到农事与季节天象、气象晴雨等关系密切，而且在年复一年的变换中又有着一定的规律性，于是农人根据天候、物候和气候的转换规律对应指定了节气，合理安排了农时农事，确定出了"二十四节气"。岁时节令确立后，作为农耕周期中的时间节点，它们为农人所重视，常通过举行相应的庆典和仪式来祈求获得好收成，有些节日也由此生成。

人们根据年复一年的观测和确定，将一年分为四时八节。所谓四时，即春、夏、秋、冬；八节，即立春、春分、立夏、夏至、立秋、秋分、立冬、冬至。后来人们又根据太阳在黄道上的位置（黄经），把全年分为24个段落，包括冬至、大寒、雨水、春分、谷雨、小满、夏至、大暑、处暑、秋分、霜降、小雪12个"中气"，小寒、立春、惊蛰、清明、立夏、芒种、小暑、立秋、白露、寒露、立冬、大雪12个"节气"，统称为"二十四节气"。为了方便识记，人们编出"二十四节气歌"："春雨惊春清谷天，夏满芒夏暑相连，秋处露秋寒霜降，冬雪雪冬小大寒。"每个时节对应不同的农事安排，如清明忙种麦、谷雨种大田。其中很多节气日也是节日，如清明节气日的清明节、立夏节气日的立夏节、冬至节气日的冬至节。因此，节气也与节日、民俗等紧密联系，从某种程度上说，节气已经有了节日的内涵，承载着不同地域的习俗信仰、地域特色，成了中国传统文化的重要组成部分。

> **文化链接**
>
> ### 二十四节气
>
> 二十四节气是中华民族因农事生产周期而创造的传统历法，始于立春，终于大寒，它是农耕文明的产物，也是我国劳动人民的智慧结晶。2016年11月30日，"二十四节气——中国人通过观察太阳周年运动而形成的时间知识体系及其实践"被正式列入联合国教科文组织人类非物质文化遗产代表作名录。二十四节气里蕴藏着中国智慧，这也正是其得以延续并需要继续传承的原因所在。
>
> 古人将一年分为四时八节，又在其基础上分成二十四节气，每个节气间隔15天。为了更准确地指导农事活动，古人根据黄河流域的地理、气候等自然现象又做了细分，补充为七十二候，每5天为一候，如此就能更具象、更及时、更精准地展现自然界的细微变化。
>
> 如今，二十四节气不仅仍对农耕有着指导作用，其文化魅力更是以各种形式呈现。2022年北京冬奥会开幕式上的二十四节气倒计时，更是通过壁画般的精美图片和中国古典诗词的完美结合，让世人重新认识了这一中华优秀传统文化。

（二）传统节日的特点

1. 源远流长　农耕密切

中华传统节日源远流长，深深植根于古老的农耕文化之中，同时也是农耕文化生动而具体的体现。以夏至为例，它既是二十四节气之一，也是中国最古老的节日之一。据《周礼·地官》记载："夏至，日影尺有五寸。"人们在夏至日举行盛大的祭神祭祖仪式，祈求消灾年丰，体现了古人对自然的敬畏与顺应。而寒食节不仅是纪念介子推的日子，更是沿袭了远古的改火旧习。在这个特定的时节，古人会熄灭上一年传下来的火种，进行为期数日的"禁火"，这期间人们以冷食度日，这便是"寒食"的由来。随后，人们重新钻燧取火，举行隆重的祭祀活动，以祈求来年的丰收与平安。

中国自古便是以农为本的国度，农业在社会生活中占据着举足轻重的地位。传统节日作为农耕文化的重要组成部分，无不体现着我国古代人民对自然的依赖与敬畏。二十四节气便是古人为了厘定农耕时日而创立的，它们不仅指导着农民掌握季节时序的变换，确保不误农时，还寄托了人们对风调雨顺、五谷丰登的美好愿景。在众多传统节日中，我们不难发现与农业生产息息相关的元素。如二月二的春社节、三月三的上巳节，人们通过祭祀土地神、举行各种仪式来祈求农作物的丰收；立夏日观阴晴以占卜丰歉；中秋节、重阳节则是庆祝丰收、品尝新粮的时刻；而腊八节则通过谢年酬神的方式，表达出对过去一年辛勤耕作的感恩与对未来的美好祈愿。

2. 内容丰富　形式多样

中华传统节日内容之丰富、形式之多样，不仅限于单一的庆祝方式，更非简单的吃喝玩乐所能概括。这些节日是饮食、礼仪、社交、娱乐、信仰与禁忌等多重元素通过精妙融合，共同编织成的一幅幅绚丽多彩的文化画卷。

从内容上看，每个节日都像是一本厚重的历史书，丰富多彩的习俗活动背后更承载着中华民族的故事、信仰与情感。除夕守岁、新春拜年，尽享阖家欢乐、希冀风调雨顺；端午粽香、龙舟竞渡，缅怀屈原忠魂，祈愿家国安康；中秋月圆、桂香满堂，遥思嫦娥奔月，祈盼人月两圆……每个节日都有独特的文化内涵和象征意义，共同构成了中华民族的节日体系。

在形式上，中华传统节日更是多姿多彩，充满了创意与活力。从地域文化的角度看，中华大地幅员辽阔，各地风土人情各异，因此每个节日的庆祝方式都带有浓厚的地方特色。例如，春节时，北方地区偏爱包饺子，而南方地区则更倾向于年糕、汤圆等美食；端午节，南方赛龙舟活动声势浩大，而北方一些地方则更注重挂艾草、佩戴香囊等习俗。这种地域差异使得节日庆祝更加丰富多彩，充满了无限的魅力。从艺术表现的角度看，中华传统节日往往伴随着各种艺术形式的展现。春节的舞龙舞狮、秧歌表演，端午节的龙舟竞渡、包粽子比赛，中秋节的赏月吟诗、品尝月饼，都是将节日的喜庆与欢乐通过艺术形式传递给每一个人。这些艺术形式不仅展示了中华民族的才艺和智慧，也让节日的庆祝更加生动有趣。从情感交流的角度看，中华传统节日也是人们表达情感、增进亲情的重要时刻。春节的团圆饭、中秋的赏月会，都是家人团聚、共叙天伦的温馨场景。这些节日活动让人们在忙碌的生活中找到了情感的寄托和归宿，也让家庭关系更加紧密和谐。

除此之外，我国传统节日的丰富多样还体现在节日的时间上。首先，月月有节，其中每月的朔望日多为节日，如正月初一为春节、正月十五为元宵节、七月十五为中元节、八月十五为中秋节等。另外，月日数字相同的日子常被确定为节庆日，如正月初一春节、二月二春耕节、三月三上巳节、五月五端午节、六月六晒霉节、七月七七夕节、九月九重阳节等，一年之中，节日纷呈。

3. 尚鬼信神　重礼尚和

中华传统节日中，有很多最初为祭祀性节日，比如春节、二月二、寒食节、端午节、七夕节、中秋节、冬至节、腊八节等。祭神祭祖是很多节日最古老的内容之一，有些信仰、禁忌的习俗仍保存至今。

图 10-1　二月二龙抬头（周衍平摄）

春节，家家户户祭祖祈福，感恩先人，祈愿家宅平安；清明节，扫墓献花，缅怀逝者，寄托生命不息的愿景。而在中元节，当夜幕降临，家家户户会点亮灯火、设坛祭拜，为逝去的亲人及无主孤魂超度亡灵，祈求他们得到安息与解脱。尚鬼敬神、驱魔辟邪除了表现在祭祀内容形式上，还表现在道具上，很多节日的用具如柳、艾、菖蒲、桃符等最初都是为了驱邪。此外，神灵作为人们深信不疑且心怀敬畏的存在，在日常生活中也是地位非凡。无论是恭迎灶神归位，还是虔诚祈求财神眷顾，这些习俗都深刻烙印于节日庆典之中，彰显着人们对美好生活的向往与尊崇。

中国自古便是礼仪之邦，崇尚神灵、敬奉祖先，倡导父慈子孝、兄友弟恭，因此节日中的礼仪礼俗也是相当讲究。节日与民俗的世代传承，不仅集中展现了中华民族优秀的文化传统，也映射出中华民族的道德规范和审美取向。节日是中华民族情感的聚合、精神的纽带，也是和谐团结的黏合剂。中华传统节日蕴含着人民对美好生活的向往，体现了真善美与和谐自然的理念。我国人民重视人伦亲情，春节作为一年中最盛大的节日，

"回家过年"既是召唤,也是使命,而年夜饭更是不可或缺的,它既是美食的汇聚,也是精神的盛宴。旧年之终,忙完稍息;新年之始,蓄势待发。正如作家冯骥才所说:"我们民族五千年文明之所以生生不息,在于民族的亲和力和凝聚力。"中华文化讲究凡事以和为贵,家和方能万事兴,吉庆佳节所求皆为和谐圆满。同时,这种和谐也体现在人与自然的关系上,春节拜年、清明踏青、中秋赏月、重阳登高,都是中华民族顺应自然规律,踩着自然的节拍,将自然馈赠予生活完美结合的体现。

4. 地域特色　民族传统

在中国这片广袤的土地上,不同的地理环境、人文背景和生活方式孕育了各具特色的文化与风俗。一方水土养一方人,从南至北,从东到西,地域的差异如同调色盘上的斑斓色彩,共同描绘出一幅幅绚丽多彩的地域风情画。节日,作为文化传承的重要载体,更是深深打上了地域特色的烙印。

例如冬至,南北方习俗迥异,正如《颜氏家训》所描述的那样:"南人冬至岁首,不诣丧家;若不修书,则过节束带以申慰。北人至岁之日,重行吊礼;礼无明文,则吾不取。南人宾至不迎,相见捧手而不揖,送客下席而已;北人迎送并至门,相见则揖,皆古之道也,吾善其迎揖。"这些细节上的差别,正是地域文化独特性的生动体现。

再如除夕,汉族人家多摆圆桌盛宴,以鸡鸭鱼肉、年糕或水饺等美食共庆团圆,其他民族则各有不同。藏族人民会在藏历新年的除夕日举行盛大的"跳神会",身着华服,戴上面具,载歌载舞,在海螺、大鼓、唢呐等乐器的伴奏下,驱邪降福,迎接新年的到来,除夕夜食物以油饼、奶饼、血肠、手抓肉为主。蒙古族除夕也有"守岁"的风俗,全家老少席地围坐矮桌前,放一张大纸写上祖先的名字,深夜开始饮酒进餐,一起享用肉食、奶食品、糖果和美酒等,儿女们要给长辈们敬酒祝愿。

5. 与时俱进　历久弥新

正如近代学者黄遵宪所言:"风俗之端,始于至微,搏之而无物,察之而无形,听之而无声;然一二人倡之,千百人和之,人与人相接,人与人相续,又踵而行之,及其既成,虽其极陋甚弊者,举国之人,习以为然……"(《日本国志》)节日风俗,源于民间,成于众人,虽无形无声,却通过口耳相传、代代接力,汇聚成强大的文化力量。这些风俗,如同大树之根,深深扎根于民众生活之中,无论时代如何变迁,朝代如何更迭,其本质与精髓始终得以延续,展现出顽强的生命力和深厚的文化底蕴。

当然,传统节日在漫长的岁月流转中也并非一成不变,它们会随着时代的步伐不断演进,历久弥新。在保留传统精髓的同时,也积极吸纳新的元素,创新表现形式,以适应社会的发展和人们的需求。如上巳节,就由水边祓禊、驱除不祥的宗教仪式,逐渐演变成游山玩水、饮酒赋诗的娱乐佳节,原本的宗教色彩逐渐淡化,生活化、娱乐化和审美化的内容逐渐丰富,最终成为一个雅俗共赏、普及性极强的传统节日;又如寒食节吃冷食的习俗对健康不利,于是缩短寒食天数,增加踏青、荡秋千、放风筝等户外活动,这无疑是人类历史上风俗习惯的一大进步,同时也是我国古代文明程度的一次大提高;

再如春节，从古老的祭祖祈福、贴春联、放鞭炮，到如今的全民抢红包、线上拜年、云聚会，科技的力量让年味跨越时空界限，连接每一个中华儿女的心。

三 主要传统节日及其习俗

中华民族的传统节日，是中华大地自然节律与中华民族人文思想相互融合的产物，从远古时期发展而来，流传至今。传统节日主要有：春节（阴历正月初一）、元宵节（阴历正月十五）、春龙节（阴历二月初二）、上巳节（阴历三月初三）、寒食节（冬至后的第105天）、清明节（阳历4月4日、5日、6日中的一天）、端午节（阴历五月初五）、七夕节（阴历七月初七）、中元节（阴历七月十五）、中秋节（阴历八月十五）、重阳节（阴历九月初九）、下元节（阴历十月十五）、冬至节（阳历12月21日、22日、23日中的一天）、除夕（阴历十二月廿九或三十）等。其中，春节、元宵节、清明节、端午节、七夕节、中秋节、重阳节被称为中国七大传统节日，千百年来已成为海内外中华儿女共同的生活习俗和精神家园。不同的节日有不同的习俗，如春节拜年、元宵赏花灯、端午节挂香包吃粽子、中秋节吃月饼、重阳节登高等。

冬至

（一）春节

春节（阴历正月初一），俗称新春、新岁、岁旦等，口语中也叫过年、过大年，与清明节、端午节、中秋节并列为我国四大传统节日。

1. 由来演变

春节历史悠久，由上古时代岁首祈岁祭祀演变而来。在古代，"岁"是一把宽刃长柄大斧，寓意收割；"年"字是一个人背着收割了的庄稼，表示庄稼成熟。在上古年初之际，人们会举行祭祀活动，祈求来年五谷丰登、人畜兴旺，这种祭祀活动随着时间的推移逐渐演变为各种庆祝活动，最终形成了今天的春节。

秦汉以后，我国社会逐渐脱离早期原始宗教信仰的影响，岁时节日与社会生活的协调开始受到关注。作为岁首的春节，在秦汉以后社会意义明显增强，朝廷将岁首作为展示与加强君臣之义的时机，民间则作为乡里家庭聚会的良辰。如汉代皇家"每岁首正月为大朝受贺"，皇帝正月清早上朝，接受文武百官的庆贺，同时百官也会得到新年宴饮的赐赠。在朝廷影响下，王者岁首逐渐成为民俗大节，东汉崔寔《四民月令》就记载了东汉时期民间正日（正月初一）的祭祀仪式与庆祝活动。

从唐代开始，春节被定为法定假日，唐开元年间《假宁令》规定，元日、冬至各给假七日。元日七天假期分别是年前三天、年后三天。每逢元日，朝廷照例举行早朝大典，庆贺新年；民间则合家团聚，设宴欢庆。宋元明清各代，正旦朝会仪式依然是皇家的重要典礼，民间节俗活动越发热闹、丰富。

> **文化链接**
>
> "春节"与"元旦"的瓜葛
>
> 　　在古代,正月初一其实并不叫春节,而叫作元旦、元日、元朔、新正、新元等等,被叫作春节的其实是二十四节气中的立春,在南北朝时期春节甚至还泛指过整个春季。
>
> 　　1912 年,孙中山先生在南京就任中华民国临时大总统,宣布改用世界通用公历,并决定以公元 1912 年 1 月 1 日为民国元年一月一日,这一天就叫"新年"。
>
> 　　1914 年,民国政府在内务部呈文中提到"拟请定阴历元旦为春节"。
>
> 　　1949 年 9 月 27 日,中国人民政治协商会议第一届全体会议决定中华人民共和国采用世界通用的公元纪年,将公历 1 月 1 日称为"元旦",阴历正月初一称为"春节"。从此,"元旦"这个名称,才从指称阴历的岁首,转移成指称阳历的岁首。

2. 相关传说

在古代神话中,相传有一个鬼蜮世界,当中有座山,山上有一棵覆盖三千里的大桃树,树梢上有一只金鸡。每当清晨金鸡长鸣的时候,夜晚出去游荡的鬼魂必须赶回鬼蜮。鬼蜮的大门坐落在桃树的东北面,门边站着两个神人,名叫神荼、郁垒。如果鬼魂在夜间干了伤天害理的事情,神荼、郁垒就会立即发现并将它捉住,用芒苇做的绳子把它捆起来,送去喂虎,因而天下的鬼魂都畏惧神荼、郁垒。于是民间就用桃木刻成他俩的模样,放在自家门口,以避邪防害。后来,人们干脆在桃木板上刻上神荼、郁垒的名字,认为这样做同样可以镇邪祛恶。这种桃木板就被人叫作"桃符"。到了宋代,人们便开始在桃木板上写对联,一则不失桃木镇邪的意义,二则表达自己美好心愿,三则可以装饰门户,以求美观。再后来,人们又在象征喜气吉祥的红纸上写对联,新春之际贴在门窗两边,用以表达人们祈求来年福运的美好心愿。

3. 主要习俗

百节年为首,春节是中华民族最隆重的传统佳节。而且,春节虽然就定在阴历正月初一这一天,但广义的春节其实从腊月初八的腊祭或腊月二十三、二十四的祭灶就已拉开帷幕,一直持续到来年的正月十五。因此,年节的传统习俗也特别丰富,有祭灶、掸尘、购置年货、贴年红(包括春联、窗花、福字、年画等)、谢年祭祖、吃年夜饭、守岁、发压岁钱、放鞭炮、拜年、逛庙会、舞龙舞狮等。

图10-2 过年捣麻糍（周衍平摄）

图10-3 街头春节舞狮（周衍平摄）

文化链接

"福"字应该怎么贴

"福"字的贴法其实很有讲究。大门上的"福"字一定要正贴，意为"开门迎福"，倒着贴会把福气挡在门外。在民俗传统中，只有水缸、水桶、垃圾桶和柜子等才倒贴"福"字，这是为了避免在倒水和倒垃圾时把家里的福气倒走，便在这两处倒贴"福"字，巧用"福至"来抵消"福去"。

（二）元宵节

元宵节（阴历正月十五），又称"元夜""元夕"，是一年中第一个月圆之夜，因有张灯、看灯习俗，民间又称"灯节"。

1. 由来传说

相传元宵节是汉文帝时为纪念"平吕"而设。汉高祖刘邦去世后，吕后之子刘盈登基为汉惠帝。惠帝生性懦弱，大权都掌握在吕后手里。惠帝病逝后，吕后更是变本加厉，独揽朝政、大封吕姓，把汉朝变成了吕氏天下，朝中老臣、刘氏宗室深感愤慨，但又惧怕吕后残暴而敢怒不敢言。及至吕后病逝，开国老臣周勃、陈平等与刘姓诸王戡平"诸吕之乱"，拥立刘邦第四子刘恒登基，称汉文帝。文帝深感太平盛世来之不易，便把平息"诸吕之乱"的正月十五这一日定为与民同乐日，京城里家家张灯结彩，以示庆祝。从此，正月十五就成为一个普天同庆的民间节日。

2. 发展演变

元宵节俗的形成有一个较长的过程，根据有关史料和民俗传说，正月十五在西汉已经受到重视，但真正作为民俗节日是在汉魏之后，而规模最大、花灯最巧、气氛最浓的时期是在唐、宋、明、清四代。

据资料记载，汉武帝曾在甘泉宫修建了一座"太一"神的祠坛，从正月十五的黄昏开始，张灯结彩、通宵达旦，来祭祀主宰天下的"太一"神。这被后人视作正月十五祭祀天神、祈求福佑的先声。宋代朱弁《曲洧旧闻》中就说："上元张灯，自唐时沿袭汉武帝祠太一自昏至明帮事。"至东汉明帝时，由于明帝提倡佛教，听说佛教有正月十五日僧人观佛舍利、点灯敬佛的做法，就下令这天夜晚在皇宫和寺庙里点灯敬佛，并亲自到寺院张灯，从此蔚然成风，相沿成习。自唐代开始，这一日还被固定为佛教的燃灯会。

到了汉末魏晋，道教崇奉天、地、水"三官"，也叫"三元"。"三官"中，天官位居一品之尊，专司赐福人间，身着大红官袍，五绺长须，慈眉善目，手执吉祥物，前后拥列童子仙人。道教以正月十五为天官诞辰，称上元节；七月十五为地官诞辰，称中元节；十月十五为水官诞辰，称下元节。其中以上元最受重视，燃灯庆赞，好不热闹。因此至南北朝时，元宵燃灯已成气候，但真正让这个习俗发扬光大的则是隋唐时期。隋朝时，正月十五元宵节已盛况空前。《隋书》载，"每正月望夜，充街塞陌，聚戏朋游。鸣鼓聒天，燎炬照地"，当时的长安城居民都会出来观灯看戏，街头表演也丰富有趣，"人戴兽面，男为女服，倡优杂技，诡状异形"，参加歌舞者足达数万，从昏达旦，至晦而罢。

此后，帝王们都认为元宵节越热闹就代表国家越兴盛，故唐朝的元宵节比隋朝更热闹。据《大唐新语》记载，"京城正月望日，盛饰灯影之会，金吾弛禁，特许夜行。贵臣戚属及下俚工贾，无不夜游。"在国力空前强大的唐朝，元宵赏灯活动十分兴盛，无论是京城或是乡镇，处处张挂彩灯，满城的火树银花，十分繁华热闹。

组织灯源需要费工费时，因此，元宵节与其他节日不同，它从准备到呈现到收尾，需要延续若干日子；人们的心理也从酝酿期待、纵情狂欢、到意犹未尽，不断地给这个节日涂抹色彩。唐代张灯三天，宋朝延长至五夜，明代又规定初八上灯、十七落灯，连张十夜，规模十分浩大。不仅展示的时间长，灯的造型也相当壮观。唐朝开元年间，长安城燃灯五万盏，唐玄宗还命人做了巨型灯楼，广达二十间，高一百五十尺。宋朝以后流行搭鳌山彩棚，也就是搭造像山一样的临时建筑，上面布满各色花灯，镶金砌玉，流光溢彩。伴随着燃灯观灯，还有种种的杂耍歌舞，声动云霄。游人摩肩接踵，络绎不绝。辛弃疾《青玉案·元夕》词中"东风夜放花千树，更吹落、星如雨。宝马雕车香满路，凤箫声动，玉壶光转，一夜鱼龙舞"，描述的就是这样的情景。这几日里，朝廷取消宵禁，人们可以通宵达旦地放灯、赏灯，参与猜灯谜等各类活动。女人们可以打扮得花枝招展，呼朋引伴地相邀出门，满大街地闲逛，在观赏风景的同时，也成了一道道亮丽的风景。晚年的李清照曾在词里回忆汴京当年的元宵佳节，她与闺中伙伴们"铺翠冠儿，捻金雪柳，簇带争济楚"；而辛弃疾在游人如织的元夕，看着姑娘们"蛾儿雪柳黄金缕，笑语盈盈暗香去"。元宵节在宋代已发展成为最热闹的世俗狂欢节日。

元代取消元宵节，但明代的灯节持续时间更长，明成祖朱棣即位后不久就下诏"元宵节自十一日为始，赐节假七日"。后来更有从正月初八到十七整整持续十天，以显示歌舞升平。清代满族入主中原，虽然宫廷不再办灯会，但民间灯会依然壮观，虽然只有三天，但灯火璀璨，灯的样式也更加精致奇幻。清咸丰《长乐县志》有载："正月十五夜……张灯演花鼓戏，曰闹元宵……演戏多唱杨花柳戏。"

3. 主要习俗

元宵习俗主要有赏花灯、吃元宵或汤圆、猜灯谜、放烟花等一系列活动。另外，不少地方也会有耍龙灯、耍狮子、抬阁、走马灯、踩高跷、划旱船、扭秧歌、打太平鼓等传统民俗表演。

图 10-4　浙江象山石浦元宵行会（吴伟峰摄）

图 10-5　浙江宁海前童元宵行会（周衍平摄）

图 10-6 浙江象山石浦元宵走马灯

图 10-7 浙江宁海元宵划旱船(周衍平摄)

图 10-8 浙江象山石浦鱼灯

（三）清明节

清明节（阳历4月4日、5日、6日中的一天，春分后第15日），又称"踏青节""三月节"，兼具自然与人文两大内涵，既是自然节气点，也是传统节日。

1. 发展演变

清明节源自上古时代的祖先信仰与春祭礼俗，是传统的重大春祭节日。但最初"清明"只是二十四节气之一，因此时天象万物皆呈现清净明洁的景象，故谓之清明。清明时节，气温回升、雨水增多，万物吐故纳新、生气始盛，正是春耕春种的大好时节，有"清明前后，种瓜点豆""植树造林，莫过清明"等农谚，因此清明对于古代农事而言是一个重要的节气。

这一原本为农事而安排的岁时节气，后来变成纪念祖先的节日，其实是与寒食节有关。寒食节，是在清明的前一二日，源于远古的改火旧习。因民间信仰认为春季龙星初现于东方，易引发大火，为避免火灾，需要在此时把之前保存的火种全部熄灭，谓之"禁火"，然后重新钻燧取新火，作为新一年生产与生活的起点，谓之"改火"或"请新火"，改火时要举行隆重的祭祀活动，后世相沿成俗。而在"禁火"与"改火"之间要间隔几天，史料有三日、五日、七日等不同说法。在这几天里，人们必须准备足够的熟食以冷食度日，故而得名"寒食节"。到了唐代，由于统治者重视儒家治国战略，以孝行天下，拜扫祭祖之风较为兴盛。唐玄宗还下诏规定寒食节扫墓为"五礼"之一，并与清明节气连在一起给予假期，"（开元）二十四年二月十一日敕：寒食清明，四日为假。大历十三年二月十五日敕：自今以后，寒食通清明，休假五日。至贞元六年三月九日敕：寒食清明，宜准元日节，前后各给三天"（《唐会要》）。故自唐代开始，上至宫廷下至民间，人们将寒食节扫墓视为返本追宗的礼节。至此，清明与寒食节已逐渐融合。

此外，与清明、寒食节逐渐合流的还有上巳节。上巳，是先秦时期就已经出现的节日，据《风俗通》记载，"郑国之俗，三月上巳，于溱洧两水之上，执简招魂，祓除不祥"。也就是说，三月的第一个巳日，在水边举行招魂禳灾的仪式。这一天的活动都与水有关，一是祓禊，即到水边祭祀，并用浸泡了香草的水来沐浴、洗濯，以祓除疾病和不祥；二是春游踏青、临水宴饮，女子们还会将煮熟的鸡蛋放在水中，任其浮移，拾到者食之，以祈求生育。至魏晋南北朝时期，上巳节已由除灾辟邪、祈求生育的巫术仪式演变为曲水流觞、娱怀骋情的民俗节日，时间也由三月的第一个巳日固定为三月初三。到了唐代，上巳节发展更为繁盛，《唐辇下岁时记》有载："三月上巳有赐宴群臣，即在曲江，倾都人物，于江头禊饮踏青。"那时上至皇帝百官、下至普通百姓，都会参与到禊饮踏青的活动中，踏青游宴、曲水流觞等一系列春天欢宴形式等进一步兴盛起来。

由于寒食、清明、上巳三者日期相距很近，唐代以来渐趋合流。到了宋元时期，清明逐渐取代了寒食节和上巳节，成为一个以祭祖扫墓为中心，融汇禁火冷食与郊游踏青等活动的传统节日。

2. 相关传说

关于寒食节与清明节，北方民间还流传着纪念春秋时期晋国名臣义士介子推的说法。介子推是春秋五霸之一晋文公重耳的大臣。当年重耳的父亲晋献公，因宠爱骊姬要立其子奚齐为太子，逼死了原太子申生，逼跑了另两个儿子重耳和夷吾。重耳因此开始了长达19年的流亡生涯，其间重要的追随者，有舅舅狐偃、谋士赵衰、大夫贾佗、武士先轸和魏犨等，还有介子推。

流亡期间，重耳挨过饿、受过苦，被其他国家驱逐、还差点被暗算，但他也在追随者的扶助下，不断克服自身软弱懈怠与天真幼稚，逐渐成长为有谋略、有斗志的政治人物。而在这些追随者中，很多都有过上佳表现。狐偃是主心骨，每当重耳情绪失控或判断失误时，他都能随机应变，帮重耳把准方向；赵衰则多次献计让重耳脱离险境，在关键时刻抓住机会帮助重耳争取到大国支持；介子推的重要事迹，则是"割股奉君"，《庄子》《韩诗外传》以及蔡邕的《琴操》等都曾提到此事，大致是说，某次重耳严重饥饿以致不能行走，介子推割下自己腿上的肉，烤熟（一说熬汤）给重耳充饥。

重耳回国即位后，封赏当年追随他的臣子，唯独介子推不愿受赏，携老母隐居于绵山。为此，晋文公亲自到绵山恭请介子推，但介子推不愿为官，躲进山里。于是，晋文公命令手下放火焚山，想逼介子推出来，却不料将他烧死在山里。晋文公深感懊恼与愧疚，不仅立祠祭祀介子推，并下令今后这一天年年举国禁忌烟火，只吃冷食，谓之寒食节。第二年，晋文公再次带人来到绵山祭奠介子推，发现去年烧焦的那棵柳树已经复活，并在树洞中找到介子推留下的血书"割肉奉君尽丹心，但愿主公常清明"，于是赐名"清明柳"，并将寒食节的后一天定为清明节。

3. 主要习俗

清明节的习俗内容非常丰富，除了扫墓和祭祖之外，还有郊游踏青、吃青团青饼青饺、荡秋千、插柳、放风筝、蹴鞠、打马球、牵钩（拔河）、斗鸡等。有些地方还会举行"蚕花会""会船"等民俗活动。

（四）端午节

端午节（阴历五月初五），又称"端阳节""正阳节""重午节""龙舟节"等。

1. 由来演变

端午节，这个集祭祀祈福、驱疫辟邪、欢庆娱乐于一体的民俗大节，其起源可追溯至上古天象崇拜。仲夏午月（五月）午日飞龙在天，此时龙星处于正南中天，为全年周天运行最"中正"之位，既"得中"又"得正"，这在崇尚中、正之道的古人眼中乃大吉大利之象。而龙又是吴越部族的原始信仰，因此古代以"龙"为图腾的百越先民就将午月午日定为拜祭龙祖的节日，举行龙舟竞渡、将米团投入江中等活动。

北方地区则认为五月是"毒月""恶月"，五月五日就是"毒月"里的"毒日"，"恶月"里的"恶日"。按《礼记》《易经》等古籍的说法，五月是阳气最盛之月，五月五日是阳气运行到端点的端阳之时，而阳到极处必转阴，阴阳交侵易致毒虫出没、瘟疫流行，因此阴恶就是从这一日开始滋生。在古代甚至这一天出生的孩子也会遭到嫌弃，《史记·孟尝君列传》中就写道战国四公子之一的孟尝君因出生于该日，其父认为"五月子者，长于户齐，将不利其父母"而要将他灭杀。于是，北方地区在此日插菖蒲、艾叶以驱毒，薰苍术、白芷、喝雄黄酒以避疫。

秦统一天下后，南北方关于端午的风俗活动开始大量融合。到了汉代，又逐渐兴起了系彩绳、吃粽子等活动。同时为了方便过节，朝廷还将端午的时间固定为每年阴历五月初五。

到隋唐时，端午节习俗虽继承自前朝，但活动的娱乐性日渐增强。唐玄宗在《端午三殿宴群臣探得神字·诗序》中就记述了皇宫端午日的盛况，民间一些风俗活动也受到官府支持，竞渡之风尤为鼎盛。

宋代以后，端午节风俗有了一些新变化。汉魏时以朱索、桃印施于门户，止恶气驱瘟避邪，而宋代却讲究贴天师符。陈元靓《岁时广记》引《岁时杂记》云："端午，都人画天师像以卖。"还有和泥作张天师，以艾为头，以蒜为拳，置于门户上。后来端午节风俗也被辽、金两国吸收，并增加了拜天之礼、射柳之俗及击鞠娱乐活动。

明清时期，端午风俗活动形式变化不大，但规模愈来愈盛，尤其南方的龙舟竞渡，成为轰动一时的盛举。据《武陵竞渡略》记载，龙舟竞渡已不限于端午一天，而是"四月八日揭篷打船，五月一日新船下水，五月十日十五日划船赌赛，十八日送标讫"。相比而言，南方尤其是吴地的端午风俗更为讲究一些。

2. 相关传说

虽然从史料记载来看，端午的起源早在上古时期，但人们还是愿意将它与屈原、伍子胥、曹娥等历史人物联系在一起。

屈原，战国时期楚国诗人、政治家。战国时期，楚秦两国争夺霸权。屈原本受楚王器重，却因守旧派的诋毁而被楚王疏远。一次，屈原看破了秦王的阴谋，冒死进谏楚王，但未被采纳还被逐出郢城。屈原在流放途中，接连听到楚王客死和郢城失守的噩耗后，万念俱灰，悲愤欲绝，仰天长叹一声，便投入了激流滚滚的汨罗江。这一天正是阴历五月五日。百姓听说屈原大夫投江自尽，纷纷来到江上打捞屈原的尸体。为了防止鱼虾啃食屈大夫的尸身，人们将粽子、鸡蛋投入江中，还有郎中把雄黄酒倒入江中，以药昏蛟龙水兽。从此，每年五月初五，楚国人民都到江上划龙舟、投粽子、喝雄黄酒，以此来纪念这位爱国诗人。

伍子胥，是春秋末期吴国大夫、军事家、谋略家。吴越争锋之际，吴王夫差不顾伍子胥的肺腑之言，反被奸佞之辞所惑，赐伍子胥自尽，更将其遗体投入滔滔钱塘江水中，而这日恰巧也是五月初五。伍子胥死后三年，吴国终难逃覆灭之运，为越国所吞并，夫差亦在绝望中自刎，悔恨难当。自此之后，每逢端午，江浙一带的百姓便聚集在江边举行仪式纪念伍子胥。

曹娥，是东汉时期著名孝女。相传曹娥十四岁时，父亲在祭奠伍子胥时不幸溺江。曹娥昼夜沿江哭号，却久久不见父亲尸首，悲痛不已的她也在几日后投江。五日后，两尸合抱浮起，乡人深受其感，自发设祭以缅怀之。

3. 主要习俗

端午节的习俗大致可以分成两类，一类与龙图腾祭祀、纪念历史人物有关，如赛龙舟、包粽子、吃粽子等，另一类与驱邪祛病有关，如悬挂菖蒲艾叶、驱五毒、吃五黄、蘸雄黄酒在小孩额头写"王"字、系五色绳结、戴香包、兰汤沐浴、张挂钟馗像等等。

图 10-9　端午点雄黄（周衍平摄）

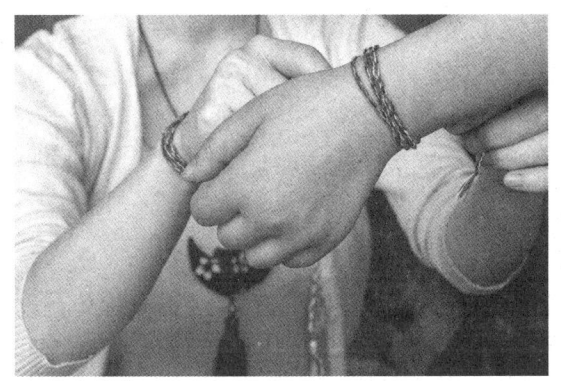

图 10-10　端午系五色线（周衍平摄）

图 10-11　端午艾叶洗澡（周衍平摄）

（五）七夕节

七夕节（阴历七月初七），又称"乞巧节""女儿节""七姐节"，由星宿崇拜衍化而来，因主要活动在晚上举行，故名"七夕"。

1. 由来演变

"七夕"最早起源于人们对自然天象和时间、数字的崇拜。从历史文献上看，至少在三四千年前就已经有关于牵牛星、织女星的记载。同时，古人还把日、月与水、火、木、金、土五大行星合在一起称作"七曜"，并以"七曜"计算现在的"星期"。七数在民间表现为时间上的阶段性，在计算时间时往往以"七七"为终局。"七"与"期"同音，月和日均是"七"，给人以时间感。"七"又与"吉"谐音，"七七"有双吉之意，中国人讲究吉祥如意，视"七"为圆满。

周朝以来，牛女双星的故事开始在中原地区流传，最早记载的是《诗经·小雅》，其中有"维天有汉，监亦有光。跂彼织女，终日七襄。虽则七襄，不成报章。睆彼牵牛，不以服箱"这样的句子，用织女的织不成布、牛郎的拉不成车来比喻当时人们的某种生活状态。这说明在周代人民的口头吟唱中已经对这两颗星星有了拟人化的描摹。到了汉代，传说中开始视双星为夫妻，并丰富了乌鹊七夕为牛郎织女搭桥相会的情节，"织女七夕当渡河，使鹊为桥"，七夕节正式形成。

到了魏晋南北朝，随着牛郎织女爱情故事的日趋完善，七夕已成为普遍节日，节俗活动日臻丰富多彩，而"乞巧"之举则成为最为普遍的节俗活动。东晋葛洪的《西京杂记》中就有这样的记载："汉彩女，常以七月七日穿七孔针于开襟楼，人俱习之。"隋唐时期，七夕节习俗虽然基本上和魏晋相同，但规模和盛况远超前朝，《开元天宝遗事》有载，"七夕，宫中以锦结成楼殿，高百尺，上可以胜数十人，陈以瓜果酒炙，设坐具，以祀牛女二星，妃嫔各以九孔针五色线向月穿之，过者为得巧之候。动清商之曲，宴乐达旦。士民之家皆效之。"

到了宋元之际，七夕节更是隆重，京城中还设有专卖乞巧物品的市场，称"乞巧市"，市场上车水马龙，人流如潮，其盛况不亚于元宵灯会。《醉翁谈录》中说："七夕，潘楼前买卖乞巧物。自七月一日，车马嗔咽，至七夕前三日，车马不通行，相次壅遏，不复得出，至夜方散。"自元代始，七夕节的节日主题及主要节俗几乎不再发生重大变化。明清时期，七夕依然是最重要的民间年节之一，民俗活动可谓精彩纷呈。清中期后，七夕节开始由盛转衰。

2. 相关传说

相传牛郎是个孤儿，依靠哥嫂过活，但嫂子为人刻薄，经常虐待他，并逼迫他分家独立生活。分家后，牛郎只能靠一头老牛自耕自食。这头老牛很通灵性，有一天织女和诸仙女下凡嬉戏，在河里洗澡，老牛劝牛郎去相见，并且告诉牛郎如果天亮之前仙女们回不去就只能留在凡间了。于是，牛郎藏在岸边看七个仙女，并对其中的织女一见钟情，就照老牛所说的话悄悄拿走了织女的羽衣。仙女们洗好澡后准备返回天庭，织女因羽衣不见了只能留下来，牛郎于是跟织女相遇，两人相谈甚欢，结为夫妇。婚后，他们男耕女织，生下一儿一女，生活十分美满幸福。不料天帝察知此事，命令王母娘娘押解织女回天庭受审。老牛不忍他们妻离子散，于是牺牲自己，让牛郎用箩筐挑着儿女驾着它的牛皮上天追赶。眼看就要追上了，王母娘娘拔下头上的金钗，在天空划出了一条波涛滚滚的银河。牛郎无法过河，只能在河边与织女遥望对泣。他们坚贞的爱情感动了喜鹊，无数喜鹊飞来，用身体搭成一道跨越天河的彩桥，让牛郎织女在天河上相会。天帝无奈，只好允许牛郎织女每年七月七日在鹊桥上会面一次。

3. 主要习俗

七夕节的传统习俗主要有祭拜织女、斗巧、做乞巧果子、南瓜棚下听牛女悄悄话、洗发染指甲、储七夕水、为牛庆生、晒衣晒书等，其中，斗巧又有"穿针乞巧""喜蛛应巧""对月穿针""输巧""兰夜斗巧""投针验巧"等多种形式。另外，广东、福建、江苏等地区还有拜七姐、拜七娘妈、香桥会等习俗。

（六）中秋节

中秋节（阴历八月十五），又称"八月节""拜月节""团圆节"，因恰值三秋之半，故得此名。据说，此夜月亮为一年中最大最圆最亮。

1. 由来演变

中秋节源自古人对天象、神祇的崇拜，由上古时期秋夕祭月和秋社演变而来。据《礼记》记载："天子春朝日，秋夕月"，夕月就是祭月亮，说明早在周代，帝王就已开始祭月拜月，后来贵族官吏和文人学士相继效仿，逐步传到民间。同时，阴历八月中旬又是秋粮开始收获之际，为了答谢神祇的护佑，人们会举行一系列的祭祀仪式和庆祝活动，称为"秋报""秋社"。

中秋时节，天高气爽，月朗中天，正是观赏月亮的最佳时令。从汉代开始，由祭月、礼月逐渐形成赏月之风，西晋陆机，南朝谢灵运、谢庄、沈约、鲍照、北周王褒等都有咏月、赏月的诗赋，只是当时赏月活动并未固定在八月十五。

中秋节成为固定的民间节日，大约是在唐代初年。《唐书·太宗记》记载有"八月十五中秋节"，中秋赏月风俗在唐代的长安一带极盛。据《开元天宝遗事》载，八月十五日夜，唐玄宗备文酒之宴，与禁中直宿诸学士玩月。以后每年八月十五，都照例赏月。为了与杨贵妃一起望月，还敕令于太液池西岸筑百丈高台，因安史之乱爆发而没有修成。自唐玄宗以后，中秋咏月诗也大量出现，如白居易《八月十五日夜湓亭望月》、韦庄《送李秀才归荆溪》、司空图《中秋》等。

北宋时期，正式定八月十五为"中秋节"，文学作品中出现了"小饼如嚼月，中有酥和饴"的节令食品，赏月之风更盛，节日气氛也更浓烈。《东京梦华录》载："中秋节前，诸店皆卖新酒，重新结络门面、彩楼、花头、画竿、醉仙锦旆。市人争饮至午未间……中秋夜，贵家结饰台榭，民间争占酒楼玩月……弦重鼎沸，近内延居民，深夜逢闻笙竽之声，宛如云外。闾里儿童，连宵嬉戏；夜市骈阗，至于通晓"。到南宋，中秋节已出现重视家人团圆的趋向，"至如铺席之家，亦登小小月台，安排家宴，团圆子女，以酬佳节"（南宋吴自牧《梦粱录》）。

至明清时，中秋开始与春节齐名，成为我国的第二大传统节日。亲人团圆成为中秋节俗的明确主题，月饼这种重要的节令食品在明代正式出现，互相馈赠之风也日盛，"八月十五日谓中秋，民间以月饼相送，取团圆之意"（明代田汝成《西湖游览记》）。

2. 相关传说

相传，中秋节吃月饼始于元末明初。当时，中原广大人民不堪忍受元朝的残酷统治，纷纷抗元。朱元璋联合各路反抗力量准备起义，但因朝廷搜查严密，传递消息十分困难。军师刘伯温便想出一计策，令属下把藏有"八月十五夜起义"的纸条藏入饼子里面，再派人分头传送到各地起义军中，通知他们在八月十五晚上起义。到了起义

图 10-12　前童古镇中秋赏月玩灯（周衍平摄）

那天，各路义军一齐响应。很快，徐达就攻下元大都，取得成功。消息传来，朱元璋高兴地连忙传下口谕，在即将来临的中秋节，让全体将士与民同乐，并将起兵时秘密传递信息的"月饼"，作为节令糕点赏赐给大家。之后中秋节吃月饼的习俗便在民间流传开来。

3. 主要习俗

中秋节有不少习俗，如祭月（拜月）、赏月、馈赠月饼、吃月饼、猜谜、赏桂花、饮桂花酒等等。各地也有一些不同的流行项目，比如浙江观潮、湖广燃灯、两广玩花灯、香港舞火龙、北京玩兔爷等。

（七）重阳节

重阳节（阴历九月初九），又称"重九节"。"九"数在《易经》中为阳数之最，象征吉祥、幸福、光明；九月初九，两阳数相重，故曰"重阳""重九"。九九归真，一元肇始，且"九九"与"久久"同音，有长久之意，故古人认为九九重阳是最为吉祥的日子。

1. 由来演变

重阳节的源头，最早可追溯到远古时期。《吕氏春秋》记载，古人在九月农作物丰收之时祭天帝、祭祖，以谢天帝、祖先恩德。这是重阳节作为秋季丰收祭祀活动而存在的原始形式。

重阳习俗的普及，大约是在汉代，《西京杂记》中就收录了古时重阳节求寿之俗。这是在文字资料上关于重阳节求寿之俗的最早记录，据说这是受古代巫师（后为道士）追求长生、采集药物服用的影响。同时还有大型饮宴活动，是由先秦时庆丰收之宴饮发展而来的。

"重阳节"名称的文字记载始见于三国时期。三国时，魏文帝曹丕在《九日与钟繇书》中曾这样描述当时的重阳节："岁往月来，忽复九月九日。九为阳数，而日月并应，俗嘉其名，以为宜于长久，故以享宴高会。"东晋陶渊明写有《九日闲居》一诗，诗前小序曰："余闲居，爱重九之名。秋菊盈园，而持醪靡由，空服九华，寄怀于言。"可见魏晋时宴集、饮酒、赏菊，视重九为佳日，已颇为流行。

至唐代，重阳被定为正式节日，并有登高祈福、秋游赏菊、佩插茱萸、吃重阳糕、祭神祭祖及饮宴求寿等各种活动。到宋代，重阳节更为热闹，《东京梦华录》曾记载了北宋时重阳节的盛况，《武林旧事》也记载南宋宫廷"于八日作重九排当"，以待翌日隆重游乐一番。明清时期，重阳风俗依旧盛行。明代皇宫从初一就开始吃花糕庆祝，初九重阳日皇帝还要亲自到万岁山登高览胜，以畅秋志；清代时北京人家把菊花枝叶贴在门窗上，"解除凶秽，以招吉祥"。

发展至今，重阳节又增加了尊老、敬老、爱老、助老等新的含义。这是传统文化"长久长寿"寓意与现代文明精神的巧妙对接。

2. 相关传说

相传在东汉时期，汝河有个瘟魔，只要它一出现，就会有人染上瘟疫，甚至丧命。当时汝南县有个青年叫桓景，那年瘟疫夺走了他的父母，他也几乎丧命。桓景病愈后，辞别妻子和父老乡亲，出去学艺，为民除害。他历经艰险，终于在一座山里找到名道费长房。费长房被他不辞劳苦、为民除害的精神感动，收他为徒，并给了他一把降妖宝剑，传授他降妖剑术。于是，桓景废寝忘食、日夜苦练，终于练就一身非凡武艺。有一天，费长房把桓景叫到跟前，对他说："明天是九月初九，瘟魔又要出来作恶，如今你的本领已经学成，可以回去为民除害了！"然后，又送给桓景一包茱萸叶、一瓶菊花酒，并授以避邪秘诀，让他立即骑着仙鹤赶回家去。桓景回到家乡后，在九月初九的早晨，按照道长的嘱咐把乡亲们领到附近的一座山上，发给每人一片茱萸叶、一盅菊花酒。到了中午时分，狂风怒号、天昏地暗，瘟魔冲出汝河，扑到山下。就在这时，瘟魔突然闻到茱萸的奇味和菊花酒的醇香，脸色突变，瑟瑟发抖，不敢前行。说时迟那时快，桓景手持降妖宝剑，立即奔下山来，经过几个回合的激烈搏斗，桓景将瘟魔刺死，从此瘟疫消除，人民安居乐业。

3. 主要习俗

古时民间在重阳节有登高祈福、拜神祭祖、饮宴祈寿、佩戴茱萸、观赏菊花、饮菊花酒、吃重阳糕等习俗。传承至今，又增加了敬老等内涵。登高赏秋与感恩敬老是当今重阳节日活动的两大重要主题。

图 10-13　重阳行茶礼（周衍平摄）

图 10-14　重阳敬老送葫芦（周衍平摄）

文化悦游指南

1. 石浦古镇：位于浙江省宁波市象山县，每年元宵节（象山过正月十四）有民俗踩街大巡游活动，一般从 14:00 开始一直持续到晚上，有龙灯队、马灯队、鱼灯队、抬阁、盾牌舞、民乐队"细十番"等 22 支队伍，沿着石浦古城的重要街道和地标一路起舞，号声嘹亮，锣鼓喧天。

2. 前童古镇：位于浙江省宁波市宁海县，每年元宵节（宁海过正月十四）有元宵行会，一般从 13:00 开始一直持续到晚上，由大旗引路，龙狮开道，23 杠鼓亭、抬阁、秋千紧随其后，一路上锣鼓喧天、百乐交响，上万村民与游客簇拥相随。

3. 东钱湖：位于浙江省宁波市鄞州区，有花朝节游园活动，设"诗、酒、乐、花、茶、舞、市"七大主题，其中"梨花岸舞"区域有"十二花神"翩翩起舞，可边欣赏音乐舞蹈，边品尝梨花饮。

4. "中国龙舟文化之乡"云龙镇：位于浙江省宁波市鄞州区，每年端午期间有非常热闹的龙舟比赛。比赛一般在上午开幕，20 多支龙舟队伍挥桨激浪，场面超"燃"，每年都会吸引数万名游客慕名打卡。除了观看比赛，还有香包制作、射五毒民俗体验和传统小吃等。

5. 慈城古镇：位于浙江省宁波市江北区，中秋节期间有妙趣横生的慈城奇妙游活动，具体有非遗主题秀讲述宁波民俗故事、随处可见的古艺展示、好看热情的国风 NPC、丰富多样的市集活动……

文化悦赏指南

1. 王昕朋：《中国传统节日的仪式》，新华出版社，2020 年。
2. 陈婧婧：《中华传统节日由来》，金盾出版社，2019 年。
3. 常建华：《中国古代岁时节日》，中国工人出版社，2020 年。
4. 余世存：《节日之书 余世存说中国传统节日》，北京时代华文书局，2019 年。
5. 纪录片《我们的节日》，央视网。
6. 纪录片《风清景明 慎终追远》，央视网。
7. 纪录片《杏花春雨话清明》，央视网。
8. 纪录片《农历二十四节气——天时地利的日程表》，北京卫视。

文化小测

1. "寒食节"一般在什么时候？（　　）
A. 清明节前两日　　　　　　B. 清明节前一日
C. 清明节后一日　　　　　　D. 清明节后两日

2. 下列诗句所描述的时节不属于上巳节的一项是（　　）。
A. 晴风丽日满芳洲，柳色春筵被锦流
B. 不效艾符趋习俗，但祈蒲酒话升平
C. 三月三日天气新，长安水边多丽人
D. 壶觞须就陶彭泽，时俗犹传晋永和

3. 下列哪项不是端午节的习俗？（　　）
A. 吃粽子　　　B. 赛龙舟　　　C. 登高采菊　　　D. 饮雄黄酒

4. 我国的主要传统节日定型于哪个朝代？（　　）
A. 汉代　　　B. 唐代　　　C. 宋代　　　D. 明代

5. 下列哪一个不属于重阳节的习俗？（　　）
A. 吃重阳糕　　　B. 赏菊并饮菊花酒　　　C. 插茱萸　　　D. 放风筝

6. 下列哪一个不属于清明节的习俗？（　　）
A. 荡秋千　　　B. 踏青　　　C. 植树　　　D. 登高

7. 下列节日中，哪个既是传统节日也是节气？（　　）
A. 重阳节　　　B. 清明节　　　C. 寒食节　　　D. 端午节

8. 关于端午节由来的传说与下列哪位名人无关？（　　）
A. 屈原　　　B. 伍子胥　　　C. 曹娥　　　D. 杜甫

9. 下列诗句是对我国传统节日的描写，依次对应正确的选项是（　　）。
①千门万户曈曈日，总把新桃换旧符。　②鼓声三下红旗开，两龙跃出浮水来。
③平分秋色一轮满，长伴云衢千里明。　④今日登高樽酒里，不知能有菊花无。
A. 春节　端午节　中秋节　重阳节　　B. 元宵节　春节　中秋节　重阳节
C. 春节　端午节　重阳节　中秋节　　D. 元宵节　春节　七夕节　重阳节

10. 下列关于传统节日描述不正确的一项是（　　）。
A. 上元节，阴历正月十五，以吃元宵、赏灯、舞狮和未婚男女交往为习俗
B. 中元节，俗称"鬼节""七月半"，在阴历七月十五，习俗以祭祖为主
C. 重阳节，亦称"重九节"，主要习俗为登高、赏菊，也有喝雄黄酒、赛龙舟、插茱萸等
D. 七夕节，有来自牛郎和织女的传说，在阴历七月初七庆祝，习俗以女子乞巧为主

参考答案

过好中国节

育人内涵：在中华五千年传统文化中，节日是不可或缺的部分。它有着丰富深刻的人文内涵，是传承民族文化、寄托民族感情、体现民族认同感的有效载体，对焕发民族精神、增强民族向心力和凝聚力具有十分重要的意义。但随着传统农耕社会结构瓦解、现代工业等兴起，人们的生活方式和价值观念发生了改变，很多节日的仪式感日渐淡化，一些传统习俗也逐渐离我们远去。如何对待传统节日，是每个中华儿女都应该思考的问题。

青年是传统节日的重要传承群体之一，是未来文化的创造者，对传统节日文化的认知、态度与行为将直接影响其传承与发展前景。因此，希望我们尽己所能，过好中国节，做富有中国心、饱含中国情、充满中国味的新青年。

践行任务：走访家乡老人，全面、深入了解主要传统节日的当地习俗，特别是一些富有地方特色的习俗；前往古城镇、古村落，亲身体验传统节日的习俗活动与氛围；在保持传统节日精神文化内涵的基础上，与时俱进地融合现代元素，创新过节方式。

践行记录：

践行感悟：

参考文献

[1] 张岱年，方克立.中国文化概论［M］.北京：北京师范大学出版社，2004.
[2] 邵敬敏.现代汉语通论［M］.上海：上海教育出版社，2016.
[3] 王力.古代汉语［M］.北京：中华书局，2018.
[4] 冯友兰.中国哲学简史［M］.北京：北京大学出版社，2012.
[5] 彭林.儒家礼乐文明讲演录［M］.桂林：广西师范大学出版社，2008.
[6] 徐文军.中国风俗文化史论略［M］.北京：人民出版社，2020.
[7] 梁旭东.宁波历史文化读本［M］.北京：中央广播电视大学出版社，2013.
[8] 孔庆明，袁瑜琤.中华礼文化［M］.长春：吉林人民出版社，2019.
[9] 单铭磊.中国人的礼仪文化［M］.北京：化学工业出版社，2021.
[10] 袁行霈.中国文学史（第二版）［M］.北京：高等教育出版社，2005.
[11] 游国恩，等.中国文学史［M］.北京：人民文学出版社，2004.
[12] 刘振东.中国古代散文发展史新编［M］.上海：上海古籍出版社，2020.
[13] 王耀华，杜亚雄.中国传统音乐概论［M］.福州：福建教育出版社，2013.
[14] 袁禾.中国舞蹈史［M］.北京：高等教育出版社，2019.
[15] 赵刚，张技术，徐思民.中国服装史［M］.北京：清华大学出版社，2013.
[16] 戴钦祥，陆祥，李亚麟.中国古代服饰［M］.北京：中国国际广播出版社，2010.
[17] 徐静.中国服饰史［M］.上海：东华大学出版社，2010.
[18] 赵荣光.中国饮食文化概论［M］.北京：高等教育出版社，2008.
[19] 王学泰.华夏饮食文化［M］.北京：商务印书馆，2013.
[20] 谢定源.中国名菜［M］.北京：高等教育出版社，2007.
[21] 陆羽，沈冬梅.茶经校注［M］.北京：中国农业出版社，2006.
[22] 陆羽，王建荣.陆羽茶经：经典本［M］.南京：江苏凤凰科学技术出版社，2019.
[23] 赵佶，王建荣.大观茶论寻茶问道［M］.南京：江苏凤凰科学技术出版社，2022.
[24] 蔡荣章.中国人应知的茶道常识［M］.北京：中华书局，2011.
[25] 王建荣.茶道：从喝茶到懂茶［M］.南京：江苏凤凰科学技术出版社，2016.
[26] 戴明华.中国人的茶事［M］.长沙：湖南人民出版社，2023.
[27] 刘敦桢.中国古代建筑史［M］.北京：中国建筑工业出版社，2008.
[28] 楼庆西.中国古建筑二十讲［M］.北京：生活·读书·新知三联书店，2001.
[29] 梁思成.中国建筑史［M］.天津：百花文艺出版社，1998.
[30] 张君.神秘的节俗：传统节日礼俗、禁忌研究［M］.南宁：广西人民出版社，2003.
[31] 胡波，胡全.循环与守望：中国传统节日文化诠释与解读［M］.广州：广东人民出版社，2015.